LES
CODES FRANÇAIS

COLLATIONNÉS
SUR LES ÉDITIONS OFFICIELLES

contenant :

1° LA CONFÉRENCE DES ARTICLES ENTRE EUX ;

2° SOUS CHAQUE ARTICLE LES TEXTES TANT ANCIENS QUE NOUVEAUX QUI LES
EXPLIQUENT, LES COMPLÈTENT OU LES MODIFIENT ;

3° EN SUPPLÉMENT PAR ORDRE ALPHABÉTIQUE ET CHRONOLOGIQUE,
RENFERMANT, OUTRE LES LOIS LES PLUS USUELLES, CELLES
EXIGÉES POUR LES THÈSES ET LES TEXTES ANCIENS
QUI SONT ENCORE EN VIGUEUR ;

4° UNE TABLE ALPHABÉTIQUE RENVOYANT AUX LOIS ET AUX
PAGES OÙ ELLES SONT REPRODUITES,

ET

Les seuls où sont rapportés
LES TEXTES DU DROIT ANCIEN ET INTERMÉDIAIRE
NÉCESSAIRES A L'INTELLIGENCE DES ARTICLES

PAR

LOUIS TRIPIER

Avocat à la Cour d'appel de Paris, Docteur en droit, Membre du Conseil
général de l'Yonne.

CODE DE PROCÉDURE CIVILE.

PARIS
LIBRAIRIE DE JURISPRUDENCE DE COTILLON
RUE DES GRÉS-SORBONNE, 16.
1848

LES CODES FRANÇAIS

COLLATIONNÉS

SUR LES ÉDITIONS OFFICIELLES

contenant :

1° LA CONFÉRENCE DES ARTICLES ENTRE EUX ;

2° SOUS CHAQUE ARTICLE LES TEXTES TANT ANCIENS QUE NOUVEAUX QUI LES EXPLIQUENT, LES COMPLÈTENT OU LES MODIFIENT ;

3° UN SUPPLÉMENT PAR ORDRE ALPHABÉTIQUE ET CHRONOLOGIQUE, RENFERMANT, OUTRE LES LOIS LES PLUS USUELLES, CELLES EXIGÉES POUR LES THÈSES ET LES TEXTES ANCIENS QUI SONT ENCORE EN VIGUEUR ;

4° UNE TABLE ALPHABÉTIQUE RENVOYANT AUX LOIS ET AUX PAGES OÙ ELLES SONT REPRODUITES

ET

Les seuls où sont rapportés

LES TEXTES DU DROIT ANCIEN ET INTERMÉDIAIRE

NÉCESSAIRES A L'INTELLIGENCE DES ARTICLES

PAR

LOUIS TRIPIER

Avocat à la Cour d'appel de Paris, Docteur en droit, Membre du Conseil général de l'Yonne.

CODE DE PROCÉDURE CIVILE.

PARIS

LIBRAIRIE DE JURISPRUDENCE DE COTILLON

RUE DES GRÉS-SORBONNE, 16.

1848

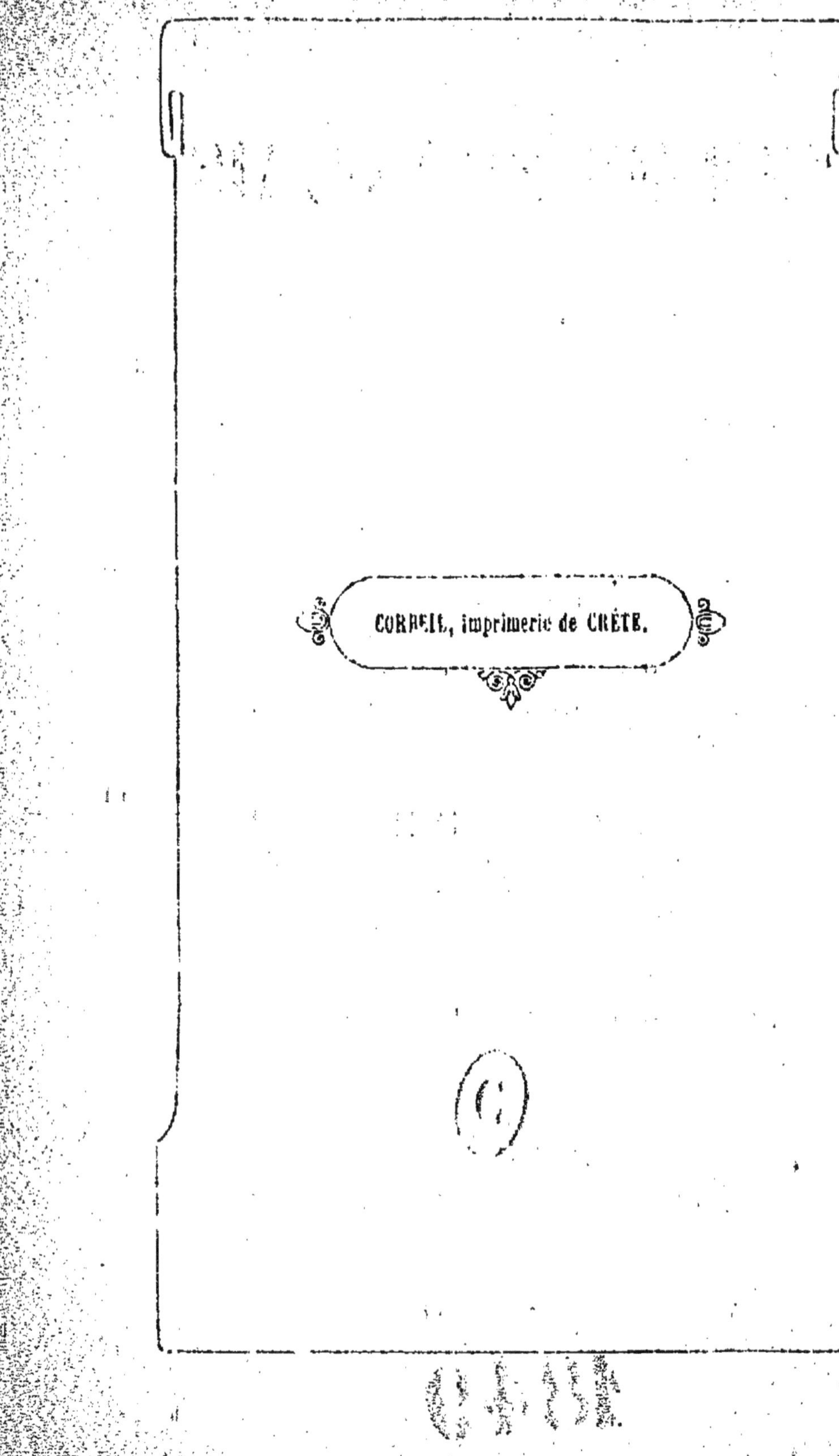
CORBEIL, imprimerie de CRÈTE.

CODE

DE

PROCÉDURE CIVILE (1).

PREMIÈRE PARTIE.

PROCÉDURE DEVANT LES TRIBUNAUX.

LIVRE PREMIER.

DE LA JUSTICE DE PAIX.

(Décret du 14 avril 1806, promulgué le 24 du même mois.)

TITRE PREMIER.

DES CITATIONS.

ARTICLE 1er. Toute citation devant les juges de paix contiendra la date des jour, mois et an, les noms, profession et domicile du demandeur, les noms, demeure et immatricule de l'huissier, les noms et demeure du défendeur; elle énoncera sommairement l'objet et les moyens de la demande, et indiquera le juge de paix qui doit connaître de la demande, et le jour et l'heure de la comparution (a).

(1) ORD. 8 oct. 1842.
Il ne sera reconnu comme texte officiel du Code de procédure civile que le texte suivant :..
(a) DÉCR. 18-26 oct. 1790, tit. 1er.
ART. 1er. Toute citation devant les juges de paix sera faite en vertu d'une cédule du juge, qui énoncera sommairement l'objet de la demande, et désignera le jour et l'heure de la comparution.

2. Le juge de paix délivrera cette cédule à la réquisition du demandeur ou son porteur de pouvoirs, après avoir entendu l'exposition de sa demande.

3. La notification de la cédule de citation sera faite à la partie poursuivie par le greffier de la municipalité de son domicile;

23

— **Pr.** 4 n., 48, 61, 65, 69, 1030. — **C.** 102 n. — **T.** 1er, art. 21 § 1, 13. — Supp. *Compétence*, L. 25 mai 1838, art. 17.

2. En matière purement personnelle ou mobilière, la citation sera donnée devant le juge du domicile du défendeur; s'il n'a pas de domicile, devant le juge de sa résidence (a). — **Pr.** 50 1°, 59, 69 8°, 363 n. — **C.** 102 n., 527 n. — Supp. *Compétence*, L. 25 mai 1838, art. 1.

3. Elle le sera devant le juge de la situation de l'objet litigieux, lorsqu'il s'agira, — 1° Des actions pour dommages aux champs, fruits et récoltes; — **Pr.** 445 n. — Supp. *Compétence*, L. 25 mai 1838, art. 5 1°. — 2° Des déplacemens de bornes, des usurpations de terres, arbres, haies, fossés et autres clôtures, commis dans l'année; des entreprises sur les cours d'eau, commises pareillement dans l'année, et de toutes autres actions possessoires; — **Pr.** 23 n., 38. — **C.** 645, 646, 666 n., 2243. — **P.** 389, 456. — Supp. *Compétence*, L. 25 mai 1838, art. 6. — 3° Des réparations locatives; — **C.** 1754, 2102 1°. — Supp. *Compétence*, L. 25 mai 1838, art. 5 2°. — 4° Des indemnités prétendues par le fermier ou locataire pour non-jouissance, lorsque le droit ne sera pas contesté; et des dégradations alléguées par le propriétaire (b). — **C.** 1719 n., 1728, 1769. — Supp. *Compétence*, L. 25 mai 1838, art. 4.

4. La citation sera notifiée par l'huissier de la justice de paix du domicile du défendeur; en cas d'empêchement, par celui qui sera commis par le juge : copie en sera laissée à la partie; s'il ne se trouve personne en son domicile, la copie sera laissée au maire ou adjoint de la commune, qui visera l'original sans frais. — **Pr.** 1 *et à la note* art. 5. — L'huissier de la justice de paix ne pourra ins-

---

qui lui en remettra copie, ou la laissera à ceux qu'il aura trouvés en sa maison, ou l'affichera à la porte de la maison, s'il n'y a trouvé personne. Ce greffier fera mention du tout, signée de lui, au bas de l'original de la cédule. En cas de maladie, d'absence, ou autre empêchement du greffier, les officiers municipaux seront tenus d'en commettre un autre.

(a) Décr. 18-26 *oct.* 1790, *tit.* 1er.

Art. 3. En matières purement personnelles ou mobilières, la cédule de citation sera demandée au juge du domicile du défendeur.

(b) Décr. 18-26 *oct.* 1790, *tit.* 1er.

Art. 4. Elle (*la cédule de citation*) sera demandée au juge de la situation de l'objet litigieux, lorsqu'il s'agira, — 1° Des actions pour dommages faits, soit par les hommes, soit par les animaux, aux champs, fruits et récoltes; — 2° Des déplacemens de bornes, des usurpations de terres, arbres, haies, fossés et autres clôtures, commis dans l'année; des entreprises sur les cours d'eau servant à l'arrosement des prés, commises pareillement dans l'année; et de toutes autres actions possessoires; — 3° Des réparations locatives des maisons et fermes; — 4° Des indemnités prétendues par le fermier ou locataire pour non-jouissance, lorsque le droit de l'indemnité ne sera pas contesté, et des dégradations alléguées par le propriétaire.

trumenter pour ses parens en ligne directe, ni pour ses frères, sœurs et alliés au même degré. — Pr. 5, 25, 61 s., 66, 1039. — C. 735 s. — T. 1er, art. 21 § 1, 13. — *Modifié*, Supp. *Compétence*, L. 23 mai 1838, art. 16.

5. Il y aura un jour au moins entre celui de la citation et le jour indiqué pour la comparution, si la partie citée est domiciliée dans la distance de trois myriamètres. — Si elle est domiciliée au delà de cette distance, il sera ajouté un jour par trois myriamètres. — Dans le cas où les délais n'auront point été observés, si le défendeur ne comparaît pas, le juge ordonnera qu'il sera réassigné, et les frais de la première citation seront à la charge du demandeur (*a*). — **Pr.** 8, 19, 51, 72 s., 173, 1033.

6. Dans les cas urgens, le juge donnera une cédule pour abréger les delais, et pourra permettre de citer, même dans le jour et à l'heure indiqués (*b*). — **Pr.** 63, 72, 795, 808.

7. Les parties pourront toujours se présenter volontairement devant un juge de paix; auquel cas, il jugera leur différend, soit en dernier ressort, si les lois ou les parties l'y autorisent, soit à la charge de l'appel, encore qu'il ne fût le juge naturel des parties, ni à raison du domicile du défendeur, ni à raison de la situation de l'objet litigieux. — **Pr.** 1003 s. — La déclaration des parties qui demanderont jugement sera signée par elles, ou mention sera faite si elles ne peuvent signer (*c*). — **Pr.** 1005. — **T.** 1er, art. 11.

(*a*) Décr. 18-26 *oct.* 1790, *tit.* 1er.

ART. 7. Il y aura un jour franc au moins entre celui de la notification de la cédule de citation et le jour indiqué pour la comparution, si la partie citée est domiciliée dans le canton, ou dans la distance de quatre lieues. — Il y aura au moins trois jours francs, si la partie est domiciliée dans la distance depuis quatre lieues jusqu'à dix : au delà, il sera ajouté un jour pour dix lieues. — Lorsque ces délais n'auront pas été observés, si le défendeur ne comparaît pas au jour pour lequel il aura été cité, le juge de paix ordonnera qu'il soit réassigné.

(*b*) Décr. 18-26 *oct.* 1790, *tit.* 1er.

ART. 8. Les délais ci-dessus (**Pr.** 5 *note*) pourront être abrégés par le juge de paix, dans les cas très-urgens où il y aurait péril dans le retardement.

(*c*) Décr. 18-26 *oct.* 1790, *tit.* 1er.

ART. 11. Les parties pourront toujours se présenter volontairement et sans citation, devant le juge de paix, en déclarant qu'elles lui demandent jugement; auquel cas il pourra juger seul leur différend, soit sans appel dans les matières où sa compétence est en dernier ressort, soit à charge d'appel dans celles qui excèdent sa compétence en dernier ressort; et cela encore qu'il ne fût le juge naturel des parties, ni à raison du domicile du défendeur, ni à raison de la situation de l'objet litigieux. La déclaration des parties, par laquelle elles auront volontairement saisi le juge de paix, sera reçue par écrit devant ce juge, et signée par les parties, ou mention sera faite si elles ne peuvent pas signer.

TITRE DEUXIÈME.

DES AUDIENCES DU JUGE DE PAIX ET DE LA COMPARUTION DES PARTIES.

8. Les juges de paix indiqueront au moins deux audiences par semaine : ils pourront juger tous les jours, même ceux de dimanches et fêtes, le matin et l'après-midi. — Ils pourront donner audience chez eux, en tenant les portes ouvertes (*a*). — **Pr. 9 s., 87.** — **T. 1er, art. 9.**

9. Au jour fixé par la citation, ou convenu entre les parties, elles comparaîtront en personne ou par leurs fondés de pouvoir, sans qu'elles puissent faire signifier aucune défense (*b*). — **Pr. 13, 19, 53, 431.** — **Supp.** *Compétence,* L. 25 mai 1838, art. 18.

10. Les parties seront tenues de s'expliquer avec modération devant le juge, et de garder en tout le respect qui est dû à la justice : si elles y manquent, le juge les y rappellera d'abord par un avertissement; en cas de récidive, elles pourront être condamnées à une amende qui n'excédera pas la somme de dix francs, avec affiches du jugement, dont le nombre n'excédera pas celui des communes du canton (*c*). — **Pr. 11, 12, 88 s., 781 4°.** — **I. Cr. 504-506.** — **P. 222 s.**

11. Dans le cas d'insulte ou irrévérence grave envers le juge, il en dressera procès-verbal, et pourra condamner à un emprisonnement de trois jours au plus (*d*). — **Pr. 10,**

(*a*) Décr. 18-26 *oct.* 1790, *tit.* VII.

Art. 1er. Les juges de paix n'auront point de costume particulier : ils pourront juger tous les jours, même ceux de dimanche et de fête, hors les heures du service divin, le matin et l'après-midi.

2. Ils pourront donner audience chez eux en tenant leurs portes ouvertes, et lorsqu'ils iront visiter le lieu contentieux, ils pourront juger sur le lieu même sans désemparer.

(*b*) Décr. 18-26 *oct.* 1790, *tit.* III.

Art. 1er. Au jour fixé par la citation, ou convenu entre les parties au cas qu'elles aient consenti de se passer de citation, elles comparaîtront en personne ou par leurs fondés de pouvoirs devant le juge de paix, sans qu'el-les puissent fournir aucune écriture, ni se faire représenter ou assister par aucune des personnes qui, à quelque titre que ce soit, sont attachées à des fonctions relatives à l'ordre judiciaire.

(*c*) Décr. 18-26 *oct.* 1790, *tit.* VII.

Art. 3. Les parties seront tenues de s'expliquer avec modération devant le juge de paix et ses assesseurs, et de garder en tout le respect qui est dû à la justice; si elles y manquent, le juge de paix les y rappellera d'abord par un avertissement, après lequel, si elles récidivent, elles pourront être condamnées à une amende qui n'excédera pas la somme de six livres, avec l'affiche du jugement.

(*d*) Décr. 18-26 *oct.* 1790, *tit.* VII.

Art. 4. Dans le cas d'une insulte ou irrévérence grave, com-

12, 89 s. — I. Cr. 91, 181, 504 s. — P. 222 s.

12. Les jugemens, dans les cas prévus par les précédens articles, seront exécutoires par provision. — **Pr.** 10 s., 17.

13. Les parties ou leurs fondés de pouvoir seront entendus contradictoirement. La cause sera jugée sur-le-champ, ou à la première audience; le juge, s'il le croit nécessaire, se fera remettre les pièces (a). — **Pr.** 7, 9, 10, 15, 19.

14. Lorsqu'une des parties déclarera vouloir s'inscrire en faux, déniera l'écriture, ou déclarera ne pas la reconnaître, le juge lui en donnera acte : il paraphera la pièce, et renverra la cause devant

les juges qui doivent en connaître. — **Pr.** 193 s.; 214 s., 427, 1015. — **C.** 1319, 1324.

15. Dans les cas où un interlocutoire aurait été ordonné, la cause sera jugée définitivement, au plus tard, dans le délai de quatre mois du jour du jugement interlocutoire : après ce délai, l'instance sera périmée de droit; le jugement qui serait rendu sur le fond sera sujet à l'appel, même dans les matières dont le juge de paix connaît en dernier ressort, et sera annulé, sur la réquisition de la partie intéressée. — **Pr.** 16, 31, 397 s., 404, 452, 473. — Si l'instance est périmée par la faute du juge, il sera passible des dommages et intérêts (b). — **Pr.**

---

mise envers le juge de paix personnellement, ou envers les assesseurs en fonctions, il en sera dressé procès-verbal ; le coupable sera envoyé par le juge de paix à la maison d'arrêt du district, et sera jugé par le tribunal de district, qui pourra le condamner à la prison jusqu'à huit jours, suivant la gravité du délit, et par forme de correction seulement.

(a) Décr. 18-26 *oct.* 1790, *tit.* III.

Art. 6. Lorsque les deux parties ou leurs fondés de pouvoir comparaîtront, elles seront entendues contradictoirement par elles-mêmes ou par leurs fondés de pouvoir ; et la cause pourra être jugée sur-le-champ, si le juge de paix et ses assesseurs se trouvent suffisamment instruits.

Tit. VII, art. 5. Le juge de paix et ses assesseurs pourront ordonner que les pièces et actes dont les parties se seront respectivement servies p... ... ...r défen-

se, leur soient remises, soit pour les examiner en présence des parties, soit pour en délibérer hors la présence des parties, à charge de procéder incontinent à cette délibération et au jugement.

6. Ils auront la même faculté de délibérer en l'absence des parties, dans tous les autres cas où ils jugeront nécessaire de se recueillir ensemble avant de former leur opinion.

(b) Décr. 18-26 *oct.* 1790, *tit.* VII.

Art. 7. Les parties seront tenues de mettre leur cause en état d'être jugée définitivement au plus tard dans le délai de quatre mois, à partir du jour de la notification de la citation, après lequel l'instance sera périmée de droit et l'action éteinte. Le jugement que le juge de paix rendrait ensuite sur le fond serait sujet à l'appel, même dans les matières où il a droit de prononcer en dernier ressort, et annulé par le tribunal de district.

505 3o, 509. — C. 1149, 1382.

16. L'appel des jugemens de la justice de paix ne sera pas recevable après les trois mois, à dater du jour de la signification faite par l'huissier de la justice de paix, ou tel autre commis par le juge. — Pr. 31, 404, 443 s., 449, 450, 454-456. — T. 1er, art. 21 § 2, 13, art. 27. — *Modifié,* Supp. *Compétence,* L. 25 mai 1838, art. 13, 14, 16.

17. Les jugemens des justices de paix, jusqu'à concurrence de trois cents francs, seront exécutoires par provision, nonobstant l'appel, et sans qu'il soit besoin de fournir caution : les juges de paix pourront, dans les autres cas, ordonner l'exécution provisoire de leurs jugemens, mais à la charge de donner caution (a). — Pr. 12, 135, 155, 439, 458 s. — C. 2011, 2019. — T. 1er, art. 21 § 3, 13. — *Modifié,* Supp. *Compétence,* L. 25 mai 1838, art. 11, 12.

18. Les minutes de tout jugement seront portées par le greffier sur la feuille d'audience, et signées par le juge qui aura tenu l'audience et par le greffier. — Pr. 30, 138, 139, 141, 146, 545.

TITRE TROISIÈME.

DES JUGEMENS PAR DÉFAUT, ET DES OPPOSITIONS A CES JUGEMENS.

19. Si, au jour indiqué par la citation, l'une des parties ne comparaît pas, la cause sera jugée par défaut, sauf la réassignation dans le cas prévu dans le dernier alinéa de l'article 5 (b). — Pr. 1, 20 s., 150-153, 156, 434. — T. 1er, art. 21 § 2, 13.

20. La partie condamnée par défaut pourra former opposition, dans les trois jours de la signification faite par l'huissier du juge de paix, ou autre qu'il aura commis. — L'opposition contiendra sommairement les moyens de la partie, et assignation au prochain jour d'audience, en observant toutefois les délais prescrits pour les citations : elle indiquera les jour et heure de la comparution, et sera notifié ainsi qu'il est dit ci-dessus (c). — Pr. 1 s., 5, 156 s., 435 s., 455. — T. 1er, art. 21 § 4, 13.

(a) DÉCR. 16-24 *août* 1790, *tit.* III.

ART. 9. Le juge de paix, assisté de deux assesseurs, connaîtra avec eux de toutes les causes purement personnelles et mobilières, sans appel jusqu'à la valeur de cinquante livres, et à charge d'appel jusqu'à la valeur de cent livres : en ce dernier cas, ses jugemens seront exécutoires par provision, nonobstant l'appel, en donnant caution. Les législateurs pourront élever le taux de cette compétence.

(b) DÉCR. 18-26 *oct.* 1790, *tit.* III.

ART. 2. Si, après une citation notifiée, l'une des parties ne comparaît pas au jour indiqué, la cause sera jugée par défaut, à moins qu'il n'y ait lieu à la réassignation du défendeur, au cas de l'article 7 du titre 1er.

(c) DÉCR. 18-26 *oct.* 1790, *tit.* III.

ART. 3. La partie condamnée par défaut pourra former opposi-

21. Si le juge de paix sait par lui-même, ou par les représentations qui lui seraient faites à l'audience par les proches, voisins ou amis du défendeur, que celui-ci n'a pu être instruit de la procédure, il pourra, en adjugeant le défaut, fixer, pour le délai de l'opposition, le temps qui lui paraîtra convenable; et, dans le cas où la prorogation n'aurait été ni accordée d'office ni demandée, le défaillant pourra être relevé de la rigueur du délai, et admis à opposition, en justifiant qu'à raison d'absence ou de maladie grave, il n'a pu être instruit de la procédure (a).

22. La partie opposante qui se laisserait juger une seconde fois par défaut ne sera plus reçue à former une nouvelle opposition. — Pr. 165.

TITRE QUATRIÈME.

DES JUGEMENS SUR LES ACTIONS POSSESSOIRES.

23. Les actions possessoires ne seront recevables qu'autant qu'elles auront été formées, dans l'année du trouble, par ceux qui, depuis une année au moins, étaient en possession paisible par eux ou les leurs, à titre non précaire (b). — Pr. 3 20, 24 s. — C. 2228 s., 2236 s., 2243. — Supp. *Compétence*, L. 25 mai 1838, art. 6.

24. Si la possession ou le trouble sont déniés, l'enquête qui sera ordonnée ne pourra porter sur le fond du droit (c). — Pr. 23, 34 s.

tion au jugement, dans les trois jours francs de sa signification, en vertu d'une cédule qu'elle obtiendra du juge de paix, et qu'elle fera notifier à l'autre partie, ainsi qu'il est dit au titre 1er pour les cédules de citation.

(a) Décr. 18-26 oct. 1790, *tit.* III.

Art. 5. Si un absent est condamné par un premier jugement rendu par défaut, le délai de l'opposition sera prorogé par le juge de paix, soit d'office, s'il connaît par lui-même la justice de cette prorogation, soit sur les représentations qui lui seront faites au nom de l'absent; et, dans le cas où la prorogation n'aurait été ni accordée d'office, ni demandée, l'absent pourra encore être relevé de la rigueur du délai et son opposition reçue, en justifiant que son absence a été telle, qu'il n'ait pas pu être instruit de la procédure.

(b) Ord. *avril* 1667, *tit.* XVIII.

Art. 1er. Si aucun est troublé en la possession et jouissance d'un héritage, ou droit réel, ou universalité de meubles qu'il possédait publiquement, sans violence, à autre titre que de fermier ou possesseur précaire, peut, dans l'année du trouble, former complainte en cas de saisine, et nouvelleté contre celui qui lui a fait le trouble.

(c) Ord. *avril* 1667, *tit.* XVIII.

Art. 3. Si le défendeur en complainte dénie la possession du demandeur, ou de l'avoir troublé, ou qu'il articule possession contraire, le juge appointera les parties à informer.

25. Le possessoire et le pétitoire ne seront jamais cumulés (a). — Pr. 24.

26. Le demandeur au pétitoire ne sera plus recevable à agir au possessoire.

27. Le défendeur au possessoire ne pourra se pourvoir au pétitoire qu'après que l'instance sur le possessoire aura été terminée : il ne pourra, s'il a succombé, se pourvoir qu'après qu'il aura pleinement satisfait aux condamnations prononcées contre lui. — Si néanmoins la partie qui les a obtenues était en retard de les faire liquider, le juge du pétitoire pourra fixer, pour cette liquidation, un délai, après lequel l'action au pétitoire sera reçue (b).

TITRE CINQUIÈME.

DES JUGEMENS QUI NE SONT PAS DÉFINITIFS, ET DE LEUR EXÉCUTION.

28. Les jugemens qui ne seront pas définitifs ne seront point expédiés, quand ils auront été rendus contradictoirement et prononcés en présence des parties. Dans le cas où le jugement ordonnerait une opération à laquelle les parties devraient assister, il indiquera le lieu, le jour et l'heure, et la prononciation vaudra citation (c). — Pr. 29-31, 34 s., 41 s., 451, 452.

29. Si le jugement ordonne une opération par des gens de l'art, le juge délivrera, à la partie requérante, cédule de citation pour appeler les experts ; elle fera mention du lieu, du jour, de l'heure, et contiendra le fait, les motifs et la disposition du jugement

---

(a) ORD. *avril 1667, tit.* XVIII.

ART. 5. Les demandes en complainte ou en réintégrande ne pourront être jointes au pétitoire, ni le pétitoire poursuivi, que la demande en complainte ou en réintégrande n'ait été terminée et la condamnation parfournie et exécutée. Défendons d'obtenir lettres pour cumuler le pétitoire avec le possessoire.

(b) ORD. *avril 1667, tit.* XVIII.

ART. 4. Celui contre lequel la complainte en réintégrande sera jugée, ne pourra former la demande au pétitoire, sinon après que le trouble sera cessé, et celui qui aura été dépossédé, rétabli en la possession, avec restitution de fruits et revenus, et payé des dépens, dommages et intérêts, si aucuns ont été adjugés ; et néanmoins, s'il est en demeure de faire taxer ses dépens, et liquider les fruits, revenus, dommages et intérêts, dans le temps qui lui aura été ordonné, l'autre partie pourra poursuivre le pétitoire en donnant caution de payer le tout après la taxe et liquidation qui en sera faite.

(c) DÉCR. *16-24 oct. 1790, tit.* VI.

ART. 1er. Aucun jugement préparatoire ou d'instruction, rendu contradictoirement entre les parties et prononcé en leur présence, ne sera délivré à aucune d'elles, mais sa prononciation vaudra signification. Elle vaudra aussi intimation dans le cas où le jugement ordonnera une opération à laquelle les parties devront être présentes, et elles seront averties par le juge de paix.

relative à l'opération ordonnée. — **Pr. 6.** — Si le jugement ordonne une enquête, la cédule de citation fera mention de la date du jugement, du lieu, du jour et de l'heure (*a*). — **Pr. 34 s., 41 s.** — T. 1er, art. 24, 25.

30. Toutes les fois que le juge de paix se transportera sur le lieu contentieux, soit pour en faire la visite, soit pour entendre les témoins, il sera accompagné du greffier, qui apportera la minute du jugement préparatoire (*b*). — Pr. 18, 28, 34 s., 41 s. — T. 1er, art. 12. — T. 7e.

31. Il n'y aura lieu à l'appel des jugemens préparatoires qu'après le jugement définitif et conjointement avec l'appel de ce jugement; mais l'exécution des jugemens préparatoires ne portera aucun préjudice aux droits des parties sur l'appel, sans qu'elles soient obligées de faire à cet égard, aucune protestation ni réserve. — L'appel des jugemens interlocutoires est permis avant que le jugement définitif ait été rendu. — Dans ce cas, il sera donné expédition du jugement interlocutoire (*c*). — Pr. 16, 28, 404, 443, 451, 452, 454, 456 s., 473.

TITRE SIXIÈME.

DE LA MISE EN CAUSE DES GARANS.

32. Si, au jour de la première comparution, le défendeur demande à mettre garant en cause, le juge accor-

---

(*a*) Décr. 18-26 oct. 1790, *tit.* VI.

Art. 3. Si le jugement préparatoire ordonne une enquête, il fixera le jour, le lieu et l'heure de la comparution des témoins. Le juge de paix délivrera aussitôt aux parties qui auront requis la preuve une cédule de citation pour faire venir leurs témoins, dans laquelle la mention du jour, du lieu et de l'heure de la comparution sera réitérée.

4. Si le jugement préparatoire ordonne la visite du lieu contentieux, il indiquera de même le jour et l'heure où le juge de paix et ses assesseurs s'y transporteront, et où les parties devront s'y trouver présentes.

(*b*) Décr. 18-26 oct. 1790, *tit.* VI.

Art 6. Toutes les fois que le juge de paix se transportera sur le lieu contentieux, soit pour en faire la visite, soit pour y entendre les témoins, il sera accompagné du greffier, qui apportera la minute du jugement sur lequel la visite ou l'enquête aura été ordonnée.

(*c*) Décr. 18-26 oct. 1790, *tit.* VI.

Art. 7. Dans les causes où les juges de paix ne prononcent point en dernier ressort, il n'y aura lieu à l'appel des jugemens préparatoires qu'après le jugement définitif, et conjointement avec l'appel de ce jugement; mais l'exécution des jugemens préparatoires ne portera aucun préjudice aux droits des parties sur l'appel, sans qu'elles soient obligées de faire à cet égard aucune protestation ni réserve.

dera délai suffisant en raison de la distance du domicile du garant : la citation donnée au garant sera libellée, sans qu'il soit besoin de lui notifier le jugement qui ordonne sa mise en cause (*a*). — Pr. 1, 5, 33, 175 s., 186, 1033. — T. 1er, art. 21 § 5, 13.

33. Si la mise en cause n'a pas été demandée à la première comparution, ou si la citation n'a pas été faite dans le délai fixé, il sera procédé, sans délai, au jugement de l'action principale, sauf à statuer séparément sur la demande en garantie (*b*).—Pr. 32, 178, 179.

TITRE SEPTIÈME.

DES ENQUÊTES.

34. Si les parties sont contraires en faits de nature à être constatés par témoins, et dont le juge de paix trouve la vérification utile et admissible, il ordonnera la preuve et en fixera précisément l'objet (*c*). — Pr. 28 s., 35 s., 252-254, 407. — C. 1341 s. — T. 1er, art. 21 § 6, 13, art. 24.

35. Au jour indiqué, les témoins, après avoir dit leurs noms, profession, âge et demeure, feront le serment de dire vérité, et déclareront s'ils sont parens ou alliés des parties et à quel degré, et s'ils sont leurs serviteurs ou domestiques (*d*). — Pr. 36 s., 262 s.

(*a*) Décr. 18-26 oct. 1790, *tit.* 1er.

Art. 9. Si au jour de la première comparution, le défendeur demande à mettre un garant en cause, le juge de paix lui délivrera une cédule de citation, dans laquelle il fixera le délai de comparaître, relativement à la distance du domicile du garant.

(*b*) Décr. 18-26 oct. 1790, *tit.* 1er.

Art. 10. Il n'y aura plus lieu à la mise en cause du garant, si la demande n'en a pas été formée au jour de la première comparution du défendeur ; et celle qui aurait été accordée demeurera comme non avenue, si elle n'a pas été notifiée au garant à temps utile pour l'obliger de comparaître au jour indiqué ; sauf au défendeur à poursuivre l'effet de sa garantie, s'il y a lieu, séparément de la cause principale.

(*c*) Décr. 18-26 oct. 1790, *tit.* IV.

Art. 1er. Si les parties sont contraires en faits qui soient de nature à être constatés par témoins, et dont le juge de paix et ses assesseurs trouvent la vérification utile et admissible, le juge de paix avertira les parties qu'il y a lieu de procéder par enquête, et les interpellera de déclarer si elles veulent faire preuve de leurs faits par témoins.

2. Lorsque, sur cet avertissement, les parties ou l'une d'elles requerront d'être admises à faire preuve par témoins, le juge de paix, de l'avis de ses assesseurs, ordonnera la preuve et en fixera précisément l'objet.

(*d*) Ord. avril 1667, *tit.* XXII.

Art. 11. Au commencement de la déposition, sera fait mention du nom, surnom, âge, et qualité

36. Ils seront entendus séparément, en présence des parties, si elles comparaissent; elles seront tenues de fournir leurs reproches avant la déposition, et de les signer; si elles ne le savent ou ne le peuvent, il en sera fait mention : les reproches ne pourront être reçus après la déposition commencée, qu'autant qu'ils seront justifiés par écrit (*a*). — Pr, 35, 40, 262, 270, 283 s.— I. Cr. 310 s., 314 *et la note.* — T. 1er, art. 24.

37. Les parties n'interrompront point les témoins : après la déposition, le juge pourra, sur la réquisition des parties, et même d'office, faire aux témoins les interpellations convenables. — **Pr.** 273 s., 276.

38. Dans tous les cas où la vue du lieu peut être utile pour l'intelligence des dépositions, et spécialement dans les actions pour déplacement de bornes, usurpations de terres, arbres, haies, fossés ou autres clôtures, et pour entreprises sur les cours d'eau, le juge de paix se transportera, s'il le croit nécessaire, sur le lieu, et ordonnera que les témoins y seront entendus (*b*). — **Pr.** 3, 28, 30, 35 s., 41 s.—T. 7e.

39. Dans les causes sujettes à l'appel, le greffier dressera procès-verbal de l'audition des témoins : cet acte contiendra leurs noms, âge, profession et demeure, leur serment de dire vérité, leur déclaration s'ils sont parens, alliés, serviteurs ou domestiques des parties, et les reproches qui auraient été fournis contre eux. Lecture de ce procès-verbal sera faite à chaque témoin pour la partie qui le concerne; il signera sa déposition, ou mention sera faite qu'il ne sait ou ne peut signer. Le procès-verbal sera, en outre, signé par le juge et le greffier. Il sera procédé immédiatement au jugement, ou au plus tard à la première audience (*c*). — **Pr.** 15-17, 35, 42, 274 s., 404, 411, 412.

40. Dans les causes de na-

---

demeure du témoin, du serment par lui prété, s'il est serviteur ou domestique, parent ou allié de l'une ou de l'autre des parties, et à quel degré.

(*a*) Décr. 18-26 oct. 1790, *tit.* IV.

Art. 3. Les témoins seront toujours entendus en présence des deux parties, à moins que l'une d'elles ne soit défaillante au jour indiqué pour leur audition, et elles pourront fournir leurs reproches, soit avant, soit après les dépositions.

(*b*) Décr. 18-26 oct. 1790, *tit.* IV

Art. 5. Dans tous les cas où la vue du lieu est utile pour que les dépositions des témoins soient faites et entendues avec plus de sûreté, et spécialement dans les actions pour déplacement de bornes, pour usurpations de terres, arbres, haies, fossés ou autres clôtures, et pour entreprises sur les cours d'eau, le juge de paix sera tenu de se transporter sur le lieu avec les assesseurs, et d'ordonner que les témoins y seront entendus.

(*c*) Décr. 18-26 oct. 1790, *tit.* IV.

Art. 4. Il sera procédé au jugement définitif, aussitôt après l'audition des témoins, sans qu'il soit nécessaire de faire écrire la prestation de serment des témoins,

ture à être jugées en dernier ressort, il ne sera point dressé de procès-verbal; mais le jugement énoncera les noms, âge, profession et demeure des témoins, leur serment, leur déclaration s'ils sont parens, alliés, serviteurs ou domestiques des parties, les reproches et le résultat des dépositions. — Pr. 28, 35, 39 *note*, 43, 410, 432, 453, 454.

TITRE HUITIÈME.

DES VISITES DES LIEUX, ET DES APPRÉCIATIONS.

41. Lorsqu'il s'agira, soit de constater l'état des lieux, soit d'apprécier la valeur des indemnités et dédommagemens demandés, le juge de paix ordonnera que le lieu contentieux sera visité par lui, en présence des parties (*a*). — **Pr.** 28 s., 38, 42, 295 s. — T. 7e.

42. Si l'objet de la visite ou de l'appréciation exige des connaissances qui soient étrangères au juge, il ordonnera que les gens de l'art, qu'il nommera par le même jugement, feront la visite avec lui et donneront leur avis : il pourra juger sur le lieu même, sans désemparer. Dans les causes sujettes à l'appel, procès-verbal de la visite sera dressé par le greffier, qui constatera le serment prêté par les experts. Le procès-verbal sera signé par le juge, par le greffier et par les experts; et si les experts ne savent ou ne peuvent signer, il en sera fait mention (*b*). — **Pr.** 28 s., 39, 302 s., 322, 1034, 1035. — T. 1er, art. 21 § 7, 13, art. 25.

43. Dans les causes non sujettes à l'appel, il ne sera point dressé de procès-verbal; mais le jugement énoncera les noms des experts, la prestation de leur serment, et le résultat de leur avis (c). — **Pr.** 40, 42.

---

les reproches ni les dépositions, dans les causes où le juge de paix prononce en dernier ressort ; mais les uns et les autres seront écrits par le greffier, dans les causes sujettes à l'appel. Dans les premières, les assesseurs seront toujours présens à l'audition des témoins ; et dans les secondes, ils pourront à volonté, ou y assister, ou s'en abstenir.

(*a*) Décr. 18-26 oct. 1790, *tit.* V. — Art. 1er. Lorsqu'il s'agira, soit de constater l'état des lieux dans les cas d'entreprises, de dommages, de dégradations, et autres de cette nature, soit d'apprécier la valeur des indemnités et dé-dommagemens demandés, le juge de paix et ses assesseurs ordonneront que le lieu contentieux sera visité par eux, en présence des parties.

(*b*) Décr. 18-26 oct. 1790, *tit.* V. — Art. 2. Si le juge de paix et ses assesseurs trouvent que l'objet de la visite ou de l'appréciation exige des connaissances qui leur soient étrangères, ils ordonneront que des gens de l'art qu'ils nommeront par le même jugement, feront la visite avec eux et donneront leur avis.

(c) Décr. 18-26 oct. 1790, *tit.* V. — Art. 4. Il ne sera pas nécessaire de faire écrire le procès-ver-

TITRE NEUVIÈME.

DE LA RÉCUSATION DES JUGES DE PAIX.

44. Les juges de paix pourront être récusés, 1º quand ils auront intérêt personnel à la contestation; 2º quand ils seront parens ou alliés d'une des parties, jusqu'au degré de cousin germain inclusivement; 3º si, dans l'année qui a précédé la récusation, il y a eu procès criminel entre eux et l'une des parties ou son conjoint, ou ses parens et alliés en ligne directe; 4º s'il y a procès civil existant entre eux et l'une des parties, ou son conjoint; 5º s'ils ont donné un avis écrit dans l'affaire (*a*). — Pr. 45 N., 378 N. — C. 783 N.

45. La partie qui voudra récuser un juge de paix sera tenue de former la récusation et d'en exposer les motifs par un acte qu'elle fera signifier, par le premier huissier requis, au greffier de la justice de paix, qui visera l'original. L'exploit sera signé, sur l'original et la copie, par la partie ou son fondé de pouvoir spécial. La copie sera déposée au greffe, et communiquée immédiatement au juge par le greffier (*b*). — Pr. 380, 384, 387, 1039. — C. 1984, 1987. — T. 1er, art. 14, 30.

46. Le juge sera tenu de donner au bas de cet acte, dans le délai de deux jours, sa déclaration par écrit, portant, ou son acquiescement à la récusation, ou son refus de s'abstenir, avec ses réponses aux moyens de récusation (1); —

bal de visite, ni la prestation de serment et l'avis des gens de l'art, dans les causes où le juge de paix peut prononcer en dernier ressort; ils seront écrits par le greffier seulement dans les causes sujettes à l'appel.

(*a*) DÉCR. 18-26 oct. 1790, *tit.* II.

ART. 1er. Les juges de paix ne pourront être récusés que quand ils auront un intérêt personnel à l'objet de la contestation, ou quand ils seront parens ou alliés d'une des parties jusqu'au degré de cousin issu de germain inclusivement.

(*b*) DÉCR. 18-26 oct. 1790, *tit.* II.

ART. 2. La partie qui voudra récuser un juge de paix sera tenue de former la récusation et d'en exposer les motifs par un acte qu'elle déposera au greffe du juge de paix dont il lui sera donné, par

le greffier, une reconnaissance faisant mention de la date du dépôt.

(1) L. 16-26 *vent. an XII.*

ART. 1er. En cas d'empêchement légitime d'un juge de paix et de ses suppléans, le tribunal de première instance dans l'arrondissement duquel est située la justice de paix renverra les parties devant le juge de paix du canton le plus voisin.

2. Ce jugement de renvoi sera rendu à la demande de la partie la plus diligente, sur simple requête, et d'après les conclusions du commissaire du gouvernement, parties présentes ou dûment appelées.

3. La distance d'une justice de paix à l'autre est réglée d'après celle de leurs chefs-lieux entre eux.

— Pr. 47, 386 s. — I. Cr. 542 (a).

47. Dans les trois jours de la réponse du juge qui refuse de s'abstenir, ou faute par lui de répondre, expédition de l'acte de récusation et de la déclaration du juge, s'il y en a, sera envoyée par le greffier, sur la réquisition de la partie la plus diligente, au procureur du Roi près le tribunal de première instance dans le ressort duquel la justice de paix est située : la récusation y sera jugée en dernier ressort dans la huitaine, sur les conclusions du procureur du Roi, sans qu'il soit besoin d'appeler les parties (b). — Pr. 46 note 1, 83, 4°, 311, 385. — T. 1er, art. 14.

LIVRE DEUXIÈME.

DES TRIBUNAUX INFÉRIEURS.

(Suite du décret du 11 avril 1806.)

TITRE PREMIER.

DE LA CONCILIATION.

48. Aucune demande principale introductive d'instance entre parties capables de transiger, et sur des objets qui peuvent être la matière d'une transaction ne sera reçue dans les tribunaux de première instance, que le défendeur n'ait été préalablement appelé en conciliation devant le juge de paix, ou que les parties n'y aient volontairement comparu (c). — Pr. 49 s., 1003 s. — C. 1124 et la note, 2045.

(a) Décr. 18-26 oct. 1790, tit. II.

Art. 3. Le juge de paix sera tenu de donner au bas de cet acte, dans le délai de deux jours, sa déclaration par écrit, portant ou son acquiescement à la récusation, ou son refus de s'abstenir, avec ses réponses aux moyens de récusation allégués contre lui.

(b) Décr. 18-26 oct. 1790, tit. II.

Art. 6. Si le juge de paix conteste l'acte de récusation et déclare qu'il entend rester juge, le jugement de la récusation sera déféré au tribunal de district, qui y fera droit sur les simples mémoires des deux parties plaidantes, sans forme de procédure et sans frais.

(c) Décr. 16-24 août 1790, tit. X.

Art. 2. Aucune action principale ne sera reçue au civil devant les juges de district, entre parties qui seront toutes domiciliées dans le ressort du même juge de paix, soit à la ville, soit à la campagne, si le demandeur n'a pas donné, en tête de son ex-

49. Sont dispensées du préliminaire de conciliation. — 1º Les demandes qui intéressent l'État et le domaine, les communes, les établissemens publics, les mineurs, les interdits, les curateurs aux successions vacantes (1); — **Pr.** 69, 998 s., 1032. — **C.** 388, 476, 489, 811 s. — 2º Les demandes qui requièrent célérité; — **Pr.** 404. — 3º Les demandes en intervention ou en garantie; — **Pr.** 175 s., 339 s. — 4º Les demandes en matière de commerce; — **Pr.** 415 s. — **Co.** 631 s. — 5º Les demandes de mise en liberté, celles en main-levée de saisie ou opposition, en paiement de loyers, fermages ou arrérages de rentes ou pensions; celles des avoués en paiement de frais; — **Pr.** 60, 404, 566, 567, 794 s. — 6º Les demandes formées contre plus de deux parties, encore qu'elles aient le même intérêt; — **Pr.** 59. — 7º Les demandes en vérification d'écritures, en désaveu, en règlement de juges, en renvoi, en prise à partie; les demandes contre un tiers saisi, et en général sur les saisies, sur les offres réelles, sur la remise des titres, sur leur communication, sur les séparations de biens, sur les tutelles et curatelles; et enfin toutes les causes exceptées par les lois (a). — **Pr.** 188 s., 193 s., 320, 345, 352 s., 363 s.,

---

ploit, copie du certificat du bureau de paix, constatant que sa partie a été inutilement appelée à ce bureau, ou qu'il a employé sans fruit sa médiation.

5. Aucune citation principale ne sera reçue au civil dans le tribunal de district, entre parties domiciliées dans les ressorts de différens juges de paix, si le demandeur n'a pas donné copie du certificat du bureau de paix du district, ainsi qu'il est dit dans l'article 2.

7. L'appel des jugemens des tribunaux de district ne sera pas reçu, si l'appelant n'a pas signifié copie du certificat du bureau de paix du district où l'affaire a été jugée, constatant que sa partie adverse a été inutilement appelée devant ce bureau, pour être conciliée sur l'appel, ou qu'il a employé sans fruit sa médiation.

Décr. 6-27 *mars* 1791.

Art. 21. L'appel des jugemens des juges de paix, lorsqu'ils seront sujets à l'appel, ne sera pas reçu par les tribunaux de district, si l'appelant n'a pas signifié copie du certificat du bureau de paix du district, constatant que la partie adverse a été inutilement appelée devant ce bureau, pour être conciliée sur l'appel, ou qu'il a employé sans fruit sa médiation.

(1) Voyez Supp. *Domaine de l'État*, L. 28 oct.-5 nov. 1790, tit. III, art. 15. — Supp. *Conseils généraux*, L. 10 mai 1838, art. 37. — Supp. *Communes*, L. 18 juillet 1837, art. 51.

(a) Décr. 6-27 *mars* 1791.

Art. 18. Toutes saisies, oppositions et autres actes conservatoires, pourront être faits avant de donner la citation devant le bureau de paix. Les affaires qui intéressent la nation, les communes et l'ordre public, seront portées aux tribunaux, sans qu'il soit besoin de comparution préalable devant ce bureau. Il en sera de même des affaires de la compétence des juges de commerce, quand même les affaires

368 n., 505 n., 557 n., 583, 636 n., 718 n., 815 n., 839 n., 856, 865 n., 883 n., 890 n.

50. Le défendeur sera cité en conciliation. — 1° En matière personnelle et réelle, devant le juge de paix de son domicile; s'il y a deux défendeurs, devant le juge de l'un d'eux, au choix du demandeur; — Pr. 2, 59. — C. 102. — 2° En matière de société autre que celle de commerce, tant qu'elle existe, devant le juge du lieu où elle est établie; — Pr. 49 4°, 69 6°. — C. 1832 n. — 3° En matière de succession, sur les demandes entre héritiers, jusqu'au partage inclusivement; sur les demandes qui seraient intentées par les créanciers du défunt, avant

seraient portées au tribunal de district, au cas de l'article 13 du titre XII du décret du 16 août 1790, sur l'organisation judiciaire.

(a) L. 26 vent. an IV.

ART. 1er. En matière purement personnelle ou mobilière, le bureau de conciliation sera formé du juge de paix et de deux assesseurs, dans le canton où est situé le domicile du défendeur.

2. Il sera formé, lorsqu'il y aura plusieurs défendeurs conbligés solidaires, dans le canton où est situé le domicile de celui d'entre eux que le demandeur aura préféré citer.

3. Dans les affaires soit réelles, soit mixtes, le demandeur aura le choix de citer en conciliation, ou devant le juge de paix du domicile du défendeur, ou devant celui du canton où les biens sont situés. — Néanmoins en matière de succession, toutes contestations entre les cohéritiers ou autres parties intéressées, jus-

le partage; sur les demandes relatives à l'exécution des dispositions à cause de mort, jusqu'au jugement définitif devant le juge de paix du lieu où la succession est ouverte (a). — C. 110, 718 n., 815, 822.

51. Le délai de la citation sera de trois jours au moins (b). — Pr. 5, 72, 1033.

52. La citation sera donnée par un huissier de la justice de paix du défendeur; elle énoncera sommairement l'objet de la conciliation (c). — Pr. 1, 4 n., 61 n. — T. 1er, art. 21 § 8, 13. — *Modifié*. Supp. *Compétence*, L. 25 mai 1838, art. 16, 17.

53. Les parties comparaîtront en personne; en cas d'empêchement, par un fondé de pouvoir (d). — Pr. 9. —

qu'au partage, seront portées pour la conciliation par-devant le juge de paix du lieu où la succession est ouverte.

(b) L. 26 vent. an IV.

ART. 6. Il y aura trois jours francs au moins entre celui de la notification de la cédule de citation (en conciliation) et le jour de la comparution, si la partie citée est domiciliée dans le canton, ou dans la distance de cinq myriamètres (dix lieues moyennes de deux mille cinq cents soixante-six toises chacune); au delà de cette distance, il sera ajouté un jour pour cinq myriamètres.

(c) Décr. 21 sept.–13 nov. 1791.

L'Assemblée nationale décrète que les citations devant les bureaux de conciliation de la ville de Paris, ne pourront, à peine de nullité, être faites que par les huissiers attachés aux juges de paix établis dans cette ville.

(d) Décr. 6-27 mars 1791.

ART. 16. Aucuns avoués, greffiers, huissiers et ci-devant hom-

T. 1er, art. 69. — Supp. *Compétence*, L. 25 mai 1838, art. 18, 19.

54. Lors de la comparution, le demandeur pourra expliquer, même augmenter sa demande, et le défendeur former celles qu'il jugera convenables : le procès-verbal qui en sera dressé contiendra les conditions de l'arrangement, s'il y en a; dans le cas contraire, il fera sommairement mention que les parties n'ont pu s'accorder (*a*). — Les conventions des parties, insérées au procès-verbal, ont force d'obligation privée. — Pr. 58, 65. — C. 1317 s., 1322 s., 2127. — T. 1er, art. 10.

55. Si l'une des parties défère le serment à l'autre, le juge de paix le recevra, ou fera mention du refus de le prêter (*b*). — C. 1338 s.

56. Celle des parties qui ne comparaîtra pas sera condamnée à une amende de dix francs; et toute audience lui sera refusée jusqu'à ce qu'elle ait justifié de la quittance (*c*). — Pr. 58.

---

mes de loi ou procureurs, ne pourront représenter les parties aux bureaux de paix; les autres citoyens ne seront admis à les représenter, que lorsqu'ils seront revêtus de pouvoirs suffisans pour transiger.

(*a*) Décr. 16-24 *août* 1790, *tit.* X.

Art. 3. Dans le cas où les deux parties comparaîtront devant le bureau de paix, il dressera un procès-verbal de leurs dires, aveux ou dénégations sur les points de fait; ce procès-verbal sera signé des parties, ou, à leur requête, il sera fait mention de leur refus.

(*b*) Décr. 6-27 *mars* 1791.

Art. 25. Lorsque de deux parties présentes devant le bureau de paix, l'une déclarera s'en rapporter au serment de l'autre partie sur la vérité d'une dette méconnue, ou d'une convention contestée, ou de tout autre fait décisif, le bureau de paix recevra le serment, ou fera mention dans son procès-verbal du refus de le prêter.

(*c*) Décr. 6-27 *mars* 1791.

Art. 22. Si la partie ajournée en première instance devant un tribunal de district, n'a pas comparu au bureau de paix et

vient à perdre sa cause, elle sera condamnée par le même jugement à une amende de trente livres, au paiement de laquelle elle sera contrainte, soit qu'elle exécute le jugement, soit qu'elle en appelle, et sans restitution; en ce dernier cas, quel que soit l'événement de l'appel, la même amende sera prononcée contre le demandeur qui, s'étant pourvu au tribunal de district sans avoir fait citer son adversaire devant le bureau de paix, sera par cette raison déclaré non recevable.

Nota. D'après l'article 10, § 2, titre IX du décret du 16 août 1790, l'amende n'était contre le défendeur que de neuf livres et contre le demandeur que de dix-huit livres. Le décret du 21 germinal an II (10 avril 1794) obligeait de produire la quittance du paiement de l'amende encourue au bureau de paix pour être admis à plaider devant les tribunaux.

L. 26 *vent an* II.

Art. 8. Le demandeur principal qui se sera pourvu au tribunal civil, et dont l'action n'aura pas été reçue pour n'avoir point cité son adversaire en conciliation, sera recevable à l'exer-

57. La citation en conciliation interrompra la prescription, et fera courir les intérêts; le tout, pourvu que la demande soit formée dans le mois à dater du jour de la non-comparution ou de la non-conciliation (*a*). — Pr. 49 *note* 1. — C. 1135 s., 2247, 2274.

58. En cas de non-comparution de l'une des parties, il en sera fait mention sur le registre du greffe de la justice de paix, et sur l'original ou la copie de la citation, sans qu'il soit besoin de dresser procès-verbal. — Pr. 54, 65. — T. 1er, art. 13.

TITRE DEUXIÈME.

DES AJOURNEMENS.

59. En matière personnelle, le défendeur sera assigné devant le tribunal de son domicile; s'il n'a pas de domicile, devant le tribunal de sa résidence; — **Pr.** 2, 50, 60, 69 8º. — C. 102 s. — S'il y a plusieurs défendeurs, devant le tribunal du domicile de l'un d'eux, au choix du demandeur; — **Pr.** 49 6º, 50 1º. — En matière réelle, devant le tribunal de la situation de l'objet litigieux; — **Pr.** 50 1º, 64; — En matière mixte, devant le juge de la situation, ou devant le juge du domicile du défendeur; — En matière de société, tant qu'elle existe, devant le juge du lieu où elle est établie; — **Pr.** 50 2º, 69. — C. 1832 s. — Co. 18 s. — En matière de succession, 1º sur les demandes entre héritiers, jusqu'au partage inclusivement; 2º sur les demandes qui seraient intentées par des créanciers du défunt, avant le partage; 3º sur les demandes relatives à l'exécution des dispositions à cause de mort, jusqu'au jugement définitif, devant le tribunal du lieu où la succession est ouverte; — **Pr.** 50 3º. — C. 110, 822. — En matière de faillite, devant le juge du domicile du failli; — Co. 437 s. — En matière de garantie, devant le juge où la demande originaire sera pen-

---

cer de nouveau, en rapportant la quittance de l'amende de trente livres par lui encourue, et le certificat du bureau de conciliation qui constatera que sa partie a été inutilement appelée à ce bureau, ou qu'il a employé sans fruit sa médiation.

5. Le défendeur qui, suivant la loi du 21 germinal de l'an II, n'aura pas été entendu dans ses défenses pour n'avoir pas justifié de la quittance de l'amende de trente livres encourue par sa non-comparution, et qui aura été condamné, sera reçu opposant au jugement rendu contre lui, dans les dix jours de sa signification, s'il rapporte la quittance de ladite amende.

(*a*) DÉCR. 16-21 *août* 1790, *tit.* X.

ART. 6. La citation faite devant le bureau de paix suffira seule pour autoriser les poursuites conservatoires, lorsque d'ailleurs elles seront légitimes; elle aura aussi l'effet d'interrompre la prescription lorsqu'elle aura été suivie d'ajournement.

dante; — **Pr.** 49 3°, 175 s., 181.—C. 1625 s., 1640. — Enfin, en cas d'élection de domicile pour l'exécution d'un acte, devant le tribunal du domicile élu, ou devant le tribunal du domicile réel du défendeur, conformément à l'article 111 du Code civil. — **Pr.** 356, 363, 470, 527, 567. — T. 1er, art. 27, 68.

60. Les demandes formées pour frais par les officiers ministériels, seront portées au tribunal où les frais ont été faits (a). — **Pr.** 49 5°, 59, 543, 544. — T. 1er, art. 151.

61. L'exploit d'ajournement contiendra, — 1° La date des jour, mois et an, les noms, profession et domicile du demandeur, la constitution de l'avoué qui occupera pour lui, et chez lequel l'élection de domicile sera de droit, à moins d'une élection contraire par le même exploit; — **Pr.** 75 s. — C. 102. — 2° Les noms, demeure et immatricule de l'huissier, les noms et demeure du défendeur, et mention de la personne à laquelle copie de l'exploit sera laissée; — **Pr.** 68. — 3° L'objet de la demande, l'exposé sommaire des moyens; — 4° L'indication du tribunal qui doit connaître de la demande, et du délai pour comparaître : le tout à peine de nullité (b). —

(a) Décr. 29 *janv.*-20 *mars* 1791.

Art. 14. Tous les officiers ministériels supprimés sont autorisés à poursuivre leurs recouvremens, en quelque lieu que les parties soient domiciliées, par-devant le tribunal de district dans le ressort duquel était établi le chef-lieu de l'ancien tribunal où ces officiers exerçaient leurs fonctions.

(b) Ord. *avril* 1667, *tit.* II.

Art. 1er. Les ajournemens et citations en toutes matières et en toutes juridictions, seront libellés, contiendront les conclusions et sommairement les moyens de la demande, à peine de nullité des exploits et de vingt livres d'amende contre les huissiers, sergens ou appariteurs, applicable moitié aux réparations de l'auditoire, et l'autre moitié aux pauvres du lieu, sans qu'elle puisse être remise ou modérée pour quelque cause que ce soit.

2. Tous sergens et huissiers, même de nos cours de parlement, grand conseil, chambre des comptes, cours des aides, requêtes de notre hôtel et du palais, seront tenus en tous exploits d'ajournemens de se faire assister de deux témoins ou récors, qui signeront avec eux l'original et la copie des exploits, sans qu'ils puissent se servir de récors qui ne sachent écrire, ni qui soient parens, alliés ou domestiques de la partie. Déclareront aussi les huissiers et sergens par leurs exploits, les juridictions où ils sont immatriculés, leur domicile et celui de leurs récors, avec leur nom, surnom et vacation, le domicile et la qualité de la partie; le tout à peine de nullité, et de vingt livres d'amende applicable comme dessus.

18. En tous siéges et en toutes matières où le ministère des procureurs est nécessaire, les exploits d'ajournemens, d'intimation ou anticipations, contiendront le nom du procureur du demandeur, à peine de nullité des exploits et de tout ce qui pourrait être fait en exécution, et de vingt livres d'amende contre le sergent

Pr. 1, 71, 72, 1029, 1041 note. — T. 1er, art. 27, 68. — Supp. *Patentes*, L 28 avril 1844, art. 29.

62. Dans le cas du transport d'un huissier, il ne lui sera payé pour tous frais de déplacement qu'une journée au plus. — Pr. 67, 68, 71. — T. 1er, art. 23, 66.

63. Aucun exploit ne sera donné un jour de fête légale, si ce n'est en vertu de permission du président du tribunal (a). — Pr. 781, 808, 828, 1037. — Co. 162, 187.

64. En matière réelle ou mixte, les exploits énonceront la nature de l'héritage, la commune, et autant qu'il est possible, la partie de la commune où il est situé, et deux au moins des tenans et aboulissans; s'il s'agit d'un domaine, corps de ferme ou mé-tairie, il suffira d'en désigner le nom et la situation : le tout à peine de nullité (b). — Pr. 59, 1029.

65. Il sera donné, avec l'exploit, copie du procès-verbal de non-conciliation, ou copie de la mention de non-comparution, à peine de nullité; sera aussi donné copie des pièces ou de la partie des pièces sur lesquelles la demande est fondée : à défaut de ces copies, celles que le demandeur sera tenu de donner dans le cours de l'instance n'entreront point en taxe (c). — Pr. 48 et *la note*, 54, 58. — T. 1er, art. 28.

66. L'huissier ne pourra instrumenter pour ses parens et alliés, et ceux de sa femme, en ligne directe à l'infini, ni pour ses parens et alliés collatéraux, jusqu'au degré de

---

(a) ORD. *avril 1667*, *tit.* III.

ART. 7. Tous les jours seront continus et utiles pour les délais des assignations et procédures, même les dimanches, fêtes solennelles, et les jours des vacations, et autres auxquels il ne se fait aucune expédition de justice.

(b) ORD. *avril 1667*, *tit.* IX.

ART. 3. Ceux qui feront demande de censives par action, ou de la propriété de quelque héritage, rente foncière, charge réelle ou hypothèque, seront tenus, à peine de nullité, de déclarer par leur premier exploit le bourg, village ou hameau, le terroir et la contrée où l'héritage est situé, sa consistance, ses nouveaux tenans et aboulissans, du côté du septentrion, midi, orient et occident; sa nature au temps de l'exploit, si c'est terre labourable, prés, bois, vignes, ou d'autre qualité; en sorte que le dé-fendeur ne puisse ignorer pour quel héritage il est assigné.

4. S'il est question du corps d'une terre ou métairie, il suffira d'en désigner le nom et la situation; et si c'est d'une maison, les tenans et aboulissans seront désignés en la même manière.

5. Abrogeons les exceptions des vues et montrées pour quelque cause que ce soit.

(c) ORD. *avril 1667*, *tit.* II.

ART. 6. Les demandeurs seront tenus de faire donner dans la même feuille ou cahier de l'exploit, copie des pièces sur lesquelles la demande est fondée; ou des extraits, si elles sont trop longues; autrement, les copies qu'ils donneront dans le cours de l'instance n'entreront en taxe, et les réponses qui y seront faites seront à leurs dépens, et sans répétition.

cousin issu de germain inclu-sivement; le tout à peine de nullité. — **Pr.** 4, 61 *note*, 71, 1029, 1031. — **C.** 735 s.

67. Les huissiers seront te-nus de mettre à la fin de l'o-riginal et de la copie de l'ex-ploit, le coût d'icelui, à peine de cinq francs d'amende paya-bles à l'instant de l'enregis-trement (*a*). — **Pr.** 62, 104, 1029. — **T.** 1er, art. 66 § 7.

68. Tous exploits seront faits à personne ou domicile : mais si l'huissier ne trouve au do-micile ni la partie, ni aucun de ses parens ou serviteurs, il remettra de suite la copie à un voisin, qui signera l'origi-nal ; si ce voisin ne peut ou ne veut signer, l'huissier remet-tra la copie au maire ou ad-joint de la commune, lequel visera l'original sans frais. L'huissier fera mention du tout, tant sur l'original que sur la copie (1). — **Pr.** 4, 59, 61, 69, 70, 71, 419, 1029. — **C.** 102

s. — **Co.** 173. — Supp. *Alié-nés*, L. 30 juin 1838, arti-cle 35 (*b*).

69. Seront assignés, — 1o L'Etat, lorsqu'il s'agit de do-maines et droits domaniaux, en la personne ou au domi-cile du préfet du département où siége le tribunal devant le-quel doit être portée la de-mande en première instance;— **Pr.** 49 1o. — 2o Le trésor public, en la personne ou au bureau de l'agent; — 3o Les administrations ou établisse-mens publics, en leurs bu-reaux, dans le lieu où réside le siége de l'administration; dans les autres lieux, en la personne et au bureau de leur préposé; — **Pr.** 49 1o, 1032. — Le Roi, pour ses domai-nes, en la personne du procu-reur du Roi de l'arrondisse-ment; — *Modifié.* Supp. *Liste civile*, L. 2 mars 1832, art. 27. — 5o Les communes, en la personne ou au domicile du

---

(*a*) Ord. *avril* 1667, *tit.* II. — Art. 5. Tous huissiers et ser-gens seront tenus de mettre au bas de l'original des exploits les sommes qu'ils auront reçues pour leurs salaires, à peine de vingt livres d'amende comme dessus.

(1) L'ordonnance du 20-21 août 1817 détermine un mode pour l'exécution des actes et fonctions judiciaires, dans les palais, châ-teaux, maisons royales et leurs dépendances.

(*b*) Ord. *avril* 1667, *tit.* II. — Art. 3. Tous exploits d'ajour-nement seront faits à personne ou domicile; et sera fait mention en l'original et en la copie des personnes auxquelles ils auront été laissés, à peine de nullité et de pareille amende de vingt li-vres. Pourront néanmoins les exploits concernant les droits d'un bénéfice, être faits au principal manoir du bénéfice, comme aussi ceux concernant les droits et fonc-tions des offices ou commissions, ès lieux où s'en fait l'exercice.

4. Si les huissiers ou sergens ne trouvent personne au domi-cile, ils seront tenus, à peine de nullité et de vingt livres d'a-mende, d'attacher leurs exploits à la porte et d'en avertir le pro-che voisin, par lequel ils feront signer l'exploit; et s'il ne le veut ou ne peut signer, ils en feront mention; et en cas qu'il n'y eût aucun proche voisin, feront para-pher leur exploit et dater le jour du paraphe par le juge du lieu, et, en son absence ou refus, par le plus ancien praticien auquel nous enjoignons de le faire sans frais.

maire; et à Paris, en la personne ou au domicile du préfet: — Dans les cas ci-dessus, l'original sera visé de celui à qui copie de l'exploit sera laissée; en cas d'absence ou de refus, le visa sera donné, soit par le juge de paix, soit par le procureur du Roi près le tribunal de première instance, auquel, en ce cas, la copie sera laissée. — **Pr.** 49 1°, 1032, 1039. — 6° Les sociétés de commerce, tant qu'elles existent, en leur maison sociale; et s'il n'y en a pas, en la personne ou au domicile de l'un des associés; — **Pr.** 49 4°, 50 2°, 59. — **Co.** 19 s. — 7° Les unions et directions de créanciers, en la personne ou au domicile de l'un des syndics ou directeurs; — **Co.** 529 s. — 8° Ceux qui n'ont aucun domicile connu en France, au lieu de leur résidence actuelle; si le lieu n'est pas connu, l'exploit sera affiché à la principale porte de l'auditoire du tribunal où la demande est portée; une seconde copie sera donnée au procureur du Roi, lequel visera l'original (a); — **Pr.** 1039.

— **T.** 1er, art. 27. — 9° Ceux qui habitent le territoire français hors du continent, et ceux qui sont établis chez l'étranger, au domicile du procureur du Roi près le tribunal où sera portée la demande, lequel visera l'original, et enverra la copie, pour les premiers, au Ministre de la marine, et pour les seconds, à celui des affaires étrangères (b). — **Pr.** 73, 560, 1039.

70. Ce qui est prescrit par les deux articles précédens sera observé à peine de nullité. — **Pr.** 173, 1029. — **P.** 146. — Supp. *Huissier*, Décr. 14 juin 1813, art. 45.

71. Si un exploit est déclaré nul par le fait de l'huissier, il pourra être condamné aux frais de l'exploit et de la procédure annulée, sans préjudice des dommages et intérêts de la partie, suivant les circonstances. — **Pr.** 132, 360, 609, 788, 828, 1030, 1031. — **C.** 1149, 1382.

72. Le délai ordinaire des ajournemens, pour ceux qui sont domiciliés en France, sera de huitaine (c). — **Pr.** 5, 51, 73, 1033. — Dans les cas qui

---

(a) Ord. *avril 1667, tit. 11.*

Art. 4. Ceux qui n'ont ou n'ont eu aucun domicile connu, seront assignés par un seul cri public au principal marché du lieu de l'établissement du siège où l'assignation sera donnée sans aucune perquisition; et sera l'exploit paraphé par le juge des lieux sans frais.

(b) Ord. *avril 1667, tit. 11.*

Art. 1. Les étrangers qui seront hors le Royaume, seront ajournés ès hôtels de nos procureurs-généraux des parlemens, où ressortiront les appellations des juges devant lesquels ils seront assignés; et ne seront plus données aucunes assignations sur la frontière.

8. — **C.** 112 *note.*

(c) Ord. *avril 1667, tit. 111.*

Art. 1er. Les termes et délais des assignations qui seront données aux prévôtés et châtellenies royales, à des personnes domiciliées au lieu où est établi le siège de la prévôté et châtellenie, seront au moins de trois jours, et ne pourront être plus longs de huitaine.

2. Si le défendeur est demeu-

requerront célérité, le président pourra, par ordonnance rendue sur requête, permettre d'assigner à bref délai. — **Pr.** 49 2°, 76, 405, 417 n., 795, 839. — **Co.** 647. — **T.** 1er, art. 77 § 1, 16.

73. Si celui qui est assigné demeure hors de la France continentale, le délai sera, — 1° Pour ceux demeurant en Corse, dans l'île d'Elbe ou de Capraja, en Angleterre et dans les États limitrophes de la France, de deux mois; — 2° Pour ceux demeurant dans les autres États de l'Europe, de quatre mois; — 3° Pour ceux demeurant hors d'Europe, en deçà du cap de Bonne-Espérance, de six mois; — Et pour ceux demeurant au delà, d'un an (a). — **Pr.** 69 9°, 74, 445 n., 486, 639. — **Co.** 492.

74. Lorsqu'une assignation à une partie domiciliée hors de la France sera donnée à la personne en France, elle n'emportera que les délais ordinaires, sauf au tribunal à les prolonger s'il y a lieu (b). — **Pr.** 73.

TITRE TROISIÈME.

CONSTITUTION D'AVOUÉS, ET DÉFENSES.

75. Le défendeur sera tenu, dans les délais de l'ajournement, de constituer avoué; ce qui se fera par acte signifié d'avoué à avoué. Le défendeur ni le demandeur ne pourront révoquer leur avoué sans en constituer un autre. Les procédures faites et jugemens obtenus contre l'avoué révoqué et non remplacé seront valables (c). — **Pr.** 61, 76 n., 149 n.,

rant hors du lieu, et néanmoins en l'étendue du ressort, le délai de l'assignation sera au moins de huitaine, et ne pourra être plus long de quinzaine.

3. Aux sièges présidiaux, bailliages et sénéchaussées royales, le délai des assignations données à ceux qui sont domiciliés où le siège est établi, ou dans la distance de dix lieues, ne pourra aussi être moindre de huitaine, et plus long de quinzaine, et pour ceux qui sont hors la distance des dix lieues, le délai de l'assignation sera au moins de quinzaine, et au plus de trois semaines.

(a) L. *28 germ. an XI.*

Art. 1er. Les délais des assignations données aux parties domiciliées dans les colonies, pour comparaître devant les tribunaux de France, seront de 3 à 4 mois, à compter du jour de la signification à personne ou à domicile, pour les colonies occidentales, et les côtes d'Afrique jusqu'au cap de Bonne-Espérance, et d'un an pour les colonies à l'est du même cap.

(b) L. *28 germ. an XI.*

Art. 2. Lorsqu'une assignation à une partie domiciliée dans les colonies sera donnée à sa personne en France, elle n'emportera que les délais ordinaires, sauf au tribunal à les prolonger, s'il y a lieu.

(c) Ord. *avril 1667, tit. v.*

Art. 1er. En toutes les causes qui seront poursuivies aux requêtes de notre hôtel, requêtes du palais, cour des monnaies, siéges des grands-maîtres des eaux

342 n., 470, 1038. — T. 1er, art. 68, 70 § 1, 39.

76. Si la demande a été formée à bref délai, le défendeur pourra, au jour de l'échéance, faire présenter à l'audience un avoué, auquel il sera donné acte de sa constitution; ce jugement ne sera point levé : l'avoué sera tenu de réitérer, dans le jour, sa constitution par acte; faute par lui de le faire, le jugement sera levé à ses frais. — Pr. 72, 470, 1031. — T. 1er, art. 80, 81.

77. Dans la quinzaine du jour de la constitution, le défendeur fera signifier ses défenses signées de son avoué; elles contiendront offre de communiquer les pièces à l'appui ou à l'amiable, d'avoué à avoué, ou par la voie du greffe (a). — Pr. 75 note, 97, 104, 188 n., 405. — T. 1er. art. 72, 91 § 1, 20. — Supp. *Cours et tribunaux*, Décr. 30 mars 1808, art. 70.

78. Dans la huitaine suivante, le demandeur fera signifier sa réponse aux défenses. — Pr. 77, 81. — T. 1er, art. 73 § 1.

79. Si le défendeur n'a point fourni ses défenses dans le délai de quinzaine, le demandeur poursuivra l'audience sur un simple acte d'avoué à avoué. — Pr. 77 *et la note*, 80. — T. 1er, art. 70 § 2, 39.

80. Après l'expiration du délai accordé au demandeur pour faire signifier sa réponse,

---

et forêts, siéges présidiaux, bailliages, sénéchaussées, siéges des conservateurs des priviléges des universités, prévôtés et châtellenies royales, le défendeur sera tenu dans les délais à lui accordés, selon la distance des lieux (après le jour de l'assignation échue), de nommer procureur et faire signifier ses défenses, signées de celui qui aura charge d'occuper, avec copie des pièces justificatives, si aucunes il a : autrement sera donné défaut avec profit, sans autre acte ni sommation préalable.

(a) Ord. *avril 1667, tit. V.*
Art. 3. — Pr. 119 *note.*
Tit. XI. *Des délais et procédures ès cours de parlement, grand-conseil et cours des aides, en première instance et cause d'appel.*
Art. 1. Si le défendeur, après avoir mis procureur, ne fournit ses défenses dans le délai (*ce délai est fixé par l'art. 1, tit. XI*), et copie des pièces justificatives, si aucunes il a, le demandeur prendra aussi son défaut au greffe, lequel il fera signifier au procureur du défendeur; et huitaine après la signification le baillera à juger.

6. Si, avant le jugement des défauts, le défendeur constitue procureur et fournit des défenses avec copie des pièces justificatives sur le principal, les parties se pourvoiront à l'audience; et néanmoins les dépens du défaut seront acquis au demandeur. Mais s'il constitue seulement procureur, sans fournir de défenses, le demandeur pourra poursuivre le jugement de son défaut, sans autre procédure ni sommation.

8. Trois jours après les défenses fournies et la copie des pièces justificatives, la cause sera poursuivie à l'audience sur un simple acte signé du procureur et signifié, sans prendre au greffe aucun avenir; desquels nous abrogeons l'usage en toutes cours et juridictions.

la partie la plus diligente pourra poursuivre l'audience sur un simple acte d'avoué à avoué; pourra même le demandeur poursuivre l'audience, après la signification des défenses, et sans y répondre. — Pr. 78, 154. — Supp. *Cours et tribunaux*, Décr. 30 mars 1808, art. 28 «,, 33, 69.

81. Aucunes autres écritures ni significations n'entreront en taxe (a). — Pr. 82, 105, 1031.

82. Dans tous les cas où l'audience peut être poursuivie sur un acte d'avoué à avoué, il n'en sera admis en taxe qu'un seul pour chaque partie. — Pr. 79, 80, 154, 1031. — T. 1er, art. 70 § 2, 39.

TITRE QUATRIÈME.

DE LA COMMUNICATION AU MINISTÈRE PUBLIC.

83. Seront communiquées au procureur du Roi les causes suivantes : — 1° Celles qui concernent l'ordre public, l'État, le domaine, les communes, les établissemens publics, les dons et legs au profit des pauvres; — Pr. 251, 359, 498, 781, 900. — C. 537, 937. — 2° Celles qui concernent l'état des personnes et les tutelles; — Pr. 876, 891. — C. 99, 184, 199, 806 «., 826, 489 «., 513. — 3° Les déclinatoires sur incompétence; — Pr. 168-170. — 4° Les réglemens de juges, les récusations et renvois pour parenté et alliance; — Pr. 44 «., 363 «., 368 «., 378 «. — 5° Les prises à partie; — Pr. 505 «. — 6° Les causes des femmes non autorisées par leurs maris, ou même autorisées, lorsqu'il s'agit de leur dot, et qu'elles sont mariées sous le régime dotal; les causes des mineurs, et généralement toutes celles où l'une des parties est défendue par un curateur; — Pr. 49, 862 «. — C. 218 «., 1541. — Supp. *Aliénés*, L. 30 juin 1838, art. 40. — 7° Les causes concernant ou intéressant les personnes présumées absentes. — C. 114. — Le procureur du Roi pourra néanmoins prendre communication de toutes les autres causes dans lesquelles il croira son ministère nécessaire; le tribunal pourra même l'ordonner d'office (1). — Pr. 480 8°. — T. 1er, article 90 § 2, 15. — Supp. *Cours*

(a) Ord. *avril* 1667, *tit.* XIV. Art. 3. Abrogeons l'usage des dupliques, tripliques, additions, premières et secondes, et autres écritures semblables, défendons à tous juges d'y avoir égard, et de les passer en taxe.

(1) Décr. 16-24 *août* 1790, *tit.* VIII. Art. 2. Au civil, les commissaires du Roi exerceront leur ministère, non par voie d'action, mais seulement par celle de réquisition, dans les procès dont les juges auront été saisis.

L. 20 *avril* 1810. Art. 46. En matière civile, le ministère public agit d'office dans les cas spécifiés par la loi. — Il surveille l'exécution des lois, des arrêts et des jugemens; il poursuit d'office cette exécution dans les dispositions qui intéressent l'ordre public.

et tribunaux, Décr. 30 mars 1808, art. 83, 84, 87 (*a*).

84. En cas d'absence ou empêchement des procureurs du Roi et de leurs substituts, ils seront remplacés par l'un des juges ou suppléans. — Supp. *Avocat*, Décr. 14 déc. 1810, art. 35. — Supp. *Écoles de droit*, L. 22 vent. an XII.

TITRE CINQUIÈME.

DES AUDIENCES, DE LEUR PUBLICITÉ ET DE LEUR POLICE.

85. Pourront les parties, assistées de leurs avoués, se défendre elles-mêmes : le tribunal cependant aura la faculté de leur interdire ce droit, s'il reconnaît que la passion, ou l'inexpérience, les empêche de discuter leur cause avec la décence convenable ou la clarté nécessaire pour l'instruction des juges (*b*). — Pr. 10, 470. — Supp. *Cours et tribunaux*, Décr. 30 mars 1808, art. 33.

86. Les parties ne pourront charger de leur défense, soit verbale, soit par écrit, même à titre de consultation, les juges en activité de service, procureurs généraux, avocats généraux, procureurs du Roi, substituts des procureurs générr . . et du Roi, même dans les tribunaux autres que ceux près desquels ils exercent leurs fonctions : pourront néanmoins les juges, procureurs généraux, avocats généraux, procureurs du Roi, et substituts des procureurs généraux et du Roi, plaider, dans tous les tribunaux, leurs causes personnelles, et celles de leurs femmes, parens ou alliés en ligne directe, et de leurs pupilles. — Pr. 378 8°, 470. — C. 735 N.

87. Les plaidoiries seront publiques, excepté dans le cas où la loi ordonne qu'elles seront secrètes. Pourra cependant le tribunal ordonner qu'elles se feront à huis clos, si la discussion publique devait entraîner ou scandale ou des inconvéniens graves ; mais, dans ce cas, le tribunal sera tenu d'en délibérer, et de rendre compte de sa délibération au procureur général près la cour royale ; et si la cause est pendante dans une cour royale, au Ministre de la justice. — Pr. 8, 85 *note*, 111, 141, 470, 879. — Ch. 55. — C. 219, 241. — I. Cr. 153, 171, 190, 410. — T. 1er, art. 83. — Supp. *Cours et tribunaux*, Décr. 30 mars

---

(*a*) Décr. 16-24 *août* 1790, tit. VIII.

Art. 3. Ils (les officiers du ministère public) seront entendus dans toutes les causes des pupilles, des mineurs, des interdits, des femmes mariées, et dans celles où les propriétés et les droits, soit de la Nation, soit d'une commune, seront intéressés. Ils seront chargés, en outre, de veiller pour les obsens indéfendus.

(*b*) Décr. 16-24 *août* 1790, tit. II.

Art. 14. En toute matière civile ou criminelle, les plaidoyers, rapports et jugemens seront publics ; et tout citoyen aura le droit de défendre lui-même sa cause soit verbalement, soit par écrit.

1808, art. 34; L. 20 avril 1810, art. 7.

88. Ceux qui assisteront aux audiences se tiendront découverts, dans le respect et le silence : tout ce que le président ordonnera pour le maintien de l'ordre sera exécuté ponctuellement et à l'instant. — La même disposition sera observée dans les lieux où, soit les juges, soit les procureurs du Roi, exerceront des fonctions de leur état. — Pr. 10, 89 n., 276, 1038. — I. Cr. 34, 181, 267, 504 n. — P. 222 n. — Supp. *Avocat*, Décr. 14 déc. 1810, art. 35, 37 n.; Ord. 20 nov. 1822, art. 49; Ord. 30 mars 1835, art. 23.

89. Si un ou plusieurs individus, quels qu'ils soient, interrompent le silence, donnent des signes d'approbation ou d'improbation, soit à la défense des parties, soit aux discours des juges ou du ministère public, soit aux interpellations, avertissemens ou ordres des présidens, juge-commissaire ou procureur du Roi, soit aux jugemens ou ordonnances, causent ou excitent du tumulte de quelque manière que ce soit, et si, après l'avertissement des huissiers, ils ne rentrent pas dans l'ordre sur-le-champ, il leur sera enjoint de se retirer, et les résistans seront saisis et déposés à l'instant dans la maison d'arrêt pour vingt-quatre heures : ils y seront reçus sur l'exhibition de l'ordre du président, qui sera mentionné au procès-verbal de l'audience. — Pr. 10-12, 90 n., 470, 781 4°. — I. Cr. 34, 267, 504 n.

90. Si le trouble est causé par un individu remplissant une fonction près le tribunal, il pourra, outre la peine ci-dessus, être suspendu de ses fonctions; la suspension, pour la première fois, ne pourra excéder le terme de trois mois. Le jugement sera exécutoire par provision, ainsi que dans le cas de l'article précédent. — Pr. 10 n., 89, 470, 1038. — I. Cr. 267, 504 n. — Supp. *Cours et tribunaux*, Décr. 30 mars 1808, art. 103 n.

91. Ceux qui outrageraient ou menaceraient les juges ou officiers de justice dans l'exercice de leurs fonctions, seront, de l'ordonnance du président, du juge-commissaire ou du procureur du Roi, chacun dans le lieu dont la police lui appartient, saisis et déposés à l'instant dans la maison d'arrêt, interrogés dans les vingt-quatre heures, et condamnés par le tribunal, sur le vu du procès-verbal qui constatera le délit, à une détention qui ne pourra excéder le mois, et à une amende qui ne pourra être moindre de vingt-cinq francs, ni excéder trois cents francs. — Si le délinquant ne peut être saisi à l'instant, le tribunal prononcera contre lui, dans les vingt-quatre heures, les peines ci-dessus, sauf l'opposition que le condamné pourra former dans les dix jours du jugement, en se mettant en état de détention. — Pr. 11. — I. Cr. 181, 421, 505-508. — P. 222 n.

92. Si les délits commis méritaient peine afflictive ou infamante, le prévenu sera envoyé en état de mandat de dépôt devant le tribunal compétent, pour être poursuivi et puni suivant les règles établies par le Code d'instruction criminelle. — I. Cr. 293, 506 n. — P. 7, 8, 222 n.

TITRE SIXIÈME.

DES DÉLIBÉRÉS ET INSTRUCTIONS PAR ÉCRIT.

93. Le tribunal pourra ordonner que les pièces seront mises sur le bureau, pour en être délibéré au rapport d'un juge nommé par le jugement, avec indication du jour auquel le rapport sera fait. — Pr. 94, 95, 110 s., 116, 405, 470. — T. 1er, art. 84.

94. Les parties et leurs défenseurs seront tenus d'exécuter le jugement qui ordonnera le délibéré, sans qu'il soit besoin de le lever ni signifier, et sans sommation : si l'une des parties ne remet point ses pièces, la cause sera jugée sur les pièces de l'autre. — Pr. 93, 342. — T. 1er, art. 90 § 3, 15.

95. Si une affaire ne paraît pas susceptible d'être jugée sur plaidoirie ou délibéré, le tribunal ordonnera qu'elle sera instruite par écrit, pour en être fait rapport par l'un des juges nommé par le jugement. —

Aucune cause ne peut être mise en rapport qu'à l'audience et à la pluralité des voix (a). — C. 96 s., 110, 116 s. — T. 1er, art. 84.

96. Dans la quinzaine de la signification du jugement, le demandeur fera signifier une requête contenant ses moyens ; elle sera terminée par un état des pièces produites au soutien. — Le demandeur sera tenu, dans les vingt-quatre heures qui suivront cette signification, de produire au greffe et de faire signifier l'acte de produit (b). — Pr. 98 s., 104 s. — P. 409. — T. 1er, art. 70 § 4, 39, art. 73 § 2, art. 91 § 2, 20.

97. Dans la quinzaine de la production du demandeur au greffe, le défendeur en prendra communication, et fera signifier sa réponse avec état au bas des pièces au soutien ; dans les vingt-quatre heures

---

(a) ORD. *avril* 1667, *tit.* XI.

ART. 9. Aucune cause ne pourra être appointée au conseil, en droit, ou à mettre, si ce n'est en l'audience à la pluralité des voix, à peine de nullité ; et seront tenus les juges de délibérer préalablement si la cause sera appointée ou jugée, avant que d'ouvrir leurs opinions sur le fond ; ce qui sera observé dans toutes nos cours, juridictions et justices, même celles des seigneurs.

10. Pourront néanmoins être pris des appointemens au greffe ès matières de reddition de comp-

te, liquidation de dommages et intérêts, et appellations de taxe de dépens, lorsqu'il y aura plus de deux croix.

(b) ORD. *avril* 1667, *tit.* XI.

ART. 12. L'appointement en droit à écrire et produire sera de huitaine, et emportera aussi règlement à contredire dans pareil délai, encore que cela ne soit exprimé dans l'appointement.

13. Sera néanmoins aux affaires de peu de conséquence donné un simple appointement à mettre dans trois jours, pour être ensuite distribué par celui à qui la distribution appartiendra.

de cette signification, il rétablira au greffe la production par lui prise en communication, sera la sienne, et en signifiera l'acte. — Dans le cas où il y aurait plusieurs défendeurs, s'ils ont tout à la fois des avoués et des intérêts différens, ils auront chacun les délais ci-dessus fixés pour prendre communication, répondre et produire : la communication leur sera donnée successivement, à commencer par le plus diligent. — Pr. 96 *note*, 100, 106, 189, 524. — T. 1er, art. 70 § 5, 39, art. 73 § 3, art. 91 § 3, 20.

98. Si le demandeur n'avait pas produit dans le délai ci-dessus fixé, le défendeur mettra sa production au greffe, ainsi qu'il a été dit ci-dessus : le demandeur n'aura que huitaine pour en prendre communication et contredire; ce délai passé, il sera procédé au jugement, sur la production du défendeur (*a*). — Pr. 78, 96, 108, 113, 189, 524.

99. Si c'est le défendeur qui ne produit pas dans le délai qui lui est accordé, il sera procédé au jugement, sur la production du demandeur. — Pr. 97, 98 *et la note*, 100, 113, 342.

100. Si l'un des délais fixés expire sans qu'aucun des défendeurs ait pris communication, il sera procédé au jugement sur ce qui aura été pro-

duit. — Pr. 97 n., 113, 342.

101. Faute par le demandeur de produire, le défendeur le plus diligent mettra sa production au greffe; et l'instruction sera continuée ainsi qu'il est dit ci-dessus. — P. 96-98.

102. Si l'une des parties veut produire de nouvelles pièces, elle le fera au greffe, avec acte de produit contenant état desdites pièces, lequel sera signifié à avoué, sans requête de production nouvelle ni écritures, à peine de rejet de la taxe, lors même que l'état des pièces contiendrait de nouvelles conclusions. — Pr. 103, 1031. — T. 1er, art. 71 § 1, 17, art. 90 § 4, 15.

103. L'autre partie aura huitaine pour prendre communication, et fournir sa réponse, qui ne pourra excéder six rôles. — Pr. 108. — T. 1er, art. 73 § 4, art. 90 § 5, 15.

104. Les avoués déclareront, au bas des originaux et des copies de toutes leurs requêtes et écritures, le nombre des rôles, qui sera aussi énoncé dans l'acte de produit, à peine de rejet lors de la taxe. — Pr. 67, 103, 139, 1031. — T. 1er, art. 70 § 4, 39, art. 74.

105. Il ne sera passé en taxe que les écritures et significations énoncées au présent titre. — Pr. 1031.

(*a*) Ord. *avril* 1667, *tit.* XI. Art. 17. Si l'une des parties est en demeure de faire mettre où joindre dans la huitaine ses productions au greffe de la cour ou siège d'appel, et de le signifier au procureur de la partie adverse, elle en demeurera forclose de plein droit, et le procès

sera jugé sur ce qui se trouvera au greffe, sans faire aucun commandement, sommation ni autre procédure; et néanmoins les inductions, si aucunes ont été tirées des pièces, écritures et reconnaissances contenues ès productions du défaillant, demeureront pour constantes et avérées contre lui.

106. Les communications seront prises au greffe sur les récépissés des avoués, qui en contiendront la date (a). — Pr. 409.

107. Si les avoués ne rétablissent, dans les délais ci-dessus fixés, les productions par eux prises en communication, il sera, sur le certificat du greffier, et sur un simple acte pour venir plaider, rendu jugement à l'audience, qui les condamnera personnellement, et sans appel, à ladite remise, aux frais du jugement, sans répétition, et en dix francs au moins de dommages-intérêts par chaque jour de retard. — Si les avoués ne rétablissent les productions dans la huitaine de la signification dudit jugement, le tribunal pourra prononcer, sans appel, de plus forts dommages et intérêts, même condamner l'avoué par corps, et l'interdire pour tel temps qu'il estimera convenable. — Lesdites condamnations pourront être prononcées sur la demande des parties, sans qu'elles aient besoin d'avoués, et sur un simple mémoire qu'elles remettront ou au président, ou au rapporteur, ou au procureur du Roi. — Pr. 96 s., 126, 191, 536, 1029. — C. 1060 7°, 1149, 1382. — T. 1er, art. 90 § 6, 15.

108. Il sera tenu au greffe un registre sur lequel seront portées toutes les productions, suivant leur ordre de date: ce registre, divisé en colonnes, contiendra la date de la production, les noms des parties, de leurs avoués et du rapporteur; il sera laissé une colonne en blanc.

109. Lorsque toutes les parties auront produit, ou après l'expiration des délais ci-dessus fixés, le greffier, sur la réquisition de la partie la plus diligente, remettra les pièces au rapporteur, qui s'en chargera, en signant sur la colonne laissée en blanc au registre des productions. — Pr. 114. — T. 1er, art. 90 § 7, 15.

110. Si le rapporteur décède, se démet ou ne peut faire le rapport, il en sera commis un autre, sur requête, par ordonnance du président, signifiée à partie ou à son avoué trois jours au moins avant le rapport. — Pr. 93, 95. — T. 1er, art. 70 § 6, 39, art. 76 § 1, 21.

111. Tous rapports, même sur délibérés, seront faits à l'audience; le rapporteur résumera le fait et les moyens sans ouvrir son avis: les défenseurs n'auront, sous aucun prétexte, la parole après le rapport; ils pourront seulement remettre sur-le-champ au président de simples notes énonciatives des faits sur lesquels ils prétendraient que le rapport a été incomplet ou inexact (1). — Pr. 87, 93, 95,

---

(a) ORD. *avril 1667, tit.* XIV. ART. 10. Les productions ne seront plus communiquées et retirées sur les récépissés des procureurs, mais les procureurs en prendront communication par les mains des rapporteurs.

(1) Cet article ne s'applique pas aux affaires qui ont pour objet les droits d'enregistrement. — Supp. *Enregistrement,* L. 22 frim. an VII, art. 65; L. 27 vent. an IX, art. 17. — *Voyez aussi* Pr. 1041 *note.*

338, 341, 461, 668, 763, 1030. — Supp. *Cours et tribunaux*, Décr. 30 mars 1808, art. 80 à 87.

112. Si la cause est susceptible de communication, le procureur du Roi sera entendu en ses conclusions à l'audience. — Pr. 83, 84. — Supp. *Cours et tribunaux*, Décr. 30 mars 1808, art. 84, 85, 87.

113. Les jugemens rendus sur les pièces de l'une des parties, faute par l'autre d'avoir produit, ne seront point susceptibles d'opposition. — Pr. 94, 98 n., 843, 850 n., 1016. — T. 1er, art. 85.

114. Après le jugement, le rapporteur remettra les pièces au greffe; et il en sera déchargé par la seule radiation de sa signature sur le registre des productions. — Pr. 108 n., 115.

115. Les avoués, en retirant leurs pièces, émargeront le registre; cet émargement servira de décharge au greffier. — Pr. 103-108, 115. — T. 1er, art. 70 § 7, 89, art. 91 § 4, 20.

TITRE SEPTIÈME.

DES JUGEMENS.

116. Les jugemens seront rendus à la pluralité des voix, et prononcés sur-le-champ : néanmoins les juges pourront se retirer dans la chambre du conseil pour y recueillir les avis; ils pourront aussi continuer la cause à une des prochaines audiences, pour prononcer le jugement. — Pr. 93, 95, 117 n., 470. — T. 1er, art. 86. — Supp. *Cours et tribunaux*, Décr. 30 mars 1808, art. 35; L. 20 avril 1810, art. 7.

117. S'il se forme plus de deux opinions, les juges plus faibles en nombre seront tenus de se réunir à l'une des deux opinions qui auront été émises par le plus grand nombre; toutefois ils ne seront tenus de s'y réunir qu'après que les voix auront été recueillies une seconde fois. — Pr. 116, 118 n., 467.

118. En cas de partage, on appellera, pour le vider, un juge; à défaut du juge, un suppléant; à son défaut, un avocat attaché au barreau, et à son défaut, un avoué; tous appelés selon l'ordre du tableau : l'affaire sera de nouveau plaidée (a). — Pr. 468. — Supp. *Cours et tribunaux*, Décr. 30 mars 1808, art. 49.

119. Si le jugement ordonne la comparution des parties, il indiquera le jour de la comparution. — Pr. 324 n., 470.

120. Tout jugement qui ordonnera un serment énoncera les faits sur lesquels il

(a) L. 11 prair. an VI.

Art. 1er. Lorsqu'en procédant au jugement d'une affaire civile, les juges d'un tribunal se trouveront partagés entre deux opinions, ils s'adjoindront trois autres juges, les premiers dans l'ordre du tableau du même tribunal.

2. L'affaire sera de nouveau plaidée ou rapportée, tant en présence des juges partagés d'opinions que de ceux qu'ils se seront adjoints, et jugée à la pluralité des voix.

sera reçu. — **Pr.** 55, 121, 470. — **C.** 1357 n.

121. Le serment sera fait par la partie en personne, et à l'audience. Dans le cas d'un empêchement légitime et dûment constaté, le serment pourra être prêté devant le juge que le tribunal aura commis, et qui se transportera chez la partie, assisté du greffier. — Si la partie à laquelle le serment est déféré est trop éloignée, le tribunal pourra ordonner qu'elle prêtera le serment devant le tribunal du lieu de sa résidence. — Dans tous les cas, le serment sera fait en présence de l'autre partie, ou elle dûment appelée par acte d'avoué à avoué, et, s'il n'y a pas d'avoué constitué, par exploit contenant l'indication du jour de la prestation. — **Pr.** 120, 534, 1035. — **C.** 1357 n. — **P.** 366. — **T.** 1er, art. 29 § 1, 72, art. 70 § 8, 39. Supp. *Cours et tribunaux*, Décr. 30 mars 1808, art. 65.

122. Dans les cas où les tribunaux peuvent accorder des délais pour l'exécution de leurs jugemens, ils le feront par le jugement même qui statuera sur la contestation, et qui énoncera les motifs du délai. — **Pr.** 123-125, 442. — **C.** 1184, 1188, 1244, 2212. — **Co.** 157.

123. Le délai courra du jour du jugement, s'il est contradictoire, et de celui de la signification, s'il est par défaut. — **Pr.** 147, 1033.

124. Le débiteur ne pourra obtenir un délai, ni jouir du délai qui lui aura été accordé, si ses biens sont vendus à la requête d'autres créanciers, s'il est en état de faillite, de contumace, ou s'il est constitué prisonnier, ni enfin lorsque, par son fait, il aura diminué les sûretés qu'il avait données par le contrat à son créancier. — **Pr.** 122. — **C.** 1188, 1613. — **Co.** 437, 444.

125. Les actes conservatoires seront valables, nonobstant le délai accordé. — **Pr.** 122. — **C.** 1180.

126. La contrainte par corps ne sera prononcée que dans les cas prévus par la loi : il est néanmoins laissé à la prudence des juges de la prononcer. — 1° Pour dommages et intérêts en matière civile, au-dessus de la somme de trois cents francs ; — 2° Pour reliquats de compte de tutelle, curatelle, d'administration de corps et communauté, établissemens publics, ou de toute administration confiée par justice, pour toutes restitutions à faire par suite desdits comptes (a). — **Pr.** 107, 191, 201,

---

(a) Ord. *avril* 1667, *tit.* XXXIV. **Art.** 2. — **C.** 1915 *note*.

3. Pourront aussi les tuteurs et curateurs, être contraints par corps après les quatre mois, pour les sommes par eux dues, à cause de leur administration, lorsqu'il y aura sentence, jugement ou arrêt définitif, et que la somme sera liquide et certaine.

Tit. XXIX, art. 3. Les rendans comptes présenteront et affirmeront leur compte, en personne, ou par procureur fondé de procuration spéciale, dans le délai qui leur aura été prescrit par le jugement de condamnation, sans aucune prorogation ; et le délai passé, ils y seront contraints par saisie et vente de leurs biens ;

213, 221, 285, 524, 534, 603 N.,
683, 712, 740, 780 N., 824. —
C. 469, 474, 509, 811, 1146 N.,
2059 N., 2083. — Supp. *Contrainte par corps*, L. 17 avril
1832.

127. Pourront les juges,
dans les cas énoncés en l'article précédent, ordonner qu'il
sera sursis à l'exécution de la
contrainte par corps pendant
le temps qu'ils fixeront; après
lequel elle sera exercée sans
nouveau jugement. Ce sursis
ne pourra être accordé que
par le jugement qui statuera
sur la contestation, et qui
énoncera les motifs de délai.
— Pr. 122, 126. — C. 1184,
1244-2212.

128. Tous jugemens qui
condamneront en des dommages et intérêts, en contiendront
la liquidation, ou ordonneront
qu'ils seront donnés par état (a).
— Pr. 126, 137, 185, 523 N. —
C. 1146 N.

129. Les jugemens qui
condamneront à une restitution
de fruits ordonneront qu'elle
sera faite en nature pour la
dernière année; et pour les
années précédentes, suivant
les mercuriales du marché le
plus voisin, eu égard aux saisons et aux prix communs de
l'année; sinon à dire d'experts,
à défaut de mercuriales. Si la
restitution en nature pour la
dernière année est impossible,
elle se fera comme pour les
années précédentes (b). — Pr.
526 N.

130. Toute partie qui succombera sera condamnée aux
dépens (c). — Pr. 131 N., 166,

---

même par emprisonnement de leur
personne, si la matière y est disposée et qu'il soit ainsi ordonné.

9. Après la présentation et affirmation, sera baillée copie du
compte au procureur des oyans;
et les pièces justificatives de la
recette, dépense et reprise lui seront communiquées sur son récépissé, pour les voir et examiner
pendant quinze jours, après lesquels il sera tenu de les rendre,
à peine de prison, de soixante
livres d'amende et du séjour, dépens, dommages et intérêts des
parties en son nom, sans qu'aucunes des peines ci-dessus puissent être réputées comminatoires,
remises ou modérées, sous quelque prétexte que ce soit.

(a) Ord. *avril* 1667, *tit.* XXVI.
Art. 6. Toutes sentences, jugemens ou arrêts sur productions
des parties, qui condamneront à
des intérêts ou à des arrérages,
en contiendront les liquidation
ou calcul.

(b) Ord. *avril* 1667, *tit.* XXX
Art. 1er. S'il y a condamnation de restitution de fruits par
sentence, jugement ou arrêt, ceux
de la dernière année seront délivrés en espèces; et quant à
ceux des années précédentes, la
liquidation en sera faite eu égard
aux quatre saisons et prix commun de chaque année, si ce n'est
qu'il n'en ait été autrement ordonné par le juge, ou convenu
entre les parties.

(c) Ord. *avril* 1667, *tit.* XXXI.
Art. 1er. Toute partie, soit
principale ou intervenante, qui
succombera, même aux renvois,
déclinatoires, évocations ou rè-
glemens de juges, sera condamnée
aux dépens indéfiniment, nonobstant la proximité, ou autres qualités des parties, sans que, sous
prétexte d'équité, partage d'avis,
ou pour quelque autre cause que
ce soit, elle en puisse être dé-
chargée. Défendons à nos cours
de parlement, grand conseil, cour

185, 191 s., 301, 338, 401, 403, 470, 525, 543 s., 662, 1031. — C. 441, 1260, 2101 1°, 2104 s. — I. Cr., 162, 194, 368.

131. Pourront néanmoins les dépens être compensés en tout ou en partie, entre conjoints, ascendans, descendans, frères et sœurs, ou alliés au même degré : les juges pourront aussi compenser les dépens en tout ou en partie, si les parties succombent respectivement sur quelques chefs. — **Pr.** 130 *et la note.* — **C.** 735 s.

132. Les avoués et huissiers qui auront excédé les bornes de leur ministère, les tuteurs, curateurs, héritiers bénéficiaires ou autres administrateurs qui auront compromis les intérêts de leur administration, pourront être condamnés aux dépens, en leur nom et sans répétition, même aux dommages et intérêts s'il y a lieu ; sans préjudice de l'interdiction contre les avoués et huissiers, et de la destitution contre les tuteurs et autres, suivant la gravité des circonstances. — **Pr.** 71, 860, 523 s., 1030 s. — **C.** 444, 450, 509,

803 s., 811 s., 1146 s., 1382, 1428, 1531, 1549. — Supp. *Cours et tribunaux,* Décn. 30 mars 1808, art. 102.

133. Les avoués pourront demander la distraction des dépens à leur profit, en affirmant, lors de la prononciation du jugement, qu'ils ont fait la plus grande partie des avances. La distraction des dépens ne pourra être prononcée que par le jugement qui en portera la condamnation : dans ce cas, la taxe sera poursuivie et l'exécutoire délivré au nom de l'avoué, sans préjudice de l'action contre sa partie. — **Pr.** 137, 470.

134. S'il a été formé une demande provisoire, et que la cause soit en état sur le provisoire et sur le fond, les juges seront tenus de prononcer sur le tout par un seul jugement (a). — **Pr.** 172, 288, 338, 470, 479.

135. L'exécution provisoire sans caution sera ordonnée, s'il y a titre authentique, promesse reconnue, ou condamnation précédente par jugement dont il n'y ait point d'appel (b). — **Pr.** 193 s., 443.

---

des aides, et autres nos cours, requêtes de notre hôtel et du palais, et à tous autres juges, de prononcer par hors de cour sans dépens. Voulons qu'ils soient taxés en vertu de notre présente ordonnance, au profit de celui qui aura obtenu définitivement, encore qu'ils n'eussent été adjugés, sans qu'ils puissent être modérés, liquidés ni réservés.
(a) Ord. *avril 1667, tit.* XVII.
Art. 17. Si les instances sur la provision et sur la définitive sont en même temps en état, les juges y prononceront par un mê-

me jugement, et pourront ordonner qu'en cas d'appel leur jugement sera exécuté par manière de provision, en baillant bonne et suffisante caution, lorsqu'il échet de juger par provision. Abrogeons l'usage de donner en ce cas séparément la sentence de provision et la définitive.
(b) Ord. *avril 1667, tit.* XVII.
Art. 15. S'il y a contrats, obligations, promesses reconnues ou condamnations précédentes, par sentence dont il n'y ait point d'appel, ou qu'elles soient exécutoires nonobstant l'appel, les

— C. 1317, 1319, 1322. — L'exécution provisoire pourra être ordonnée, avec ou sans caution, lorsqu'il s'agira, — Pr. 12, 17, 137, 155, 439, 457 s., 809, 1024. — 1º D'apposition et levée de scellés, ou confecti n d'inventaire; — Pr. 911, 930 s., 951 s. — 2º De réparations urgentes; — C. 1714, 1754, 1756. — 3º D'expulsion des lieux, lorsqu'il n'y a pas de bail, ou que le bail est expiré; — C. 1737, 1743, 2060. — 4º De séquestres, commissaires et gardiens; — Pr. 596 s., 821, 914. — C. 1955 s. — 5º De réceptions de caution et certificateurs; — Pr. 517 s. — 6º De nomination de tuteurs, curateurs, et autres administrateurs, et de reddition de compte; — Pr. 527 s., 882 s., 998 s. — 7º De pensions ou provisions alimentaires. — C. 203 s., 955.

136. Si les juges ont omis de prononcer l'exécution provisoire, ils ne pourront l'ordonner par un second jugement, sauf aux parties à la demander sur l'appel. — Pr. 122, 135, 439, 458 s.

137. L'exécution provisoire ne pourra être ordonnée pour les dépens, quand même ils seraient adjugés pour tenir lieu de dommages et intérêts. — Pr. 130 s., 459, 503.

138. Le président et le greffier signeront la minute de chaque jugement aussitôt qu'il sera rendu : il sera fait mention, en marge de la feuille d'audience, des juges et du procureur du Roi qui y auront assisté; cette mention sera également signée par le président et le greffier (*a*). — Pr. 18, 139 s., 470. — Supp. *Cours et tribunaux*, DÉCR. 30 mars 1808, art. 36, 73, 74.

139. Les greffiers qui délivreront expédition d'un jugement avant qu'il ait été signé, seront poursuivis comme faussaires. — Pr. 138, 140, 1029. — I. Cr. 196, 448 s. — P. 145 s.

140. Les procureurs du Roi et généraux se feront représenter tous les mois les minutes des jugemens, et vérifieront s'il a été satisfait aux dispositions ci-dessus : en cas de contravention, ils en dresseront procès-verbal, pour être procédé ainsi qu'il appartiendra. — Pr. 138 s. — I. Cr. 196.

141. La rédaction des jugemens contiendra les noms des juges, du procureur du Roi, s'il a été entendu, ainsi que des avoués; les noms, professions et demeures des parties, leurs conclusions, l'exposition sommaire des points de fait et de droit, les motifs et le dispositif des jugemens (*b*). — Pr. 83, 111, 142-146, 493.

---

sentences de provision seront exécutées, à quelques sommes qu'elles puissent monter en donnant caution.

(*a*) ORD. *avril 1667, tit.* XXVI. ART. 5. Celui qui aura présidé verra à l'issue de l'audience ou dans le même jour ce que le greffier aura rédigé, signera le plumitif et paraphera cha-

cune sentence, jugement ou arrêt. (*b*) L. 16-24 *août 1790, tit.* V. ART. 15. La rédaction des jugemens, tant sur l'appel qu'en première instance, contiendra quatre parties distinctes. — Dans la première, les noms et les qualités des parties seront énoncés. — Dans la seconde, les questions de fait et de droit qui constituent

— Supp. *Cours et tribunaux*, L. 20 avril 1810, art. 7.

142. La rédaction sera faite sur les qualités signifiées entre les parties : en conséquence, celle qui voudra lever un jugement contradictoire sera tenue de signifier à l'avoué de son adversaire les qualités contenant les noms, professions et demeures des parties, les conclusions, et les points de fait et de droit. — Pr. 141, 143 s., 470. — T. 1er, art. 87, 88.

143. L'original de cette signification restera pendant vingt-quatre heures entre les mains des huissiers audienciers. — Pr. 142.

144. L'avoué qui voudra s'opposer soit aux qualités, soit à l'exposé des points de fait et de droit, le déclarera à l'huissier, qui sera tenu d'en faire mention. — T. 1er, art. 90 § 8, 15.

145. Sur un simple acte d'avoué à avoué, les parties seront réglées sur cette opposition par le juge qui aura présidé ; en cas d'empêchement, par le plus ancien, suivant l'ordre du tableau. — Pr. 144. — T. 1er, art. 70 § 9, 89, art. 90 § 9, 15.

146. Les expéditions des jugemens seront intitulées et terminées au nom du Roi, conformément à l'article 48 de la Charte constitutionnelle (1). — Pr. 434, 470. 545 *et la note*, 853, 854. — C. 1335, 1336. — I. Cr. 521, 522. — T. 2e, art. 7, 8.

147. S'il y a avoué en cause, le jugement ne pourra être exécuté qu'après avoir été signifié à avoué, à peine de nullité ; les jugemens provisoires et définitifs qui prononceront des condamnations seront en outre signifiés à la partie, à personne ou domicile, et il y sera fait mention de la signification à l'avoué (a). — Pr. 148, 155 s., 443, 548, 763,

---

le procès seront posées avec précision. — Dans la troisième, le résultat des faits reconnus ou constatés par l'instruction, et les motifs qui auront déterminé le jugement, seront exprimés. — La quatrième enfin contiendra le dispositif du jugement.

(1) Le texte primitif de l'article 146 portait : « Les expéditions des jugemens seront intitulées et terminées ainsi qu'il a été prescrit par l'acte des constitutions de l'Empire du 28 flor. an XI (28 mai 1804). — Dans l'édition du 30 août 1816, le texte de l'article 146 était conforme au texte actuel, à l'exception de ces mots : *à l'art. 48*, qui ont remplacé ceux-ci : *à l'art. 57* ; ce dernier article ayant pris dans la Charte de 1830 le n° 48.

(a) Ord. avril 1667, tit. XXVII.

Art. 2. Les arrêts ou sentences ne pourront être signifiés à la partie, s'ils n'ont été préalablement signifiés à son procureur, en cas qu'il y ait procureur constitué

Régl. du conseil, 28 *juin* 1738, 2e *partie, tit.* XIII.

Art. 9. Aucun arrêt du conseil ne pourra être mis à exécution contre une partie, s'il n'a été préalablement signifié à l'avocat au conseil qui aura occupé pour elle en l'instance jugée par ledit arrêt, et ce quand même il aurait été signifié à ladite partie, à personne ou domicile, ce qui aura lieu à peine de nullité de toutes les procédures et exécutions qui pourraient être faites avant la signification de l'arrêt audit avocat.

1929. — T. 1er, art. 29 § 2, 72. mais il y sera fait mention du décès ou de la cessation des fonctions de l'avoué (a). — Pr. 75, 162 s., 342, 1038.

148. Si l'avoué est décédé ou a cessé de postuler, la signification à partie suffira;

TITRE HUITIÈME.
DES JUGEMENS PAR DÉFAUT ET OPPOSITIONS.

149. Si le défendeur ne constitue pas avoué, ou si l'avoué constitué ne se présente pas au jour indiqué pour l'audience, il sera donné défaut (b). — Pr. 19 s., 75 s., 153, 155, 157 s., 342 s., 434. — T. 1er, art. 82.

150. Le défaut sera prononcé à l'audience, sur l'appel de la cause, et les conclusions de la partie qui le requiert seront adjugées, si elles se trouvent justes et bien vérifiées, pourront néanmoins les juges faire mettre les pièces sur le bureau, pour prononcer le jugement à l'audience suivante (c). — Pr. 19 s., 116, 149 et la note, 151 s., 434.

151. Lorsque plusieurs parties auront été citées pour le même objet à différens délais, il ne sera pris défaut contre aucune d'elles qu'après l'échéance du plus long délai (d).

(a) RÉGL. du conseil, 28 juin 1738, 2e partie, tit. XIII.

ART. 10. En cas néanmoins que ledit avocat fût décédé avant que l'arrêt eût été mis à exécution, celui qui l'aura obtenu pourra le faire exécuter, en conséquence de la seule signification faite à la partie à son domicile, sans qu'il soit nécessaire d'attendre que ladite partie ait constitué un nouvel avocat, ou de faire aucunes poursuites pour l'obliger en constituer.

(b) ORD. avril 1667, tit. V.

ART. 3. Si le défendeur, dans le délai ci-dessus à lui accordé (Pr. 72 note) ne met procureur, le demandeur prendra son défaut au greffe; et si après avoir mis procureur, il ne baille copie de ses défenses et pièces, s'il aucunes il a, le demandeur prendra défaut à l'audience, sans autre acte ni sommation préalable; et le profit du défaut, en l'un et l'autre cas, sera jugé sur-le-champ, les conclusions adjugées au demandeur avec dépens, si la demande se trouve juste et bien vérifiée.

4. Si toutefois l'exploit d'assignation contient plus de trois chefs de demandes, le profit du défaut pourra être jugé sur pièces vues et mises sur le bureau, sans qu'en ce cas, les juges puissent prendre aucunes épices.

(c) ORD. avril 1667, tit. XI.

ART. 5. Pour le profit du défaut, les conclusions seront adjugées au demandeur avec dépens, si elles sont trouvées justes et dûment vérifiées, sans qu'en aucun cas les juges puissent prendre des épices pour le jugement des défauts.

(d) RÉGL. 28 juin 1738, 2e part., tit. II.

ART. 2. Lorsqu'il y aura eu plusieurs parties assignées en vertu des mêmes lettres, à pareils ou différens délais, l'avocat du demandeur ou de l'appelant ne pourra prendre un défaut contre

— Pr. 72, 73, 179, 184, 1033.

152. Toutes les parties appelées et défaillantes seront comprises dans le même défaut; et s'il en est pris contre chacune d'elles séparément, les frais desdits défauts n'entreront point en taxe, et resteront à la charge de l'avoué, sans qu'il puisse les répéter contre la partie (a). — Pr. 132, 151, 1031.

153. Si de deux ou de plusieurs parties assignées l'une fait défaut et l'autre comparait, le profit du défaut sera joint, et le jugement de jonction sera signifié à la partie défaillante par un huissier commis: la signification contiendra assignation au jour auquel la cause sera appelée; il sera statué par un seul jugement, qui ne sera pas susceptible d'opposition. — Pr. 158, 165, 184. — T. 1er, art. 29 § 3, 72.

154. Le défendeur qui aura constitué avoué pourra, sans avoir fourni de défenses, suivre l'audience par un seul acte, et prendre défaut contre le demandeur qui ne comparaîtrait pas. — Pr. 75, 76, 82, 434

155. Les jugemens par défaut ne seront pas exécutés avant l'échéance de la huitaine de la signification à avoué, s'il y a eu constitution d'avoué, et de la signification à personne ou domicile, s'il n'y a pas eu constitution d'avoué; à moins qu'en cas d'urgence l'exécution n'en ait été ordonnée avant l'expiration de ce délai, dans les cas prévus par l'article 135. — Pourront aussi les juges, dans le cas seulement où il y aurait péril en la demeure, ordonner l'exécution nonobstant l'opposition, avec ou sans caution; ce qui ne pourra se faire que par le même jugement. — Pr. 17, 135, 147, 157 et la note, 435, 439, 458 ». — C. 2011.

156. Tous jugemens par défaut contre une partie qui n'a pas constitué d'avoué seront signifiés par un huissier commis, soit par le tribunal, soit par le juge du domicile du défaillant que le tribunal aura désigné; ils seront exécutés dans les six mois de leur obtention, sinon seront réputés non avenus. — Pr. 153, 159, 350, 435, 548 »., 1029 ». — Co. 643. — T. 1er, art. 29 § 4, 72, art. 76 § 2, 21, art. 89.

157. Si le jugement est rendu contre une partie ayant un avoué, l'opposition ne sera recevable que pendant huitaine, à compter du jour de la signification à avoué (b). —

aucune desdites parties, qu'après l'échéance de toutes les assignations et l'expiration du temps prescrit pour lever le défaut.

(a) Régl.. 28 juin 1738, 2e part, tit. II.

Art. 3. L'avocat du demandeur qui voudra lever un défaut, sera tenu d'y comprendre toutes les parties assignées qui n'auront pas comparu, faute de quoi celles desdites parties qui se seront présentées pourront obtenir un arrêt portant permission de lever ledit défaut; le tout aux frais dudit demandeur, et sauf à être prononcé contre lui ou contre son avocat, s'il y échet, telle condamnation de dommages et intérêts qu'il appartiendra.

(b) Ord. avril 1667, tit. XXXV.

Art. 3. Permettons de se pourvoir par simple requête à fin d'opposition contre les arrêts et ju

Pr. 113, 155, 159 n., 165, 436, 440, 443, 809. — T. 1er, article 89.

158. S'il est rendu contre une partie qui n'a pas d'avoué, l'opposition sera recevable jusqu'à l'exécution du jugement. —Pr. 113, 157 *note*, 159, 162, 165, 436, 443, 445. — Co. 643.

159. Le jugement est réputé exécuté, lorsque les meubles saisis ont été vendus, ou que le condamné a été emprisonné ou recommandé, ou que la saisie d'un ou de plusieurs de ses immeubles lui a été notifiée, ou que les frais ont été payés, ou enfin lorsqu'il y a quelque acte duquel il résulte nécessairement que l'exécution du jugement a été connue de la partie défaillante : l'opposition formée dans les délais ci-dessus et dans les formes ci-après prescrites suspend l'exécution, si elle n'a pas été ordonnée nonobstant opposition. — Pr. 135, 155 n. — C. 1338, 1350, 1351, 2215.

160. Lorsque le jugement aura été rendu contre une partie ayant un avoué, l'opposition ne sera recevable qu'autant qu'elle aura été formée par requête d'avoué à avoué. — Pr. 157 *et la note*, 161, 163, 165.

161. La requête contiendra les moyens d'opposition, à moins que des moyens de défense n'aient été signifiés avant le jugement, auquel cas il suffira de déclarer qu'on les emploie comme moyens d'opposition : l'opposition qui ne sera pas signifiée dans cette forme n'arrêtera pas l'exécution; elle sera rejetée sur un simple acte, et sans qu'il soit besoin d'aucune autre instruction.—Pr. 157, 160, 162 n., 437, 1029. — T. 1er, art. 75 §1.

162. Lorsque le jugement aura été rendu contre une partie n'ayant pas d'avoué, l'opposition pourra être formée, soit par acte extrajudiciaire, soit par déclaration sur les commandemens, procès-verbaux de saisie ou d'emprisonnement, ou tout autre acte d'exécution, à la charge par l'opposant de la réitérer avec constitution d'avoué, par requête, dans la huitaine; passé lequel temps elle ne sera plus recevable, et l'exécution sera continuée, sans qu'il soit be-

---

gemens en dernier ressort, qui auraient été rendus à faute de se présenter, ou en l'audience à faute de plaider, pourvu que la requête soit donnée dans la huitaine du jour de la signification à personne ou domicile de ceux qui seront condamnés, s'ils n'ont constitué procureur, ou au procureur quand il y en a un, si ce n'est que la cause ait été appelée à tour de rôle; auquel cas les parties ne se pourront pourvoir contre les arrêts et jugemens en dernier ressort intervenus en conséquence, que par requête civile.

TIT. XIV, art. 5. Ne seront à l'avenir données et expédiées aucunes sentences qui ordonnent le rapport ou le rabat des défauts et congés, à peine de nullité et de vingt livres d'amende contre chacun des procureurs et greffiers qui les auront obtenues et expédiées. Pourront néanmoins les défauts et congés être rabattus par les juges en la même audience, en laquelle ils auront été prononcés; auquel cas n'en sera délivrée aucune expédition à l'une et à l'autre des parties, sous les mêmes peines.

soin de le faire ordonner. — Pr. 156, 159 s., 165, 438. — Si l'avoué de la partie qui a obtenu le jugement est décédé, ou ne peut plus postuler, elle fera notifier une nouvelle constitution d'avoué au défaillant, lequel sera tenu, dans les délais ci-dessus, à compter de la signification, de réitérer son opposition par requête, avec constitution d'avoué. — Pr. 148, 342 s., 1038. — Dans aucun cas, les moyens d'opposition fournis postérieurement à la requête n'entreront en taxe. — Pr. 81, 132, 1031. — T. 1er, art. 29 § 5, 72.

163. Il sera tenu au greffe un registre sur lequel l'avoué de l'opposant fera mention sommaire de l'opposition, en énonçant les noms des parties et de leurs avoués, les dates du jugement et de l'opposition : il ne sera dû de droit d'enregistrement que dans le cas où il en serait délivré expédition. — Pr. 164, 848 s. — T. 1er, art. 90 § 10, 15.

164. Aucun jugement par défaut ne sera exécuté à l'égard d'un tiers que sur un certificat du greffier, constatant qu'il n'y a aucune opposition portée sur le registre. — Pr. 163, 848 s. — T. 1er, article 90 § 10, 15.

165. L'opposition ne pourra jamais être reçue contre un jugement qui aurait débouté d'une première opposition. — Pr. 22, 113, 133, 157 *et la note*, 158 s., 351. — I. Cr. 188.

TITRE NEUVIÈME.

DES EXCEPTIONS.

§ Ier.
De la Caution à fournir par les Étrangers.

166. Tous étrangers, demandeurs principaux ou intervenans, seront tenus, si le défendeur le requiert, avant toute exception, de fournir caution de payer les frais et dommages-intérêts auxquels ils pourraient être condamnés. — Pr. 130, 167, 339 s., 423, 517 s. — C. 11, 13, 16, 2040 s. — T. 1er, art. 75 § 2, 24.

167. Le jugement qui ordonnera la caution fixera la somme jusqu'à concurrence de laquelle elle sera fournie : le demandeur qui consignera cette somme ou qui justifiera que ses immeubles situés en France sont suffisans pour en répondre sera dispensé de fournir caution. — Pr. 166, 517-522. — C. 16, 2041.

§ II.
Des Renvois.

168. La partie qui aura été appelée devant un tribunal autre que celui qui doit connaître de la contestation pourra demander son renvoi devant les juges compétens (a). — Pr. 69 s., 169 s., 181, 424.

(a) Ord. *avril* 1667, *tit.* VI. Art. 1er. Défendons à tous nos juges, comme aussi aux juges ecclésiastiques et des seigneurs, de retenir aucune cause, instance ou procès, dont la connaissance ne leur appartient ; mais leur enjoignons de renvoyer les par-

— T. 1er, article 75 § 3, 24.

169. Elle sera tenue de former cette demande préalablement à toutes autres exceptions et défenses (a). — Pr. 166, 170-172, 188, 425.

170. Si néanmoins le tribunal était incompétent à raison de la matière, le renvoi pourra être demandé en tout état de cause; et si le renvoi n'était pas demandé, le tribunal sera tenu de renvoyer d'office devant qui de droit. — Pr. 83 3°, 168, 424, 425.

171. S'il a été formé précédemment, en un autre tribunal, une demande pour le même objet, ou si la contestation est connexe à une cause déjà pendante en un autre tribunal, le renvoi pourra être demandé et ordonné (b). — Pr. 83 4°, 363 s., 794.

172. Toute demande en renvoi sera jugée sommairement, sans qu'elle puisse être réservée ni jointe au principal. — Pr. 168 s., 171 *et la note*, 404 s., 425, 473.

§ III.
Des Nullités.

173. Toute nullité d'exploit ou d'acte de procédure est couverte, si elle n'est proposée avant toute défense ou exception autre que les exceptions d'incompétence. — Pr. 71, 132, 166, 169 *et la note*, 171, 188, 1030. — T. 1er, article 75 § 4, 24.

§ IV.
Des Exceptions dilatoires.

174. L'héritier, la veuve, la femme *divorcée* (1) ou séparée de biens, assignée comme commune, auront trois mois, du jour de l'ouverture de la succession ou dissolution de la communauté, pour faire inventaire, et quarante jours pour délibérer : si l'inventaire a été fait avant les trois mois, le délai de quarante jours commencera du jour qu'il aura été parachevé. — S'ils justifient que l'inventaire n'a pu être fait dans les trois mois, il leur sera accordé un délai convenable pour le faire, et quarante jours pour délibérer; ce qui sera rég'é sommairement. — L'héritier conserve néanmoins, après l'expiration des délais ci-dessus accordés, la faculté de faire encore inventaire et de se porter héritier bénéficiaire, s'il n'a pas fait d'ailleurs acte d'héritier, ou s'il n'existe pas contre lui

---

ties par-devant les juges qui doivent en connaître, ou d'ordonner qu'elles se pourvoiront, à peine de nullité des jugemens; et en cas de contravention, pourront les juges être intimés et pris à partie.

(a) Ord. *avril 1667, tit. v.*

Art. 5. Dans les défenses seront employées les fins de non-recevoir, nullités des exploits ou autres exceptions péremptoires, si aucunes y a, pour y être préalablement fait droit.

(b) Ord. *avril 1667, tit. vi.*

Art. 3. Enjoignons à tous juges sous les mêmes peines (**Pr.** 168 *note*), de juger sommairement à l'audience les renvois, incompétences et déclinatoires, qui seront requis et proposés, sous prétexte de litispendance, connexité ou autrement, sans appointer les parties, lors même qu'il en sera délibéré sur le registre, ni réserver et joindre au principal, pour y être préalab. ou autrement fait droit.

(1) L. 8 mai 1806 (p 50).

de jugement passé en force de chose jugée qui le condamne en qualité d'héritier pur et simple (a). — Pr. 177, 186, 426, 1033. — C. 795, 798, 800, 1456-1459 — T. 1er, article 78 § 5, 24.

175. Celui qui prétendra avoir droit d'appeler en garantie sera tenu de le faire dans la huitaine du jour de la demande originaire, outre un jour pour trois myriamètres. S'il y a plusieurs garans intéressés en la même garantie, il n'y aura qu'un seul délai pour tous, qui sera réglé selon la distance du lieu de la demeure du garant le plus éloigné (b) — Pr. 32 s., 49, 177 s., 181, 188, 337 s., 1033. — C. 884 s., 1625 s., 1640.

176. Si le garant prétend avoir droit d'en appeler un autre en sous-garantie, il sera tenu de le faire dans le délai ci-dessus, à compter du jour de la demande en garantie formée contre lui; ce qui sera successivement observé à l'égard du sous-garant ultérieur (c). — Pr. 175, 1033.

177. Si néanmoins le défendeur originaire est assigné dans les délais pour faire inventaire et délibérer, le délai pour appeler garant ne commencera que du jour où ceux pour faire inventaire et délibérer seront expirés (d). — Pr. 174, 187.

178. Il n'y aura pas d'autre

(a) ORD. *avril 1667, tit.* VII.

ART. 1er. L'héritier aura trois mois depuis l'ouverture de la succession pour faire l'inventaire, et quarante jours pour délibérer : et si l'inventaire a été fait avant les trois mois, le délai de quarante jours commencera du jour qu'il aura été parachevé.

4. S'il justifie néanmoins que l'inventaire n'ait pu être fait dans les trois mois, pour n'avoir eu connaissance du décès du défunt, ou à cause des oppositions et contestations survenues, ou autrement, il lui sera accordé un délai convenable pour faire l'inventaire, et quarante jours pour délibérer; lequel délai sera réglé en l'audience, et sans que la cause puisse être appointée.

5. La veuve qui sera assignée en qualité de commune, aura les mêmes délais pour faire inventaire et délibérer, que ceux accordés ci-dessus à l'héritier et sous les mêmes conditions.

(b) ORD. *avril 1667, tit.* VIII.

ART. 2. Le délai pour faire appeler le garant sera de huitaine du jour de la signification de l'exploit du demandeur originaire; et encore de tout le temps qui sera nécessaire pour appeler le garant, selon la distance du lieu de sa demeure, à raison d'un jour pour dix lieues, et autant pour retirer l'exploit.

(c) ORD. *avril 1667, tit.* VIII.

ART. 15. Les mêmes délais qui auront été donnés pour le premier garant, seront gardés à l'égard du second; et s'il y a plusieurs garans intéressés en une même garantie, il n'y aura qu'un seul délai pour tous, qui sera réglé selon la demeure du garant le plus éloigné.

(d) ORD. *avril 1667, tit.* VIII.

ART. 3. Si néanmoins le défendeur originaire est assigné en qualité d'héritier, et qu'il y ait lieu de lui donner délai pour délibérer, le délai de garant ne commencera que du jour que le délai pour délibérer sera expiré; ce qui sera pareillement observé à l'égard des veuves qui seront assignées en qualité de communes.

délai pour appeler garant, en quelque matière que ce soit, sous prétexte de minorité ou autre cause privilégiée; sauf à poursuivre les garans, mais sans que le jugement de la demande principale en soit retardé (a). — Pr. 33, 175 s., 181, 1029.

179. Si les délais des assignations en garantie ne sont échus en même temps que celui de la demande originaire, il ne sera pris aucun défaut contre le défendeur originaire, lorsqu'avant l'expiration du délai, il aura déclaré, par acte d'avoué à avoué, qu'il a formé sa demande en garantie; sauf, si le défendeur, après l'échéance du délai pour appeler le garant, ne justifie pas de la demande en garantie, à faire droit sur la demande originaire, même à le condamner à des dommages-intérêts, si la demande en garantie par lui alléguée se trouve n'avoir pas été formée (b). — Pr. 5, 175 s., 337 s. — C. 1149, 1382. — T. 1er, art. 70 § 10, 11, 39.

180. Si le demandeur originaire soutient qu'il n'y a lieu au délai pour appeler garant, l'incident sera jugé sommairement (c). — Pr. 337 s., 404 s. — T. 1er, art. 75 § 6, 24.

181. Ceux qui seront assignés en garantie seront tenus de procéder devant le tribunal où la demande originaire sera pendante, encore qu'ils dénient être garans; mais s'il paraît par écrit, ou par l'évidence du fait, que la demande originaire n'a été formée que pour les traduire hors de leur tribunal, ils y seront renvoyés (d). — Pr. 59, 168 s. — Co. 631 s.

182. En garantie formelle, pour les matières réelles ou hypothécaires, le garant pourra toujours prendre le fait et

---

(a) Ord. *avril* 1667, *tit.* VIII.

Art. 7. Il n'y aura point d'autre délai d'amener garant en quelque matière que ce soit, sous prétexte de minorité, bien d'église ou autre cause privilégiée, sauf, après le jugement de la demande principale, à poursuivre les garans.

(b) Ord. *avril* 1667, *tit.* VIII.

Art. 5. Si le délai de l'assignation en garantie n'est échu en même temps que celui de la demande originaire, il ne sera pris aucun défaut contre le défendeur originaire, en donnant par lui au demandeur copie de l'exploit de la demande en garantie et des pièces justificatives.

(c) Ord. *avril* 1667, *tit.* VIII.

Art. 8. Si le demandeur originaire soutient qu'il n'y a lieu au délai pour appeler garant, l'incident sera jugé sommairement à l'audience.

(d) Ord. *avril* 1667, *tit.* VIII.

Art. 8. Ceux qui seront assignés en garantie formelle ou simple, seront tenus de procéder en la juridiction où la demande originaire sera pendante, encore qu'ils dénient être garans; si ce n'est que le garant soit privilégié, et qu'il demande son renvoi par-devant le juge de son privilège. Mais s'il paraît par écrit ou par l'évidence du fait, que la demande originaire n'ait été formée que pour traduire le garant hors de sa juridiction, enjoignons aux juges de renvoyer la cause par-devant ceux qui en doivent connaître; et, en cas de contravention, pourront les juges être intimés et pris à partie en leur nom

cause du garanti, qui sera mis hors de cause, s'il le requiert avant le premier jugement. — Cependant le garanti, quoique mis hors de cause, pourra y assister pour la conservation de ses droits, et le demandeur originaire pourra demander qu'il y reste pour la conservation des siens (*a*). — Pr. 183, 185, 339 s. — C. 1625 s., 2114, 2178.

183. En garantie simple, le garant pourra seulement intervenir, sans prendre le fait et cause du garanti (*b*). — Pr. 182, 339 s. — C. 2011 s.

184. Si les demandes originaire et en garantie sont en état d'être jugées en même temps, il y sera fait droit conjointement; sinon le demandeur originaire pourra faire juger sa demande séparément: le même jugement prononcera sur la disjonction, si les deux instances ont été jointes; sauf, après le jugement du princi-pal, à faire droit sur la ga-rantie, s'il y échet (*c*). — Pr. 134, 153, 171, 843.

185. Les jugemens rendus contre les garans formels se-ront exécutoires contre les garantis. — Il suffira de signi-fier le jugement aux garantis, soit qu'ils aient été mis hors de cause, ou qu'ils y aient as-sisté, sans qu'il soit besoin d'autre demande ni procédure. A l'égard des dépens, dom-mages et intérêts, la liquida-tion et l'exécution ne pour-ront en être faites que contre les garans. — Néanmoins, en cas d'insolvabilité du garant, le garanti sera passible des dépens, à moins qu'il n'ait été mis hors de cause; il le sera aussi des dommages et inté-rêts, si le tribunal juge qu'il y a lieu (*d*). — Pr. 128, 130, 523 s., 843 s. — C. 1149.

186. Les exceptions dila-toires seront proposées con-jointement et avant toutes dé-

---

(*a*) Ord. *avril* 1667, *tit.* VIII.

Art. 9. En garantie formelle, les garans pourront prendre le fait et cause pour le garanti, le-quel sera mis hors de cause, s'il le requiert avant la contesta-tion.

10. Encore que le garanti ait été mis hors de cause, il pourra y assister pour la conservation de ses droits.

(*b*) Ord. *avril* 1667, *tit.* VIII.

Art. 12. En garantie simple, les garans ne pourront prendre le fait et cause, mais seulement in-tervenir, si bon leur semble.

(*c*) Ord. *avril* 1667, *tit.* VIII.

Art. 13. Si la demande prin-cipale et celle en garantie sont en même temps en état d'être jugées, il y sera fait droit conjointement; sinon, le demandeur originaire pourra faire juger sa demande sé-parément trois jours après avoir fait signifier que l'instance prin-cipale est en état; et le même ju-gement prononcera sur la disjonc-tion, si les deux instances, ori-ginaire et en garantie, avaient été jointes, sauf après le juge-ment du principal à faire droit sur la garantie, s'il y échet.

(*d*) Ord. *avril* 1667, *tit.* VIII.

Art. 11. Les jugemens rendus contre les garans seront exécu-toires contre les garantis, sauf pour les dépens, dommages et in-térêts, dont la liquidation et exé-cution ne sera faite que contre les garans; et suffira de signifier le jugement aux garantis, soit qu'ils aient été mis hors de cause ou qu'ils y aient assisté, sans autre demande ni procédure.

fenses au fond (*a*). — **Pr.** 166, 169, 173, 174 s., 187, 338.

187. L'héritier, la veuve et la femme *divorcée* (1) ou séparée, pourront ne proposer leurs exceptions dilatoires qu'après l'échéance des délais pour faire inventaire et délibérer (*b*). — **Pr.** 174, 186. — **C.** 1441.

§ V.

De la Communication des Pièces.

188. Les parties pourront respectivement demander, par un simple acte, communication des pièces employées contre elles, dans les trois jours où lesdites pièces auront été signifiées ou employées. — **Pr.** 77, 97, 189 s., 1033. — **T.** 1er, art. 70 § 12, 39.

189. La communication sera faite entre avoués, sur récépissé, ou par dépôt au greffe : les pièces ne pourront être déplacées, si ce n'est qu'il y en ait minute, ou que la partie y consente. — **Pr.** 97 s., 106, 824. — **T.** 1er, article 91 § 1, 20.

190. Le délai de la communication sera fixé, ou par le récépissé de l'avoué, ou par le jugement qui l'aura ordonnée : s'il n'était pas fixé, il sera de trois jours.

191. Si, après l'expiration du délai, l'avoué n'a pas rétabli les pièces, il sera, sur simple requête, et même sur simple mémoire de la partie, rendu ordonnance portant qu'il sera contraint à ladite remise, incontinent et par corps; même à payer trois francs de dommages-intérêts à l'autre partie par chaque jour de retard, du jour de la signification de ladite ordonnance, outre les frais desdites requête et ordonnance, qu'il ne pourra répéter contre son constituant. — **Pr.** 107, 128, 132, 192, 1029, 1031. — **C.** 1149, 2060 7°. — **T.** 1er, art. 70 § 13, 14, 39, art. 76 § 3, 21.

192. En cas d'opposition, l'incident sera réglé sommairement : si l'avoué succombe, il sera condamné personnellement aux dépens de l'incident, même en tels autres dommages-intérêts et peines qu'il appartiendra, suivant la nature des circonstances. — **Pr.** 191, 405 s. — **T.** 1er, art. 75 § 7, 24.

TITRE DIXIÈME.

DE LA VÉRIFICATION DES ÉCRITURES.

193. Lorsqu'il s'agira de reconnaissance et vérification d'écritures privées, le demandeur pourra, sans permission du juge, faire assigner à trois jours pour avoir acte de la re-

---

(*a*) Ord. *avril* 1667, *tit.* IX. — **Art.** 1er. Celui qui aura plusieurs exceptions dilatoires sera tenu de les proposer par un même acte.

(1) L. 8 mai 1816, art. 1er. « Le divorce est aboli. »

(*b*) Ord. *avril* 1667, *tit.* IX. — **Art.** 2. Si néanmoins un héritier ou une veuve, en qualité de commune, sont assignés, ne seront tenus de proposer les autres exceptions dilatoires qu'après le terme pour délibérer expiré.

connaissance, ou pour faire tenir l'écrit pour reconnu. — Si le défendeur ne dénie pas la signature, tous les frais relatifs à la reconnaissance ou à la vérification, même ceux de l'enregistrement de l'écrit, seront à la charge du demandeur (*a*). — Pr. 14, 49 7°, 59, 130, 194 s., 1033. — C. 1322-1324, 2123 *note*, L. 3 sept. 1807, art. 2.

194. Si le défendeur ne comparaît pas, il sera donné défaut, et l'écrit sera tenu pour reconnu : si le défendeur reconnaît l'écrit, le jugement en donnera acte au demandeur (*b*). — Pr. 150, 193 *et la note*, 214, 434. — C. 1322 s.

195. Si le défendeur dénie la signature à lui attribuée, ou déclare ne pas reconnaître celle attribuée à un tiers, la vérification en pourra être ordonnée tant par titre que par experts et par témoins (*c*). —

(*a*) Édit de déc. 1684.

Art. 2. Le créancier d'une promesse ou billet pourra faire déclarer à sa partie par l'exploit de sa demande, qu'après un délai qui ne pourra être plus court de trois jours, il demandera à l'audience du juge devant lequel il le fera assigner, que la promesse ou billet soient tenus pour reconnus ; et s'il prétend qu'ils soient écrits ou signés par le défendeur, et qu'il ne comparaisse pas au jour qui aura été marqué par ledit exploit, le juge ordonnera que lesdites promesses ou billets demeureront pour reconnus, et que les parties viendront plaider sur le principal dans les délais ordinaires.

Nota. Cet édit ne comprend pas les justices consulaires, suivant la déclaration du 15 mai 1703.

(*b*) Ord. avril 1667, *tit.* XII.

Art. 7. A faute de comparoir par le défendeur à l'assignation, sera donné défaut, pour le profit duquel si on prétend que l'écriture soit de sa main, elle sera tenue pour reconnue, et si elle est d'une autre main, il sera permis de la vérifier tant par témoins que par comparaison d'écritures publiques et authentiques.

Édit de déc. 1684.

Art. 6. Si le défendeur ne comparaît pas, le juge donnera défaut, et ordonnera que la pièce sera tenue pour reconnue, en cas que le demandeur n'ait point obtenu de jugement à l'audience qui l'ait ainsi ordonné, et qu'il prétende que la pièce soit écrite ou signée de la main du défendeur, et le juge ne prendra en ce cas aucunes vacations, et la partie qui voudra lever le procès-verbal paiera seulement l'expédition de la grosse au clerc dudit juge.

(*c*) Ord. avril 1667, *tit.* XII.

Art. 5. La vérification par comparaison d'écritures sera faite par experts sur les pièces de comparaison, dont les parties conviendront ; et à cette fin, elles seront assignées au premier jour.

Édit de déc. 1684.

Art. 7. Si l'on prétend que la pièce soit écrite ou signée d'une autre main que de celle du défendeur, le demandeur nommera un expert, et le juge en nommera un autre pour procéder à la vérification de la pièce sur des écritures publiques et authentiques qui seront représentées par les demandeurs.

8. Si les parties comparaissent, elles conviendront d'experts, et de pièces de comparaison ; et si l'une des parties étant comparue refuse de nommer des experts, le juge en nommera pour elle.

Pr. 14, 193, 194 *note*, 212, 231 s. — C. 1323 s.

196. Le jugement qui autorisera la vérification ordonnera qu'elle sera faite par trois experts, et les nommera d'office, à moins que les parties ne se soient accordées pour les nommer. Le même jugement commettra le juge devant qui la vérification se fera; il portera aussi que la pièce à vérifier sera déposée au greffe, après que son état aura été constaté, et qu'elle aura été signée et paraphée par le demandeur ou son avoué, et par le greffier, lequel dressera du tout un procès-verbal (*a*). — Pr. 195, 209, 219 s., 225, 227, 302 s., 1035. — I. Cr. 448. — T. 1er, art. 92 § 1, 34.

197. En cas de récusation contre le juge-commissaire ou les experts, il sera procédé ainsi qu'il est prescrit aux livres XIV et XXI du présent livre (*b*). — Pr. 308-311, 378, 383 s.

198. Dans les trois jours du dépôt de la pièce, le défendeur pourra en prendre communication au greffe sans déplacement: lors de ladite communication, la pièce sera paraphée par lui, ou par son avoué, ou par son fondé de pouvoir spécial; et le greffier en dressera procès-verbal (*c*). — Pr. 196, 308 s., 378 s., 1035. — T. 1er, art. 92 § 2, 34.

199. Au jour indiqué par l'ordonnance du juge-commissaire, et sur la sommation de la partie la plus diligente, signifiée à avoué s'il en a été constitué, sinon à domicile, par un huissier commis par ladite ordonnance, les parties seront tenues de comparaître devant ledit commissaire, pour convenir de pièces de comparaison: si le demandeur en vérification ne comparaît pas, la pièce sera rejetée; si c'est le défendeur, le juge pourra tenir la pièce pour reconnue. Dans les deux cas, le jugement sera rendu à la prochaine audience, sur le rapport du ju-

---

(*a*) Ord. *juillet* 1737, *tit.* 1er.

ART. 8. Lorsque l'information par experts aura été ordonnée, lesdits experts seront toujours nommés d'office, à peine de nullité: et la nomination en sera faite par l'ordonnance ou jugement qui ordonnera ladite information; si ce n'est que ladite nomination ait été renvoyée à un juge commis sur les lieux pour procéder à ladite information, lequel juge commis fera pareillement d'office ladite nomination.

11. Les pièces seront paraphées lors du procès-verbal, tant par le juge que par la partie civile, si elle peut les parapher, sinon il en sera fait mention; ensemble par notre procureur ou celui des hauts justiciers, le tout à peine de nullité, après quoi elles seront remises au greffe.

(*b*) Ord. *juillet* 1737, *tit.* 1er.

ART. 8. Défendons aux juges de recevoir de l'accusé aucune requête en récusation contre les experts, à peine de nullité; sauf audit accusé à fournir ses reproches, si aucuns y a, contre lesdits experts, en la même forme et dans le même temps que contre les autres témoins.

(*c*) Ord. *avril* 1667, *tit.* XII.

ART. 6. Les pièces et écritures privées dont on poursuivra la reconnaissance ou vérification, seront communiquées à la partie en présence du juge ou commissaire

ge-commissaire, sans acte à venir plaider : il sera susceptible d'opposition (a). — **Pr.** 194 *et la note*, 198 *note*, 214. — **T.** 1er, art. 76 § 4, 21, article 92 § 3, 34.

200. Si les parties ne s'accordent pas sur les pièces de comparaison, le juge ne pourra recevoir comme telles, — 1° Que les signatures apposées aux actes par-devant notaires, ou celles apposées aux actes judiciaires, en présence du juge et du greffier, ou enfin les pièces écrites et signées par celui dont il s'agit de comparer l'écriture, en qualité de juge, greffier, notaire, avoué, huissier, ou comme faisant, à tout autre titre, fonction de personne publique; — 2° Les écritures et signatures privées, reconnues par celui à qui est attribuée la pièce à vérifier, mais non celles déniées ou non reconnues par lui, encore qu'elles eussent été précédemment vérifiées et reconnues être de lui. — Si la dénégation ou méconnaissance ne porte que sur partie de la pièce à vérifier, le juge pourra ordonner que le surplus de ladite pièce servira de pièce de comparaison (b). — **Pr.** 99, 236. — **C.**

(a) Ord. *juillet* 1737, *tit.* III.

Art. 7. En procédant au procès-verbal, lorsque l'accusé y sera présent, les pièces de comparaison lui seront représentées, pour en convenir ou les contester, sans qu'il lui soit donné pour raison de ce, délai ni conseil; et celles qui seront admises seront par lui paraphées, s'il peut ou veut le faire, sinon il en sera fait mention; et soit que ledit accusé soit présent ou absent lors dudit procès-verbal, les pièces qui seront reçues seront paraphées par le juge, notre procureur ou celui des hauts justiciers, ensemble par la partie civile, si elle peut et veut les parapher, sinon, il en sera fait mention, le tout à peine de nullité.

(b) Ord. *août* 1670, *tit.* VIII.

Art. 5. Les pièces de comparaison seront authentiques, ou reconnues par l'accusé.

Ord. *juillet* 1737, *tit.* 1er.

Art. 13. Ne pourront être admises pour pièces de comparaison que celles qui sont authentiques par elles-mêmes et seront regardées comme telles, les signatures apposées aux actes passés devant notaires ou autres personnes publiques, tant séculières qu'ecclésiastiques, dans les cas où elles ont droit de recevoir des actes en ladite qualité; comme aussi les signatures étant aux actes judiciaires faits en présence du juge et du greffier, et pareillement les pièces écrites et signées par celui dont il s'agit de comparer l'écriture, en qualité de juge, greffier, notaire, procureur, huissier, sergent, et en général, comme faisant à quelque titre que ce soit, fonction de personne publique.

14. Pourront néanmoins être admises pour pièces de comparaison, les écritures ou signatures privées qui auraient été reconnues par l'accusé; sans qu'en aucun autre cas lesdites écritures ou signatures privées puissent être reçues pour pièces de comparaison, quand même elles auraient été vérifiées avec ledit accusé, sur la dénégation qu'il en aurait faite : ce qui sera exécuté à peine de nullité.

15. Laissons à la prudence des juges, suivant l'exigence des cas, et notamment lorsque l'accusa-

1817, 1322. — I. Cr. 453, 456.

201. Si les pièces de comparaison sont entre les mains de dépositaires publics ou autres, le juge-commissaire ordonnera qu'aux jour et heure par lui indiqués les détenteurs desdites pièces les apporteront au lieu où se fera la vérification; à peine, contre les dépositaires publics, d'être contraints par corps, et les autres par les voies ordinaires, sauf même à prononcer contre ces derniers la contrainte par corps, s'il y échet (a). — Pr. 205, 208, 221, 245.—C. 2060 6°, 2063. — I. Cr. 454. — T. 1er, art. 166.

202. Si les pièces de comparaison ne peuvent être déplacées, ou si les détenteurs sont trop éloignés, il est laissé à la prudence du tribunal d'ordonner, sur le rapport du juge-commissaire, et après avoir entendu le procureur du Roi, que la vérification se fera dans le lieu de la demeure des dépositaires, ou dans le lieu le plus proche, ou que, dans un délai déterminé, les pièces seront envoyées au greffe par les voies que le tribunal indiquera par son jugement. — Pr. 201 *et la note*, 203 s., 222.

203. Dans ce dernier cas, si le dépositaire est personne publique, il sera préalablement expédition ou copie collationnée des pièces, laquelle sera vérifiée sur la minute ou original par le président du tribunal de son arrondissement, qui en dressera procès-verbal; ladite expédition ou copie sera mise par le dépositaire au rang de ses minutes, pour en tenir lieu jusqu'au renvoi des pièces; et il pourra en délivrer des grosses ou expéditions, en faisant mention du procès-verbal qui aura été dressé. — Le dépositaire sera remboursé de ses frais par le demandeur en vérification, sur la taxe qui en sera faite par le juge qui aura dressé le procès-verbal, d'après lequel sera délivré exécutoire. — Pr. 180, 202, 203, 209, 242, 245. — C. 1335. — I. Cr. 455. — Supp. *Notaire*, L. 25 vent. an XI, article 22.

204. La partie la plus diligente fera sommer par exploit les experts et les dépositaires de se trouver aux lieu, jour et heure indiqués par l'ordonnance du juge-commissaire; les experts, à l'effet de prêter serment et de procéder à la

---

tion de faux ne tombera que sur un endroit de la pièce qu'on prétendra être faux ou falsifié, d'ordonner que le surplus de ladite pièce servira de pièce de comparaison.

(a) ORD. *juillet* 1737, *sur le faux... tit.* 1er.

ART. 5. En cas que les pièces ne soient pas en la possession de la partie publique ou de la partie civile, et qu'elles n'aient pu les joindre à leur requête ou plainte, il sera ordonné par le même jugement ou ordonnance qui permettra d'informer, qu'elles seront remises au greffe par ceux qui les auront entre leurs mains, et qu'à ce faire ils seront contraints, savoir: les dépositaires publics, par corps, ou s'ils sont ecclésiastiques, par saisie de leur temporel; et ceux qui ne sont pas dépositaires publics, par toutes voies dues et raisonnables, sauf à être ordonné, s'il y échet, qu'ils y seront contraints par les mêmes voies que les dépositaires publics.

vérification, et les dépositaires, à l'effet de représenter les pièces de comparaison; il sera fait sommation à la partie d'être présente, par acte d'avoué à avoué. Il sera dressé du tout procès-verbal; il en sera donné aux dépositaires copie par extrait, en ce qui les concerne, ainsi que du jugement (a). — Pr. 201, 336. — T. 1er, article 29 § 6, 72, art. 70 § 15, 39, art. 76 § 5, 21, art. 92 § 4, 34, art. 166.

205. Lorsque les pièces seront représentées par les dépositaires, il est laissé à la prudence du juge-commissaire d'ordonner qu'ils resteront présens à la vérification, pour la garde desdites pièces, et qu'ils les retireront et représenteront à chaque vacation, ou d'ordonner qu'elles resteront déposées ès mains du greffier, qui s'en chargera par procès-verbal; dans ce dernier cas, le dépositaire, s'il est personne publique, pourra en faire expédition, ainsi qu'il est dit par l'article 203; et ce, encore que le lieu où se fait la vérification soit hors de l'arrondissement dans lequel le dépositaire a le droit d'instrumenter.—

Pr. 202, 245. — I. Cr. 455, 456. — T. 1er, art. 166.

206. A défaut ou en cas d'insuffisance des pièces de comparaison, le juge-commissaire pourra ordonner qu'il sera fait un corps d'écritures, lequel sera dicté par les experts, le demandeur présent ou appelé (b). — I. Cr. 461. — T. 1er, article 70 § 16, 39, art. 92 § 5, 34.

207. Les experts ayant prêté serment, les pièces leur étant communiquées, ou le corps d'écritures fait, les parties se retireront, après avoir fait, sur le procès-verbal du juge-commissaire, telles réquisitions et observations qu'elles aviseront. — Pr. 204, 206, 236, 315 s. — T. 1er, art. 92 § 4, 34, art. 164.

208. Les experts procéderont conjointement à la vérification, au greffe, devant le greffier ou devant le juge, s'il l'a ainsi ordonné; et s'ils ne peuvent terminer le même jour, ils remettront à jour et heure certains indiqués par le juge ou par le greffier (c). — Pr. 236, 317, 318, 1034. — T. 1er, art. 164.

209. Leur rapport sera annexé à la minute du procès-

(a) Ord. *juillet* 1737, *tit.* 1er.

Art. 18. L'accusé ne pourra être présent au procès-verbal de présentation de pièces de comparaison; ce qui sera pareillement observé à peine de nullité.

(b) Ord. *juillet* 1737, *tit.* 1er.

Art. 33. En tout état de cause, même après le règlement à l'extraordinaire, les juges pourront ordonner, s'il y échet, à la requête de la partie civile, ou sur le réquisitoire de la partie publique, ou même d'office, que l'accusé sera tenu de faire un corps d'écriture, tel qu'il lui sera dicté par les experts.

(c) Ord. *criminelle, août* 1670, *tit.* VIII.

Art. 11. Les pièces de comparaison et celles qui devront être vérifiées, seront données séparément à chacun expert, pour les voir et examiner à loisir.

12. Les experts seront ouïs, récolés et confrontés séparément, ainsi que les autres témoins.

Nota. Les art. 22 et 23, tit. 1er, de l'ordonnance de juillet 1737, reproduisent le même système.

verbal du juge-commissaire, sans qu'il soit besoin de l'affirmer; les pièces seront remises aux dépositaires, qui en déchargeront le greffier sur le procès-verbal. — La taxe des journées et vacations des experts sera faite sur le procès-verbal, et il en sera délivré exécutoire contre le demandeur en vérification. — Pr. 130, 210, 242 *et la note*, 318 s. — I. Cr. 463.

210. Les trois experts seront tenus de dresser un rapport commun et motivé, et de ne former qu'un seul avis à la pluralité des voix. — S'il y a des avis différens, le rapport en contiendra les motifs, sans qu'il soit permis de faire connaître l'avis particulier des experts. — Pr. 318, 322 s.

211. Pourront être entendus comme témoins, ceux qui auront vu écrire ou signer l'écrit en question, ou qui auront connaissance de faits pouvant servir à découvrir la vérité (a);

212. En procédant à l'audition des témoins, les pièces déniées ou méconnues leur seront représentées, et seront par eux paraphées; il en sera fait mention, ainsi que de leur refus; seront, au surplus, observées les règles ci-après prescrites pour les enquêtes (b). — Pr. 234, 252, 257, 262, 269, 277. — I. Cr. 457.

213. S'il est prouvé que la pièce est écrite ou signée par celui qui l'a déniée, il sera condamné à cent cinquante francs d'amende envers le domaine, outre les dépens, dommages et intérêts de la partie, et pourra être condamné par corps même pour le principal (c). — Pr. 123 s., 130, 214, 246, 552, 780, 1029. — C. 1149, 2060.

(a) Ord. *août 1670, tit.* VIII.

Art. 11. Pourront être ouïs comme témoins ceux qui auront vu écrire ou signer les pièces qui pourront servir à la conviction des accusés, ou qui en auront connaissance en quelque autre manière.

(b) Ord. *juillet 1737, tit.* 1er

Art. 25. En procédant à l'audition des témoins, les pièces prétendues fausses leur seront représentées, si elles sont au greffe; et en cas qu'elles n'y fussent pas, la représentation en sera faite lors du récolement; et si elles n'étaient pas au greffe, même audit temps, la représentation s'en fera lors de la confrontation.

26. Lesdits témoins parapheront lesdites pièces, lors de la représentation qui leur en sera faite, s'ils peuvent ou veulent les parapher, sinon il en sera fait mention

Nota. L'article 13 du titre III applique ces articles aux reconnaissances d'écritures et signatures.

(c) *Édit de déc.* 1684.

Art. 11. Voulons que tous ceux qui dénieront leurs propres signatures ou écritures soient condamnés en nos cours en cent livres d'amende envers nous, et en cinquante livres dans tous nos autres sièges et juridictions, et en pareille somme envers ceux qu'il appartiendra dans les justices des seigneurs particuliers, outre les dépens, dommages et intérêts envers les parties.

TITRE ONZIÈME.

DU FAUX INCIDENT CIVIL.

214. Celui qui prétend qu'une pièce signifiée, communiquée ou produite dans le cours de la procédure, est fausse ou falsifiée, peut, s'il y échet, être reçu à s'inscrire en faux, encore que ladite pièce ait été vérifiée, soit avec le demandeur, soit avec le défendeur en faux, à d'autres fins que celles d'une poursuite de faux principal ou incident, et qu'en conséquence il soit intervenu un jugement sur le fondement de ladite pièce comme véritable (*a*). — Pr. 14, 193 s., 215 s., 427, 1015. — C. 1351. — I. Cr. 458 s. — P. 148 s.

215. Celui qui voudra s'inscrire en faux sera tenu préalablement de sommer l'autre partie, par acte d'avoué à avoué, de déclarer si elle veut ou non se servir de la pièce, avec déclaration que, dans le cas où elle s'en servirait, il s'inscrira en faux (*b*). — Pr. 216 s. — I. Cr. 458 s. — T. 1er, art. 71 § 2, 17.

216. Dans les huit jours, la partie sommée doit faire signifier, par acte d'avoué, sa déclaration, signée d'elle ou du porteur de sa procuration spéciale et authentique, dont copie sera donnée, si elle entend ou non se servir de la pièce arguée de faux (*c*). — Pr. 215, 250, 1033. — C. 1317, 1984, 1987.

(*a*) ORD. *juillet* 1737, *tit*. II.

ART. 1er. La poursuite du faux incident aura lieu, lorsqu'une des parties ayant signifié, communiqué ou produit quelque pièce que ce puisse être, dans le cours de la procédure, l'autre partie prétendra que ladite pièce est fausse ou falsifiée.

2. Ladite poursuite pourra être reçue, s'il y échet, encore que les pièces prétendues fausses aient été vérifiées, même avec le demandeur en faux, à d'autres fins que celles d'une poursuite en faux principal ou incident, et qu'en conséquence il soit intervenu un jugement sur le fondement desdites pièces comme véritables.

(*b*) ORD. *juillet* 1737, *tit*. II.

ART. 3. La partie qui voudra former la demande en faux incident, présentera une requête tendant à ce qu'il lui soit permis de s'inscrire en faux contre les pièces qui y seront indiquées, et à ce que le défendeur soit tenu de déclarer s'il entend se servir desdites pièces : sera ladite requête signée du demandeur ou du porteur de sa procuration spéciale, à peine de nullité; et sera ladite procuration attachée à la requête.

(*c*) ORD. *juillet* 1737, *tit*. II.

ART. 10. Le délai courra du jour de la sommation, et sera de trois jours si le défendeur demeure dans le lieu de la juridiction; et, s'il demeure dans un autre lieu, le délai pour lui donner connaissance de ladite sommation, et le mettre en état d'y répondre, sera de huitaine s'il demeure dans les dix lieues; et en cas de plus grande distance, le délai sera augmenté de deux jours par dix lieues, sauf aux juges à le prolonger eu égard à la diffi-

— I. Cr. 458. — T. 1er, article 71 § 3, 17.

217. Si le défendeur à cette sommation ne fait cette déclaration, ou s'il déclare qu'il ne veut pas se servir de la pièce, le demandeur pourra se pourvoir à l'audience sur un simple acte, pour faire ordonner que la pièce maintenue fausse sera rejetée par rapport au défendeur; sauf au demandeur à en tirer telles inductions ou conséquences qu'il jugera à propos, ou à former telles demandes qu'il avisera, pour ses dommages et intérêts (a). — Pr. 82, 218 s., 220, 224, 230.

218. Si le défendeur déclare qu'il veut se servir de la pièce, le demandeur déclarera par acte au greffe, signé de lui ou de son fondé de pouvoir spécial et authentique, qu'il entend s'inscrire en faux; il poursuivra l'audience sur un simple acte, à l'effet de faire admettre l'inscription, et de faire nommer le commissaire devant lequel elle sera poursuivie (b). — Pr. 246-248, 427. — C. 1317, 1984, 1987. — I. Cr. 459. — T. 1er, art. 91 § 6, 34.

219. Le défendeur sera te-

---

culté des chemins et à la longueur des lieues ; sans néanmoins que ledit délai puisse être plus grand en aucun cas que de quatre jours par dix lieues.

11. Le défendeur sera tenu, dans ledit délai, de faire sa déclaration précise, s'il entend ou s'il n'entend pas se servir de la pièce maintenue fausse ; et sera ladite déclaration signée de lui ou du porteur de sa procuration spéciale, et signifiée au procureur du demandeur, ensemble ladite procuration, si le défendeur n'a pas signé lui-même ladite déclaration.

(a) Ord. *Juillet* 1737, tit. 11.

Art. 12. Faute par le défendeur d'avoir satisfait à tout ce qui est porté par l'article précédent, le demandeur en faux pourra se pourvoir à l'audience, pour faire ordonner que la pièce maintenue fausse sera rejetée de la cause ou du procès, par rapport au défendeur; sauf au demandeur à en tirer telles inductions ou conséquences qu'il jugera à propos, ou à former telles demandes qu'il avisera pour ses dommages et intérêts, même en ma-

tière bénéficiale, pour faire déclarer le défendeur déchu du bénéfice contentieux, s'il a fait ou fait faire la pièce fausse, ou s'il en a connu la fausseté; ce qui pourra aussi être ordonné sur la seule réquisition de nos procureurs-généraux ou de leurs substituts.

13 La disposition de l'article précédent aura lieu pareillement, en cas que le défendeur déclare qu'il ne veut pas se servir de ladite pièce.

(b) Ord. *Juillet* 1737, tit. 11.

Art. 15. Dans vingt-quatre heures au plus tard après la signification faite au demandeur de l'acte de n. au greffe, ou dans les vingt-quatre heures après la remise de la pièce audit greffe, si elle y a été mise par le demandeur, il sera tenu d'y former son inscription en faux, et ce en personne, ou par son procureur fondé de sa procuration spéciale, faute de quoi le défendeur pourra se pourvoir à l'audience, pour faire ordonner que, sans s'arrêter à la requête dudit demandeur, il sera passé outre au jugement de la cause ou du procès.

nu de remettre la pièce arguée de faux, au greffe, dans
les trois jours de la signification du jugement qui aura admis l'inscription et nommé le
commissaire, et de signifier
l'acte de mise au greffe dans
les trois jours suivans (a). —
Pr. 196 s., 220 s. — T. 1er,
art. 70 § 17, 39, art. 91 § 5, 20.

220. Faute par le défen-
deur de satisfaire, dans ledit
délai, à ce qui est prescrit par
l'article précédent, le demandeur pourra se pourvoir à l'audience, pour faire statuer sur
le rejet de ladite pièce, suivant ce qui est porté en l'article 217 ci-dessus; et mieux
il n'aime demander qu'il lui
soit permis de faire remettre
ladite pièce au greffe, à ses
frais, dont il sera remboursé
par le défendeur comme de
frais préjudiciaux; à l'effet de
quoi il lui en sera délivré exé-

cutoire. — Pr. 217, 219 note,
221, 1033. — C. 2101 1°, —
T. 1er, art. 91 § 5, 20.

221. En cas qu'il y ait minute de la pièce arguée de faux,
il sera ordonné, s'il y a lieu,
par le juge-commissaire, sur
la requête du demandeur, que
le défendeur sera tenu, dans le
temps qui lui sera prescrit, de
faire apporter ladite minute au
greffe, et que les dépositaires
d'icelle y seront contraints,
les fonctionnaires publics par
corps, et ceux qui ne le sont
pas, par voie de saisie, amende, et même par corps, s'il y
échet (b). — Pr. 126 s., 201.
— C. 2060 6°, 2063. — T. 1er,
art. 70 § 18, 39, art. 76 § 6,
21, art. 92 § 7, 34, art. 166.

222. Il est laissé à la prudence du tribunal d'ordonner,
sur le rapport du juge-commissaire, qu'il sera procédé à
la continuation de la poursui-

(a) Ord. juillet 1737, tit. II.
Art. 14. Si le défendeur déclare qu'il veut se servir de la
pièce arguée de faux, il sera tenu de la remettre au greffe dans
vingt-quatre heures, à compter
du jour que sa déclaration aura
été signifiée; et dans les vingt-
quatre heures après, il sera pareillement tenu de donner copie
au demandeur, au domicile de
son procureur, de l'acte de mise au
greffe, sinon le demandeur pourra se pourvoir à l'audience, pour
faire statuer sur le rejet de ladite pièce, suivant ce qui est porté en l'article 12, si mieux n'aime demander qu'il lui soit permis de faire remettre ladite pièce au greffe, à ses frais, dont il
sera remboursé par le défendeur,
comme de frais préjudiciaux, à
l'effet de quoi il lui en sera délivré exécutoire

(b) Ord. juillet 1737, tit. II.
Art. 16. En cas qu'il y ait
minute de la pièce inscrite de
faux, il sera ordonné, s'il y
échet, sur la requête du demandeur, ou même d'office, que le
défendeur sera tenu, dans le
temps qui lui sera prescrit, de
faire apporter ladite minute au
greffe, et que les dépositaires
d'icelle y seront contraints par
les voies et dans les délais marqués par les articles 5 et 6 du titre du faux principal. Laissons
à la prudence des juges d'ordonner, s'il y échet, sans attendre
l'apport de ladite minute, qu'il
sera procédé à la continuation
de la poursuite du faux, comme
aussi de statuer ce qu'il appartiendra, en cas que ladite minute
ne pût être rapportée, ou qu'il fût
suffisamment justifié qu'elle a été
soustraite ou qu'elle est perdue.

le du faux, sans attendre l'apport de la minute; comme aussi de statuer ce qu'il appartiendra, en cas que ladite minute ne pût être rapportée, ou qu'il fût suffisamment justifié qu'elle a été soustraite ou qu'elle est perdue. — Pr. 202, 221 note.

223. Le délai pour l'apport de la minute court du jour de la signification de l'ordonnance ou du jugement au domicile de ceux qui l'ont en leur possession (a). — Pr. 221, 1033. — C. 102 s. — T. 1er, art. 29 § 7, 72.

224. Le délai qui aura été prescrit au défendeur pour faire apporter la minute courra du jour de la signification de l'ordonnance ou du jugement à son avoué; et faute par le défendeur d'avoir fait les diligences nécessaires pour l'apport de ladite minute dans ce délai, le demandeur pourra se pourvoir à l'audience, ainsi qu'il est dit article 217. — Les diligences ci-dessus prescrites au défendeur seront remplies en signifiant par lui aux dépositaires, dans le délai qui aura été prescrit, copie de la signification qui lui aura été faite de l'ordonnance ou du jugement ordonnant l'apport de ladite minute; sans qu'il soit besoin, par lui, de lever expédition de ladite ordonnance ou dudit jugement. — Pr. 217, 223 et la note, 1033. — T. 1er, art. 70 § 19, 39.

225. La remise de ladite pièce prétendue fausse étant faite au greffe, l'acte en sera signifié à l'avoué du demandeur, avec sommation d'être présent au procès-verbal; et trois jours après cette signification, il sera dressé procès-verbal de l'état de la pièce. — Si c'est le demandeur qui a fait faire la remise, ledit procès-verbal sera fait dans les trois jours de ladite remise, sommation préalablement faite au défendeur d'y être présent (b). — Pr. 196, 227. — I. Cr. 448 s. — T. 1er, art. 70 § 20, 39, art. 168.

226. S'il a été ordonné que les minutes seraient apportées, le procès-verbal sera dressé conjointement, tant desdites minutes que des expéditions arguées de faux, dans les

---

(a) ORD. *juillet* 1737; *tit.* II.

ART. 17. Dans les cas où il écherra de faire apporter ladite minute, le délai qui aura été prescrit à cet effet au défendeur, courra du jour de la signification de l'ordonnance ou jugement au domicile de son procureur; et faute par le défendeur d'avoir fait les diligences nécessaires pour l'apport de ladite minute dans ledit délai, le demandeur pourra se pourvoir à l'audience, pour faire ordonner le rejet de la pièce maintenue fausse, s'il y échet, suivant ce qui est porté en l'article 12, si mieux n'aime demander qu'il lui soit permis de faire apporter ladite minute à ses frais, dont il sera remboursé par le défendeur, comme de frais préjudiciaux; et il lui en sera délivré exécutoire à cet effet.

(b) ORD. *juillet* 1737, *tit.* II.

ART. 23. Il sera dressé procès-verbal de l'état des pièces prétendues fausses, trois jours après la signification qui aura été faite au demandeur, au domicile de son procureur, de la remise desdites pièces au greffe, ou trois jours après que le demandeur y aura fait remettre lesdites pièces, suivant ce qui est porté par l'article 14.

délais ci-dessus; pourra néanmoins le tribunal ordonner, suivant l'exigence des cas, qu'il sera d'abord dressé procès-verbal de l'état desdites expéditions, sans attendre l'apport desdites minutes, de l'état desquelles il sera, en ce cas, dressé procès-verbal séparément (a). — Pr. 196, 221. — I. Cr. 448. — T. 1er, art. 92 § 8, 34.

227. Le procès-verbal contiendra mention et description des ratures, surcharges, interlignes et autres circonstances du même genre; il sera dressé par le juge-commissaire, en présence du procureur du Roi, du demandeur et du défendeur, ou de leurs fondés de procurations authentiques et spéciales : lesdites pièces et minutes seront paraphées par le juge-commissaire et le procureur du Roi, par le défendeur et le demandeur, s'ils peuvent ou veulent les parapher; sinon il en sera fait mention. Dans le cas de non-comparution de l'une ou de l'autre des parties, il sera donné défaut et passé outre au procès-verbal (b). — Pr. 149, 196, 199. — C. 1317, 1984, 1987. — I. Cr. 448 n.

228. Le demandeur en faux, ou son avoué, pourra prendre communication, en tout état de cause, des pièces arguées de faux, par les mains du greffier, sans déplacement et sans retard (c). — T. 1er, art. 92 § 9, 34.

(a) ORD. *juillet* 1737, *tit.* 11.

ART. 24. S'il a été ordonné que les minutes desdites pièces seront apportées, le procès-verbal sera dressé conjointement, tant desdites pièces que des minutes, et le délai de trois jours ne courra audit cas que du jour de la signification qui sera faite au demandeur, au domicile de son procureur, de l'apport desdites minutes au greffe, ou du jour que le demandeur les y aurait fait apporter, suivant l'article 17. Laissons néanmoins à la prudence des juges, d'ordonner, suivant l'exigence des cas, qu'il sera dressé d'abord procès-verbal de l'état desdites pièces, sans attendre l'apport desdites minutes, de l'état desquelles il sera, en ce cas, dressé procès-verbal séparément, dans le délai ci-dessus marqué.

(b) ORD. *juillet* 1737, *tit.* 11.

ART. 25. Le procès-verbal mentionné dans les articles précédens sera fait suivant ce qui est prescrit par les articles 10 et 11 du titre du Faux principal, en y appelant néanmoins le défendeur outre le demandeur, et notre procureur ou celui des hauts justiciers; et les pièces dont sera dressé procès-verbal, seront paraphées par ledit défendeur, s'il peut ou veut les parapher (sinon il en sera fait mention), et pareillement par le demandeur et autres dénommés auxdits articles, le tout à peine de nullité; à l'effet de quoi ledit défendeur sera sommé, par acte signifié au domicile de son procureur, de comparaître audit procès-verbal dans vingt-quatre heures, et faute par lui d'y satisfaire, il sera donné défaut et passé outre sur-le-champ audit procès-verbal.

(c) ORD. *juillet* 1737, *tit.* 11.

ART. 26. Le demandeur en faux, ou son conseil, pourra prendre communication, en tout état de cause, des pièces arguées de faux, et ce par les mains du gref-

229. Dans les huit jours qui suivront ledit procès-verbal, le demandeur sera tenu de signifier au défendeur ses moyens de faux, lesquels contiendront les faits, circonstances et preuves par lesquels il prétend établir le faux ou la falsification; sinon le défendeur pourra se pourvoir à l'audience pour faire ordonner, s'il y échet, que ledit demandeur demeurera déchu de son inscription en faux (a). — Pr. 226 s., 230, 247, 1033. — T. 1er, art. 75 § 8, 24.

230. Sera tenu le défendeur, dans les huit jours de la signification des moyens de faux, d'y répondre par écrit; sinon le demandeur pourra se pourvoir à l'audience pour faire statuer sur le rejet de la pièce, suivant ce qui est prescrit article 217 ci-dessus. — Pr. 77, 1033. — T. 1er, art. 75 § 9, 24.

231. Trois jours après lesdites réponses, la partie la plus diligente pourra poursuivre l'audience; et les moyens de faux seront admis ou rejetés, en tout ou en partie; il sera ordonné, s'il y échet, que lesdits moyens ou aucuns d'eux demeureront joints, soit à l'incident en faux, si quelques-uns desdits moyens ont été admis, soit à la cause ou au procès principal; le tout suivant la qualité desdits moyens et l'exigence des cas (b). — Pr. 230, 246, 251.

232 Le jugement ordonnera que les moyens admis seront prouvés, tant par titres que par témoins, devant le juge commis, sauf au défendeur la preuve contraire, et qu'il sera procédé à la vérification des pièces arguées de faux par trois experts écrivains, qui seront nommés d'office par le même jugement (c). — Pr. 195

---

fier ou du rapporteur, sans déplacer et sans retardation.

(a) Ord. *juillet 1737, tit.* 11.

Art. 27. Les moyens de faux seront mis au greffe par le demandeur, dans les trois jours après que le procès-verbal aura été dressé; sinon le défendeur pourra se pourvoir à l'audience, pour faire ordonner, s'il y échet, que le demandeur demeurera déchu de son inscription en faux. Voulons néanmoins que lorsqu'il aura été fait deux procès-verbaux différens, l'un de l'état des pièces arguées de faux, et l'autre de l'état des minutes desdites pièces, le délai de trois jours ci-dessus marqué ne coure que du jour que le dernier desdits procès-verbaux aura été fait.

28. En aucun cas il ne sera donné copie ni communication des moyens de faux au défendeur.

(b) Ord. *juillet 1737, tit.* 11.

Art. 29. Sur les conclusions de nos procureurs ou de ceux des hauts justiciers, il sera rendu tel jugement qu'il appartiendra pour admettre ou pour rejeter les moyens de faux, en tout ou en partie, ou pour ordonner, s'il y échet, que lesdits moyens ou aucuns d'iceux demeureront joints, soit à l'incident de faux, si quelques-uns desdits moyens ont été admis, soit à la cause ou au procès principal, le tout selon la qualité desdits moyens et l'exigence des cas.

(c) Ord. *juillet 1737, tit.* 11.

Art. 30. En cas que lesdits moyens, ou aucuns d'iceux, soient jugés pertinens et admissibles, le jugement portera qu'il en sera informé, tant par titres que par té-

n., 252 n., 803 n. — C. 1317, 1322, 1341 n. — T. 1er, art. 163-165.

233. Les moyens de faux qui seront déclarés pertinens et admissibles seront énoncés expressément dans le dispositif du jugement qui permettra d'en faire preuve; et il ne sera fait preuve d'aucun autre moyen. Pourront néanmoins les experts faire telles observations dépendantes de leur art qu'ils jugeront à propos, sur les pièces prétendues fausses, sauf au juge à y avoir tel égard que de raison (a). — **Pr.** 232.

234. En procédant à l'audition des témoins, seront observées les formalités ci-après prescrites pour les enquêtes: les pièces prétendues fausses leur seront représentées, et paraphées d'eux, s'ils peuvent ou veulent les parapher; sinon il en sera fait mention. — A l'égard des pièces de comparaison et autres qui doivent être représentées aux experts, el-

les pourront l'être aussi aux témoins, en tout ou en partie, si le juge-commissaire l'estime convenable; auquel cas elles seront paraphées, ainsi qu'il est ci-dessus prescrit. — **Pr.** 212 *note*, 260-277. — **I. Cr.** 457.

235. Si les témoins représentent quelques pièces lors de leur déposition, elles y demeureront jointes, après avoir été paraphées, tant par le juge-commissaire, que par lesdits témoins, s'ils peuvent ou veulent le faire; sinon il en sera fait mention: et, si lesdites pièces sont preuve du faux ou de la vérité des pièces arguées, elles seront représentées aux autres témoins qui en auraient connaissance; et elles seront par eux paraphées, suivant ce qui est ci-dessus prescrit (b). — **Pr.** 212, 234. — **I. Cr.** 457.

236. La preuve par experts se fera en la forme suivante: — 1º Les pièces de comparaison seront convenues entre les

moins, comme aussi par experts et par comparaison d'écritures ou signatures, le tout selon que le cas le requerra, sans qu'il puisse être ordonné que les experts feront leur rapport sur les pièces prétendues fausses, ou qu'il sera procédé préalablement à la vérification d'icelles, ce que nous défendons à peine de nullité.

(a) ORD. *juillet* 1737, *tit.* II.

ART 31. Les moyens de faux qui seront déclarés pertinens et admissibles seront marqués expressément dans le dispositif du jugement, qui permettra d'en informer, et ne sera informé d'aucuns autres moyens. Pourront néanmoins les experts faire les observations dépendantes de leur art qu'ils

jugeront à propos sur les pièces prétendues fausses, sauf aux juges à y avoir tel égard que de raison.

(b) ORD. *juillet* 1737, *tit.* 1er.

ART. 10 Si les témoins représentent quelques pièces, soit lors de leur déposition ou du récolement, ou de la confrontation, elles y demeureront jointes, après avoir été paraphées, tant par le juge que par lesdits témoins, s'ils peuvent ou veulent le faire, sinon il en sera fait mention: et si lesdites pièces servent à conviction, elles seront représentées aux témoins qui en auraient connaissance, et qui seraient entendus, récolés ou confrontés depuis la remise desdites pièces, et elles seront par eux paraphées.

parties, ou indiquées par le juge, ainsi qu'il est dit à l'article 200, titre *de la l'érification des écritures* ; — 2° Seront remis aux experts, le jugement qui aura admis l'inscription de faux ; les pièces prétendues fausses ; le procès-verbal de l'état d'icelles ; le jugement qui aura admis les moyens de faux et ordonné le rapport d'experts ; les pièces de comparaison, lorsqu'il en aura été fourni ; le procès-verbal de présentation d'icelles, et le jugement par lequel elles auront été reçues ; les experts mentionneront dans leur rapport la remise de toutes les pièces susdites, et l'examen auquel ils auront procédé, sans pouvoir en dresser aucun procès-verbal ; ils parapheront les pièces prétendues fausses. — Dans le cas où les témoins auraient joint des pièces à leur déposition, la partie pourra requérir et le juge-commissaire ordonner qu'elles seront représentées aux experts ; — 3° Seront, au surplus, observées audit rapport les règles prescrites au titre *de la l'érification des écritures* (a). — Pr. 193 s.

237. En cas de récusation, soit contre le juge-commissaire, soit contre les experts, il y sera procédé ainsi qu'il est prescrit aux titres XIV et XXI du présent livre. — Pr. 308 s., 378 s., 383 s.

238. Lorsque l'instruction sera achevée, le jugement sera poursuivi sur un simple acte. — Pr. 82.

239. S'il résulte, de la procédure, des indices de faux ou de falsification, et que les auteurs ou complices soient vivans, et la poursuite du crime non éteinte par la prescription, d'après les dispositions du Code pénal, le président délivrera mandat d'amener contre les prévenus, et remplira, à cet égard, les fonctions d'officier de police judiciaire (b). — Pr. 240, 250. — I. Cr. 3, 462, 637.

240. Dans le cas de l'article précédent, il sera sursis à statuer sur le civil jusqu'après le jugement sur le faux. — Pr. 250. — C. 1319. — I. Cr. 3, 460.

241. Lorsqu'en statuant sur l'inscription de faux, le tribunal aura ordonné la suppression, la lacération ou la radia-

---

(a) Ord. *juillet* 1737, *tit.* II.

Art. 39 En procédant à l'audition des experts, la requête à fin de permission de s'inscrire en faux, et l'ordonnance ou jugement intervenus sur icelle, l'acte d'inscription en faux, les pièces prétendues fausses, et le procès-verbal de l'état d'icelles, les moyens de faux, ensemble le jugement qui les aura admis, et qui aura ordonné l'information par experts, les pièces de comparaison, lorsqu'il en aura été fourni, le procès-verbal de présentation d'icelles, et l'ordonnance ou le jugement par lequel elles auront été reçues. seront remises à chacun des experts, pour les examiner sans déplacer : et sera en outre observé tout ce qui est prescrit par les articles 22 et 23 du titre du Faux principal.

(b) Ord. *juillet* 1737, *tit.* III.

Art. 14. Sur le vu de l'information, soit par experts ou par autres témoins, il sera décerné tel décret qu'il sera jugé à propos, même contre d'autres que l'accusé, s'il y échet, ou sera rendu telle ordonnance qu'il appartiendra.

tion en tout ou en partie, même la réformation ou le rétablissement des pièces déclarées fausses, il sera sursis à l'exécution de ce chef du jugement, tant que le condamné sera dans le délai de se pourvoir par appel, requête civile ou cassation, ou qu'il n'aura pas formellement et valablement acquiescé au jugement (*a*). — Pr. 244, 443 n., 480 n. — I. Cr. 463.

242. Par le jugement qui interviendra sur le faux, il sera statué, ainsi qu'il appartiendra, sur la remise des pièces, soit aux parties, soit aux témoins qui les auront fournies ou représentées; ce qui aura lieu même à l'égard des pièces prétendues fausses, lorsqu'elles ne seront pas jugées telles: à l'égard des pièces qui auront été tirées d'un dépôt public, il sera ordonné qu'elles seront remises aux dépositaires, ou renvoyées par les greffiers de la manière prescrite par le tribunal; le tout sans qu'il soit rendu séparément un autre jugement sur la remise des pièces, laquelle néanmoins ne pourra être faite qu'après le délai prescrit par l'article précédent (*b*). — Pr. 209, 211, 243 n. — I. Cr. 463.

243. Il sera sursis, pendant ledit délai, à la remise des pièces de comparaison ou autres, si ce n'est qu'il en soit autrement ordonné par le tribunal, sur la requête des dépositaires desdites pièces, ou des parties qui auraient intérêt de la demander (*c*). — Pr. 241, 1038.

244. Il est enjoint aux gref-

(*a*) Ord. *juillet* 1737, *tit.* 1er.

Art. 59. Lorsque les premiers juges auront ordonné la suppression ou lacération, ou la radiation en tout ou en partie, même la réformation ou le rétablissement des pièces par eux déclarées fausses, il sera sursis à l'exécution de ce chef de leur jugement, jusqu'à ce que par nos cours, sur le vu du procès, et sur les conclusions de nos procureurs-généraux, il y ait été pourvu ainsi qu'il appartiendra: ce qui aura lieu, encore que la sentence fût de nature à pouvoir être exécutée sans avoir été confirmée par arrêt, et qu'il n'y en eût aucun appel, ou que l'accusé y eût acquiescé, dans les cas où il peut le faire.

(*b*) Ord. *juillet* 1737, *tit.* 1er.

Art. 63. Par le jugement de condamnation, ou d'absolution, qui interviendra sur le vu du procès, il sera statué, ainsi qu'il appartiendra, sur la remise des pièces, soit à la partie civile, ou aux témoins, ou aux accusés qui les auront fournies ou représentées; ce qui aura lieu, même à l'égard des pièces prétendues fausses, lorsqu'elles ne seront pas jugées telles: et à l'égard des pièces qui auront été tirées d'un dépôt public, il sera ordonné qu'elles seront remises ou renvoyées par les greffiers aux dépositaires d'icelles, par les voies en tel cas requises et accoutumées; le tout, sans qu'il soit rendu séparément un autre jugement sur la remise desdites pièces, laquelle néanmoins ne pourra être faite que dans le temps, et ainsi qu'il sera ci-après marqué.

(*c*) Ord. *juillet* 1737, *tit.* 1er.

Art. 67. Dans les cas portés par les articles 59, 61 et 62, où il doit être sursis à l'exécution des sentences ou arrêts qui contiendraient, à l'égard des pièces déclarées fausses, quelqu'une des

fiers de se conformer exactement aux articles précédens, en ce qui les regarde, à peine d'interdiction, d'amende qui ne pourra être moindre de cent francs, et des dommages-intérêts des parties, même d'être procédé extraordinairement s'il y échet (a). — Pr. 128, 241 s., 1029 s. — C. 1149.

245. Pendant que lesdites pièces demeureront au greffe, les greffiers ne pourront délivrer aucune copie ni expédition des pièces prétendues fausses, si ce n'est en vertu d'un jugement; à l'égard des actes dont les originaux ou minutes auront été remis au greffe, et notamment des registres sur lesquels il y aurait des actes non argués de faux, lesdits greffiers pourront en délivrer des expéditions aux parties qui auront droit d'en demander, sans qu'ils puissent prendre de plus grands droits que ceux qui seraient dus aux dépositaires desdits originaux ou minutes : et sera le présent article exécuté sous les peines portées par l'article précédent. — S'il a été fait par les dépositaires des minutes desdites pièces des expéditions pour tenir lieu desdites minutes, en exécution de l'article 203 du titre de la *Vérification des écritures*, lesdits actes ne pourront être expédiés que par lesdits dépositaires (b). — Pr. 128, 203, 205, 228, 241, 839, 1029.

246. Le demandeur en faux qui succombera sera condamné à une amende qui ne pourra être moindre de trois cents francs, et à tels dommages et intérêts qu'il appartiendra (c).

---

dispositions mentionnées auxdits articles, il sera pareillement sursis à la remise des pièces de comparaison ou autres pièces, si ce n'est qu'il en soit autrement ordonné par nos cours, sur la requête des dépositaires desdites pièces, ou des parties qui auraient intérêt d'en demander la remise, et sur les conclusions de nos procureurs-généraux en nosdites cours.

(a) Ord. *juillet* 1737, *tit.* 1er.
Art. 68. Enjoignons aux greffiers de se conformer exactement aux articles précédens, en ce qui les regarde, à peine d'interdiction, d'amende arbitraire applicable à nous, ou aux hauts justiciers, et des dommages et intérêts des parties, même d'être procédé extraordinairement contre eux, s'il y échet.

(b) Ord. *juillet* 1737, *tit.* 1er.
Art. 69. Pendant que lesdites pièces demeureront au greffe, les greffiers ne pourront délivrer aucunes copies ni expéditions des pièces prétendues fausses, ou servant à conviction, si ce n'est en vertu d'un jugement, qui ne pourra être rendu que sur les conclusions de nos procureurs-généraux, ou de leurs substituts, ou des procureurs d'office : et à l'égard des actes dont les originaux ou minutes auront été remis au greffe, et notamment des registres sur lesquels il y aurait des actes non argués de faux, lesdits greffiers pourront en délivrer des expéditions aux parties qui auront droit d'en demander, sans qu'ils puissent prendre de plus grands droits que ceux qui seraient dus aux dépositaires desdits originaux ou minutes : et sera le présent article exécuté sous les peines portées par l'article précédent.

(c) Ord. *juillet* 1737, *tit.* II.
Art. 19. Le demandeur en

— Pr. 128, 130, 213, 247 s., 1029. — C. 1149, 1382.

247. L'amende sera encourue toutes les fois que l'inscription en faux ayant été faite au greffe, et la demande à fin de s'inscrire admise, le demandeur s'en sera désisté volontairement ou aura succombé, ou que les parties auront été mises hors de procès, soit par le défaut de moyens ou de preuves suffisantes, soit faute d'avoir satisfait, de la part du demandeur, aux diligences et formalités ci-dessus prescrites; ce qui aura lieu, en quelques termes que la prononciation soit conçue, et encore que le jugement ne portât point condamnation d'amende: le tout, quand même le demandeur offrirait de poursuivre le faux par la voie extraordinaire (a). — Pr. 229, 248, 250, 1029.

248. L'amende ne sera pas encourue lorsque la pièce, ou une des pièces arguées de faux, aura été déclarée fausse en tout ou en partie, ou lorsqu'elle aura été rejetée de la cause ou du procès, comme aussi lorsque la demande à fin de s'inscrire en faux n'aura pas été admise; et ce, de quelques termes que les juges se soient servis pour rejeter ladite demande, ou pour n'y avoir pas d'égard (b).

---

faux qui succombera, sera condamné en une amende applicable, les deux tiers à nous ou aux hauts justiciers, et l'autre tiers à la partie; laquelle amende, y compris les sommes consignées lors de l'inscription en faux, sera de trois cents livres dans nos cours, ou aux requêtes de notre hôtel et du palais, de cent livres aux sièges qui ressortissent immédiatement en nosdites cours, et aux autres de soixante livres, et seront lesdites amendes réglées suivant la qualité de la juridiction où l'inscription en faux aura été formée, quoiqu'elle soit jugée dans une autre, même supérieure à la première. Permettons à tous juges d'augmenter ladite amende, ainsi qu'ils l'estimeront à propos, suivant l'exigence des cas.

(a) Ord. *juillet* 1737, *tit.* II.

Art. 50. La condamnation d'amende aura lieu toutes les fois que l'inscription en faux ayant été faite au greffe, le demandeur s'en sera désisté volontairement, ou aura succombé, ou que les parties auront été mises hors de cour, soit par le défaut de moyens ou de preuves suffisantes, soit faute d'avoir satisfait, de la part du demandeur, aux diligences et formalités ci-dessus prescrites; ce qui aura lieu en quelques termes que la procuration soit conçue, et encore que le jugement ne portât pas expressément la condamnation d'amende; le tout, quand même le demandeur offrirait de poursuivre le faux comme faux principal.

(b) Ord. *juillet* 1737, *tit.* II.

Art. 51. La condamnation d'amende ne pourra avoir lieu, lorsque la pièce ou l'une des pièces arguées de faux, aura été déclarée fausse en tout ou en partie, ou lorsqu'elle aura été rejetée de la cause ou du procès; comme aussi lorsque la demande à fin de s'inscrire en faux, n'aura pas été admise, ou suivie d'inscription formée au greffe; et ce, de quelques termes que les juges se soient servis pour rejeter ladite demande, ou pour n'y avoir pas d'égard: dans tous lesquels cas, la

249. Aucune transaction sur la poursuite du faux incident ne pourra être exécutée, si elle n'a été homologuée en justice, après avoir été communiquée au ministère public, lequel pourra faire, à ce sujet, telles réquisitions qu'il jugera à propos (*a*). — Pr. 83, 251. — C. 2046. — I. Cr. 4.

250. Le demandeur en faux pourra toujours se pourvoir, par la voie criminelle, en faux principal; et, dans ce cas, il sera sursis au jugement de la cause, à moins que les juges n'estiment que le procès puisse être jugé indépendamment de la pièce arguée de faux (*b*). — Pr. 240, 247, 448, 480. — C. 1319, 2046. — I. Cr. 3, 448 s. — P. 132-165.

251. Tout jugement d'instruction ou définitif, en matière de faux, ne pourra être rendu que sur les conclusions du ministère public. — Pr. 83, 249 *et la note*.

TITRE DOUZIÈME.

DES ENQUÊTES.

252. Les faits dont une partie demandera à faire preuve seront articulés succinctement par un simple acte de conclusion, sans écritures ni requête. — Ils seront, également par un simple acte, déniés ou reconnus dans les trois jours;

---

somme consignée par le demandeur, pour raison de ladite amende, lui sera rendue, quand même le jugement n'en ordonnerait pas expressément la restitution.

(*a*) ORD. *juillet* 1731, *tit.* II.

ART. 52. Il ne pourra être rendu aucuns jugemens sur la condamnation ou la restitution de l'amende, que sur les conclusions de nos procureurs ou de ceux des hauts-justiciers; et aucunes transactions, soit sur l'accusation de faux principal, ou sur la poursuite du faux incident, ne pourront être exécutées, si elles n'ont été homologuées en justice, après avoir été communiquées à nosdits procureurs, ou à ceux des hauts-justiciers, lesquels pourront faire, à ce sujet, telles réquisitions qu'ils jugeront à propos, et sera le présent article exécuté à peine de nullité.

(*b*) ORD. *juillet* 1731, *tit.* II.

ART. 19. Dans les cas mentionnés aux articles 12, 13, 14 et 17, dans lesquels, par le fait du défendeur, le rejet de ladite pièce aurait été ordonné, il sera permis au demandeur de prendre la voie du faux principal, sans retardation néanmoins de l'instruction et du jugement de la contestation à laquelle ladite inscription de faux était incidente, si ce n'est que par les juges il en soit autrement ordonné.

20. Et à l'égard des cas portés par l'article 15 et par les articles 27 et 37, où, par le fait du demandeur, il aurait été ordonné que, sans s'arrêter à la requête ou à l'inscription en faux, il serait passé outre à l'instruction ou au jugement de la cause ou du procès, ledit demandeur ne pourra être reçu à former l'accusation de faux principal qu'après le jugement de ladite cause ou dudit procès

sinon ils pourront être tenus pour confessés ou avérés (a). — Pr. 84, 253 s., 337 s., 418, 432, 470. — T. 1er, article 71 § 4, 17.

253. Si les faits sont admissibles, qu'ils soient déniés, et que la loi n'en défende pas la preuve, elle pourra être ordonnée (b). — Pr. 252. — C. 1341 s.

254. Le tribunal pourra aussi ordonner d'office la preuve des faits qui lui paraîtront concluans, si la loi ne le défend pas. — Pr. 253. — C. 1341 s.

255. Le jugement qui ordonnera la preuve contiendra, — 1° Les faits à prouver ; — 2° La nomination du juge devant qui l'enquête sera faite. — Si les témoins sont trop éloignés, il pourra être ordonné que l'enquête sera faite devant un juge commis par un tribunal désigné à cet effet (c). — Pr. 253 s., 1035.

256. La preuve contraire sera de droit : la preuve du demandeur et la preuve contraire seront commencées et terminées dans les délais fixés par les articles suivans. — Pr. 255 et la note.

257. Si l'enquête est faite au même lieu où le jugement a été rendu, ou dans la distance de trois myriamètres, elle sera commencée dans la huitaine du jour de la signification à avoué ; si le jugement est rendu contre une partie qui n'avait point d'avoué, le délai courra du jour de la signification à personne ou domicile ; ces délais courent également contre ce... qui a signifié le jugement. ...ont à peine de nullité. — Si le jugement est susceptible d'opposition, le délai courra du jour de l'expiration des délais de l'opposition (d). — Pr. 187 s., 288 s., 278 s., 292 s., 1029, 1033.

258. Si l'enquête doit être faite à une plus grande dis-

(a) Ord. avril 1667, tit. XX.

Art. 1er. Voulons que les faits qui gisent en preuve soient succinctement articulés, et les réponses sommaires, sans alléguer aucune raison de droit, interdisant toutes répliques et additions; et défendons d'y avoir égard et de les mettre en taxe, ni les comprendre dans les mémoires des frais et salaires des procureurs; le tout à peine de répétition du quadruple.

(b) Ord. avril 1667, tit. XIII.

Art. 1er. Abrogeons toutes enquêtes d'examen à futur, et celles par turbes touchant l'interprétation d'une coutume ou usage; et défendons à tous juges de les ordonner ni d'y avoir égard, à peine de nullité.

(c) Ord. mai 1579.

Art. 188. S'il est besoin d'examiner aucuns témoins hors des lieux de la demeurance des juges, lesdits juges seront tenus, s'ils en sont requis, octroyer commission addressante aux officiers des lieux, sans qu'ils la puissent refuser.

Ord. avril 1667, tit. XXII.

Art. 1er. Es matières où il écherra de faire des enquêtes, le même jugement qui les ordonnera, contiendra les faits des parties, dont elles informeront respectivement, si bon leur semble, sans autres interdits et réponses, jugement ni commission.

(d) Ord. avril 1667, tit. XXII.

Art. 2. Si l'enquête est faite

lance, le jugement fixera le délai dans lequel elle sera commencée. — **Pr.** 257 *et la note,* 259, 1033.

259. L'enquête est censée commencée, pour chacune des parties respectivement, par l'ordonnance qu'elle obtient du juge-commissaire, à l'effet d'assigner les témoins aux jour et heure par lui indiquée. — En conséquence, le juge-commissaire ouvrira les procès-verbaux respectifs par la mention de la réquisition et de la délivrance de son ordonnance(*a*). — **Pr.** 278, 279. — **T.** 1er, article 76 § 7, 21, article 91 § 6, 20.

260. Les témoins seront assignés à personne ou domicile : ceux domiciliés dans l'étendue de trois myriamètres du lieu où se fait l'enquête, le seront au moins un jour avant l'audition; il sera ajouté un jour par trois myriamètres pour ceux domiciliés à une plus grande distance. Il sera donné copie à chaque témoin, du dis-

positif du jugement, seulement en ce qui concerne les faits admis, et de l'ordonnance du juge-commissaire : le tout à peine de nullité des dépositions des témoins envers lesquels les formalités ci-dessus n'auraient pas été observées(*b*). — **Pr.** 61, 68, 267, 294, 413, 1029, 1033. — **T.** 1er, art. 29 § 8, 72.

261. La partie sera assignée pour être présente à l'enquête, au domicile de son avoué, si elle en a constitué, sinon à son domicile : le tout trois jours au moins avant l'audition. Les noms, professions et demeures des témoins à produire contre elle lui seront notifiés : le tout à peine de nullité, comme ci-dessus. — **Pr.** 260 *et la note,* 267 n., 278, 408, 413, 1029, 1031, 1033. — **T.** 1er, art. 29 § 8, 72.

262. Les témoins seront entendus séparément, tant en présence qu'en l'absence des parties. — Chaque témoin, avant d'être entendu, décla-

au même lieu où le jugement a été rendu, ou dans la distance de dix lieues, elle sera commencée dans la huitaine du jour de la signification du jugement faite à la partie ou à son procureur, et parachevée dans la huitaine suivante ; s'il y a plus grande distance, le délai sera d'un jour pour dix lieues. Pourra néanmoins le juge, si l'affaire le requiert, donner une autre huitaine pour la confection de l'enquête, sans que le délai puisse être prorogé ; le tout nonobstant oppositions, appellations, récusations et prises à partie, et sans y préjudicier.

(*a*) Ord. *avril* 1667, *tit.* XXII.

Art. 5. Les témoins seront assignés pour déposer et la partie pour les voir jurer, par ordonnance du juge, sans commission du greffe.

(*b*) Ord. *avril* 1667, *tit.* XXII.

Art. 6. Le jour et l'heure pour comparoir seront marqués dans les exploits d'assignation qui seront donnés aux témoins et aux parties ; et si les témoins et les parties ne comparent, sera différé d'une autre heure après laquelle les témoins présens feront le serment, et seront ouïs, si les parties ne consentent la remise à un autre jour.

7. Les témoins seront assignés à personne ou domicile, et les parties au domicile de leurs procureurs.

27

rera ses noms, profession, âge et demeure, s'il est parent ou allié de l'une des parties, à quel degré, s'il est serviteur ou domestique de l'une d'elles; il fera serment de dire vérité: le tout à peine de nullité (a). — Pr. 35 n., 268, 271, 275, 1029. — C. 735 n.

263. Les témoins défaillans seront condamnés, par ordonnances du juge-commissaire qui seront exécutoires nonobstant opposition ou appel, à une somme qui ne pourra être moindre de dix francs, au profit de la partie, à titre de dommages et intérêts; ils pourront de plus être condamnés, par la même ordonnance, à une amende qui ne pourra excéder la somme de cent francs. — Les témoins défaillans seront réassignés à leurs frais (b). — Pr. 413, 1029. — C. 1149. — I. Cr. 80, 86, 157, 304, 355, 579.

264. Si les témoins réassignés sont encore défaillans, ils seront condamnés, et par corps, à une amende de cent francs; le juge-commissaire pourra même décerner contre eux un mandat d'amener. — Pr. 263 et la note, 1029. — I. Cr. 80, 100, 157, 355.

265. Si le témoin justifie qu'il n'a pu se présenter au jour indiqué, le juge-commissaire le déchargera, après sa déposition, de l'amende et des frais de réassignation. — Pr. 263 n., 266. — I. Cr. 81, 158, 189, 356.

266. Si le témoin justifie qu'il est dans l'impossibilité de se présenter au jour indiqué, le juge-commissaire lui accordera un délai suffisant, qui néanmoins ne pourra excéder celui fixé pour l'enquête, ou se transportera pour recevoir la déposition. Si le témoin est éloigné, le juge-commissaire renverra devant le président du tribunal du lieu, qui entendra le témoin ou commettra un juge: le greffier de ce tri-

---

(a) Ord. avril 1667, tit. XXII.

Art. 13. Le juge ou commissaire à faire enquête, en quelque juridiction que ce soit, même en nos cours, recevra le serment et la déposition de chacun témoin, sans que le greffier ni autre puisse les recevoir ni rédiger par écrit hors de sa présence.

14. Voyez Pr. 35 note.

15. Les témoins ne pourront déposer en la présence des parties, ni même en la présence des autres témoins, aux enquêtes qui ne seront point faites à l'audience; mais seront ouïs séparément, sans qu'il y ait autres personnes que le juge ou commissaire à faire l'enquête et celui qui écrira la déposition.

(b) Ord. avril 1667, tit. XXII.

Art. 8. Les témoins seront tenus de comparoir à l'heure de l'assignation, ou au plus tard à l'heure suivante, à peine de dix livres d'amende, au paiement de laquelle ils seront contraints par saisie et vente de leurs biens, et non par emprisonnement, si ce n'est qu'il fust ordonné par le juge, en cas de manifeste désobéissance; et seront les ordonnances des juges exécutées contre les témoins, nonobstant oppositions ou appellations, même celle des commissaires enquêteurs ou examinateurs, pour la peine de dix livres seulement, encore qu'ils n'aient aucune juridiction, et sans tenir à conséquence en autre chose.

bunal fera parvenir de suite la minute du procès-verbal au greffe du tribunal où le procès est pendant, sauf à lui à prendre exécutoire pour les frais contre la partie à la requête de qui le témoin aura été entendu. — Pr. 263 s., 412, 782, 1035.

267. Si les témoins ne peuvent être entendus le même jour, le juge-commissaire remettra à jour et heure certains; et il ne sera donné nouvelle assignation ni aux témoins, ni à la partie, encore qu'elle n'ait pas comparu. — Pr. 269. — T. 1er, art. 167.

268. Nul ne pourra être assigné comme témoin, s'il est parent ou allié en ligne directe de l'une des parties, ou son conjoint même divorcé (1). — Pr. 270, 275, 282 s., 413 s. — C. 25, 735 s. — I. Cr. 156, 322 (a).

269. Les procès-verbaux d'enquête contiendront la date des jour et heure, les comparutions ou défauts des parties

et témoins, la représentation des assignations, les remises à autres jour et heure, si elles sont ordonnées; à peine de nullité (b). — Pr. 275, 294, 1029.

270. Les reproches seront proposés par la partie ou par son avoué avant la déposition du témoin, qui sera tenu de s'expliquer sur iceux: ils seront circonstanciés et pertinens, et non en termes vagues et généraux. Les reproches et les explications du témoin seront consignés dans le procès-verbal (c). — Pr. 86, 268, 275, 284 s. — T. 1er, art. 91 § 10, 34.

271. Le témoin déposera sans qu'il lui soit permis de lire aucun projet écrit. Sa déposition sera consignée sur le procès-verbal; elle lui sera lue, et il lui sera demandé s'il y persiste: le tout à peine de nullité. Il lui sera demandé aussi s'il requiert taxe (d). — Pr. 275, 277, 291 s., 1029. — T. 1er, art. 167.

---

(1) L. 8 mai 1816 (p. 50).
(a) Ord. avril 1667, tit. XXII.
Art. 11. Les parens et alliés des parties, jusqu'aux enfans des cousins issus de germains inclusivement, ne pourront être témoins en matière civile pour déposer en leur faveur ou contre eux, et seront leurs dépositions rejetées.
(b) Ord. avril 1667, tit. XXII.
Art. 22. Le procès-verbal d'enquête sera sommaire, et ne contiendra que le jour et l'heure des assignations données aux témoins pour déposer; et aux parties pour les voir jurer; le jour et l'heure des assignations échues, leur comparution ou défaut: la prestation de serment des témoins, si

c'est en la présence ou absence de la partie; le jour de chacune déposition; le nom, surnom, âge, qualité et demeure des témoins, les réquisitions des parties et les actes qui en seront accordés.
(c) Ord. avril 1667, tit. XXII.
Art. 27. Après la confection de l'enquête, celui à la requête de qui elle aura été faite donnera copie du procès-verbal, pour fournir par la partie dans la huitaine des moyens de reproches, si bon lui semble; et sera procédé au jugement du différend, sans aucun commandement ni sommation.
(d) Ord. avril 1667, tit. XXII.
Art. 16. La déposition du témoin étant achevée, lecture lui

272. Lors de la lecture de sa déposition, le témoin pourra faire tels changemens et additions que bon lui semblera : ils seront écrits à la suite ou à la marge de sa déposition ; il lui en sera donné lecture, ainsi que de la déposition, et mention en sera faite : le tout à peine de nullité (*a*). — Pr. 271, 275, 292 s., 334, 1029.

273. Le juge-commissaire pourra, soit d'office, soit sur la réquisition des parties ou de l'une d'elles, faire au témoin les interpellations qu'il croira convenables pour éclaircir sa déposition : les réponses du témoin seront signées de lui, après lui avoir été lues, ou mention sera faite s'il ne veut ou ne peut signer; elles seront également signées du juge et du greffier : le tout à peine de nullité. — Pr. 37, 275, 292 s., 413, 1029.

274. La déposition du témoin, ainsi que les changemens et additions qu'il pourra y faire, seront signés par lui, le juge et le greffier; et si le témoin ne veut ou ne peut si-

gner, il en sera fait mention : le tout à peine de nullité. Il sera fait mention de la taxe, s'il la requiert, ou de son refus. — Pr. 271 *et la note*, 272 *et la note*, 275, 277, 292 s., 1029.

275. Les procès-verbaux feront mention de l'observation des formalités prescrites par les articles 261, 262, 269, 270, 271, 272, 273 et 274 ci-dessus : ils seront signés, à la fin, par le juge et le greffier, et par les parties si elles le veulent ou le peuvent; en cas de refus, il en sera fait mention : le tout à peine de nullité. — Pr. 277, 292 s., 1029.

276. La partie ne pourra, ni interrompre le témoin dans sa déposition, ni lui faire aucune interpellation directe, mais sera tenue de s'adresser au juge-commissaire, à peine de dix francs d'amende, et de plus forte amende, même d'exclusion, en cas de récidive; ce qui sera prononcé par le juge-commissaire. Ses ordonnances seront exécutoires nonobstant appel ou opposition. — Pr. 37, 88 s., 1029.

---

en sera faite, et sera ensuite interpellé de déclarer si ce qu'il a dit contient vérité; et s'il y persiste, il signera sa déposition, et en cas qu'il ne sût ou ne pût signer, il le déclarera. dont sera fait mention sur la minute et sur la grosse.

17. Les juges ou commissaires feront rédiger tout ce que le témoin voudra dire, touchant le fait dont il s'agit entre les parties, sans rien retrancher des circonstances.

19. Le juge sera tenu de demander au témoin s'il requiert taxe; et si elle est requise, il la fera, eu égard à la qualité,

voyage et séjour du témoin.
(*a*) Ord. *avril* 1667, *tit.* XXII.

Art. 18. Si le témoin augmente, diminue, ou change quelque chose en sa déposition, il sera écrit par apostille et par renvoi en la marge, qui seront signés par le juge et le témoin s'il sait signer, sans qu'il puisse être ajouté foi aux interlignes, ni même aux renvois qui ne seront point signés; et si le témoin ne sait signer, en sera fait mention sur la minute et sur la grosse.

20. Tout ce que dessus sera observé en la confection des enquêtes, à peine de nullité.

277. Si le témoin requiert taxe, elle sera faite par le juge-commissaire sur la copie de l'assignation, et elle vaudra exécutoire: le juge fera mention de la taxe sur son procès-verbal. — Pr. 271 *et à la note* (art. 19), 274, 275, 413. 545. — T. 1er, art. 167.

278. L'enquête sera respectivement parachevée dans la huitaine de l'audition des premiers témoins, à peine de nullité, si le jugement qui l'a ordonnée n'a fixé un plus long délai. — Pr. 257 *et la note,* 279 s., 292 s., 1029, 1031.

279. Si néanmoins l'une des parties demande prorogation dans le délai fixé pour la confection de l'enquête, le tribunal pourra l'accorder. — Pr. 257 *et la note,* 278, 280, 409, 413, 1031.

280. La prorogation sera demandée sur le procès-verbal du juge-commissaire, et ordonnée sur le référé qu'il en fera à l'audience, au jour indiqué par son procès-verbal, sans sommation ni avenir, si les parties ou leurs avoués ont été présens: il ne sera accordé qu'une seule prorogation, à peine de nullité. — Pr. 257 note, 278, 279, 1029, 1035.

281. La partie qui aura fait entendre plus de cinq témoins sur un même fait ne pourra répéter les frais des autres dépositions (a). — Pr. 419, 1031.

282. Aucun reproche ne sera proposé après la déposition, s'il n'est justifié par écrit (b). — Pr. 37, 270, 283 s., 289 s., 413. — T. 1er, article 71 § 5, 17.

283. Pourront être reprochés, les parens ou alliés de l'une ou de l'autre des parties jusqu'au degré de cousin issu de germain inclusivement; les parens et alliés des conjoints au degré ci-dessus, si le conjoint est vivant, ou si la partie ou le témoin en a des enfans vivans: en cas que le conjoint soit décédé, et qu'il n'ait pas laissé de descendans, pourront être reprochés les parens et alliés en ligne directe, les frères, beaux-frères, sœurs et belles-sœurs.—Pourront aussi être reprochés, le témoin héritier présomptif ou donataire; celui qui aura bu ou mangé avec la partie, et à ses frais, depuis la prononciation du jugement qui a ordonné l'enquête; celui qui aura donné des certificats sur les faits relatifs au procès; les serviteurs et domestiques; le témoin en état d'accusation; celui qui aura été condamné à une peine afflictive ou infamante, ou même à une peine correctionnelle pour cause de vol (c). —

(a) Ord. *avril* 1667, *tit.* XXII.

Art. 21. Défendons aux parties de faire ouïr en matière civile plus de dix témoins sur un même fait, et aux juges ou commissaires d'en entendre plus grand nombre; autrement la partie ne pourra prétendre le remboursement des frais qu'elle aura avancés pour les faire ouïr, encore que tous les dépens du procès lui soient adjugés en fin de cause.

(b) Ord. *août* 1670, *tit.* XV.

Art. 20. Pourra néanmoins l'accusé en tout état de cause proposer des reproches, s'ils sont justifiés par écrit.

(c) Ord. *avril* 1667, *tit.* XXII.

Art. 2. S'il est avancé dans les reproches que les témoins ont été emprisonnés, mis en décret, condamnés ou repris de justice,

Pr. 268, 270, 282, 284 s., 287, 289 s. — C. 25, 723, 735 s. — I. Cr. 156, 322. — P. 7, 8, 42, 379 s., 401.

284. Le témoin reproché sera entendu dans sa déposition. — Pr. 270, 287, 291.

285. Pourront les individus âgés de moins de quinze ans révolus être entendus, sauf à avoir à leurs dépositions tel égard que de raison. — Pr. 413. — I. Cr. 79.

286. Le délai pour faire enquête étant expiré, la partie la plus diligente fera signifier à avoué copie des procès-verbaux, et poursuivra l'audience sur un simple acte (a). — Pr. 82, 270 note, 278 s. — T. 1er, art. 70 § 21, 39.

287. Il sera statué sommairement sur les reproches (b). — Pr. 283, 404 s.

288. Si néanmoins le fond de la cause était en état, il pourra être prononcé sur le tout par un seul jugement (c). — Pr. 134, 338, 473.

289. Si les reproches proposés avant la déposition ne sont justifiés par écrit, la partie sera tenue d'en offrir la preuve, et de désigner les té-

moins; autrement elle n'y sera plus reçue : le tout sans préjudice des réparations, dommages et intérêts qui pourraient être dus au témoin reproché. — Pr. 268, 270, 282 s., 287 s., 314, 1029. — T. 1er, art. 71 § 6, 17.

290. La preuve, s'il y échet, sera ordonnée par le tribunal, sauf la preuve contraire, et sera faite dans la forme ci-après réglée pour les enquêtes sommaires. Aucun reproche ne pourra y être proposé, s'il n'est justifié par écrit. — Pr. 266, 282, 407 s.

291. Si les reproches sont admis, la déposition du témoin reproché ne sera point lue. — Pr. 287 note, 294.

292. L'enquête ou la déposition déclarée nulle par la faute du juge-commissaire sera recommencée à ses frais; les délais de la nouvelle enquête ou de la nouvelle audition de témoins courront du jour de la signification du jugement qui l'aura ordonnée : la partie pourra faire entendre les mêmes témoins; et si quelques-uns ne peuvent être entendus, les juges auront tel égard que de raison aux dépo-

---

les faits seront réputés calomnieux, s'ils ne sont justifiés avant le jugement du procès par des écrous d'emprisonnement, décrets, condamnations ou autres actes.

(a) Ord. *avril 1667*, *tit. XXI.*

Art. 23. Pourra la partie la plus diligente faire donner au procureur de l'autre partie copie des procès-verbaux et rapports d'experts, et trois jours après, poursuivre l'audience sur un simple acte, et produire les procès-verbaux et rapports des experts, si le principal différend est appointé.

(b) Ord. *avril 1667*, *tit. XXII.*

Art. 5. Les reproches des témoins seront jugés avant le procès, et s'ils sont trouvés pertinens et qu'ils soient suffisamment justifiés, les dépositions n'en seront levées.

(c) Ord. *avril 1667*, *tit. XXII.*

Art. 3. Celui qui aura fait l'enquête pourra, si bon lui semble, fournir de réponses aux reproches, et les réponses seront signifiées à la partie; autrement défendons d'y avoir égard, le tout sans retardation du jugement.

sitions par eux faites dans la première enquête (*a*). — Pr. 257 n., 271 n., 278, 1029.

293. L'enquête déclarée nulle par la faute de l'avoué, ou par celle de l'huissier, ne sera pas recommencée; mais la partie pourra en répéter les frais contre eux, même des dommages et intérêts, en cas de manifeste négligence; ce qui est laissé à l'arbitrage du juge. — Pr. 71, 132, 257 n., 278, 860, 1030, 1031.

294. La nullité d'une ou de plusieurs dépositions n'entraîne pas celle de l'enquête. — Pr. 260 n., 291, 1030.

TITRE TREIZIÈME.

DES DESCENTES SUR LES LIEUX

295. Le tribunal pourra, dans les cas où il le croira nécessaire, ordonner que l'un des juges se transportera sur les lieux; mais il ne pourra l'ordonner dans les matières où il n'échoit qu'un simple rapport d'experts, s'il n'en est requis par l'une ou par l'autre des parties (*b*). — Pr. 41 n., 296, 302 n.

296. Le jugement commettra l'un des juges qui y auront assisté (*c*). — Pr. 295, 297 n., 1035.

297. Sur la requête de la partie la plus diligente, le juge-commissaire rendra une ordonnance qui fixera les lieu, jour et heure de la descente; la signification en sera faite d'avoué à avoué, et vaudra sommation (*d*). — Pr. 296. — T.

(*a*) Ord. *avril* 1667, *tit.* XXII.

Art. 36. Si l'enquête est déclarée nulle par la faute du juge ou commissaire, il en sera fait une nouvelle aux frais et dépens du juge ou commissaire, dans laquelle la partie pourra faire ouïr de nouveau les mêmes témoins.

(*b*) Ord. *avril* 1667, *tit.* XXI.

Art. 1er Les juges, même ceux de nos cours, ne pourront faire descente sur les lieux dans les matières où il n'échoit qu'un simple rapport d'experts, s'ils n'en sont requis par écrit par l'une ou par l'autre des parties, à peine de nullité, de restitution de ce qu'ils auront reçu pour leurs vacations, et de tous dépens, dommages et intérêts.

(*c*) Ord. *avril* 1667, *tit.* XXI.

Art. 4. Les commissaires pour faire les descentes seront nommés par le même arrêt ou jugement qui les ordonnera.

2. Les rapporteurs des procès pendans en nos cours, requêtes de notre hôtel et du palais, ne pourront être commis pour faire les descentes ordonnées à leur rapport; mais sera commis par le président un des juges qui aura assisté au jugement, ou à leur refus, un autre conseiller de la même chambre; ce qui sera aussi observé et gardé pour les descentes ordonnées en l'audience.

3. Dans les bailliages, sénéchaussées, présidiaux et autres sièges, l'ordre du tableau sera gardé à commencer par le lieutenant-général et autres principaux officiers, et les conseillers qui auront assisté en l'audience ou au rapport de l'instance.

(*d*) Ord. *avril* 1667, *tit.* XXI.

Art. 5. Les commissaires ne pourront faire les descentes sans la réquisition de l'une des par-

ler, art. 70 § 22, 39, art. 76 § 8, 21, art. 92 § 11, 34.

298. Le juge-commissaire fera mention, sur la minute de son procès-verbal, des jours employés au transport, séjour et retour (a). — Pr. 301.

299. L'expédition du procès-verbal sera signifiée par la partie la plus diligente aux avoués des autres parties; et, trois jours après, elle pourra poursuivre l'audience sur un simple acte. — Pr. 82, 286 et la note. — T. 1er, art. 70 § 23, 39.

300. La présence du ministère public ne sera nécessaire que dans le cas où il sera lui-même partie. — Pr. 83 n., 112.

301. Les frais de transport seront avancés par la partie requérante, et par elle consignés au greffe. — Pr. 297 note (article 5), 298, 319, 332.

TITRE QUATORZIÈME.

DES RAPPORTS D'EXPERTS.

302. Lorsqu'il y aura lieu à un rapport d'experts, il sera ordonné par un jugement, lequel énoncera clairement les objets de l'expertise (b). — Pr. 42, 196, 205, 935, 955, 971. — C. 126, 453, 824, 1859, 1678, 1718. — Co. 414, 416.

303. L'expertise ne pourra se faire que par trois experts, à moins que les parties ne consentent qu'il soit procédé par un seul. — Pr. 198 n., 232 n., 304 n., 429, 935, 955 n. — C. 126, 453, 466, 824, 834, 1678.

ties, et sera tenue la partie requérante consigner les frais ordinaires.

6. L'arrêt ou jugement qui ordonnera la descente, et la requête portant réquisition pour y procéder, seront mis pardevers le commissaire qui donnera sur la première assignation un jour et lieu certains pour s'y trouver; le tout signifié à la partie ou à son procureur. Et sera tenu le commissaire de partir dans le mois du jour de la réquisition; autrement sera subrogé un autre en sa place, sans que le temps du voyage puisse être prorogé, à peine de nullité et de restitution de ce qui aura été reçu.

(a) Ord. avril 1667, tit. XXI.

ART. 19. Les commissaires seront tenus de faire mention sur les minutes et grosses de leurs procès-verbaux des jours qui au- ront été par eux employés pour se transporter sur les lieux, et de ceux de leur séjour et retour, et de ce qui aura été consigné par chacune des parties et reçu des taxes faites pour la grosse du procès-verbal, et de ceux qui auront assisté à la commission; le tout à peine de concussion et de cent livres d'amende.

(b) Ord. avril 1667, tit. XXI.

ART. 5. Les jugemens qui ordonneront que les lieux et ouvrages seront vus, visités, toisés ou estimés par experts, feront mention expresse des faits sur lesquels les rapports doivent être faits, du juge qui sera commis pour procéder à la nomination des experts, recevoir leur serment et rapport, comme aussi du délai dans lequel les parties devront comparoir par-devant le commissaire.

304. Si, lors du jugement qui ordonne l'expertise, les parties se sont accordées pour nommer les experts, le même jugement leur donnera acte de la nomination. — Pr. 303, 305.

305. Si les experts ne sont pas convenus par les parties, le jugement ordonnera qu'elles seront tenues d'en nommer dans les trois jours de la signification; sinon, qu'il sera procédé à l'opération par les experts qui seront nommés d'office par le même jugement. — Ce même jugement nommera le juge-commissaire, qui recevra le serment des experts convenus ou nommés d'office; pourra néanmoins le tribunal ordonner que les experts prêteront leur serment devant le juge de paix du canton où ils procéderont (a). — Pr. 302 note, 306 ∗., 1033, 1035. — Supp. *Cours et tribunaux*, DÉCR. 30 mars 1808, art. 65.

306. Dans le délai ci-dessus, les parties qui se seront accordées pour la nomination des experts en feront leur déclaration au greffe. — Pr. 305, 1035. — T. 1er, art. 91 § 7, 20.

307. Après l'expiration du délai ci-dessus, la partie la plus diligente prendra l'ordonnance du juge, et fera sommation aux experts nommés par les parties ou d'office, pour faire leur serment, sans qu'il soit nécessaire que les parties y soient présentes (b). — Pr. 305 et la note, 308 ∗., 315. — T. 1er, art. 29 § 9, 72, art. 76 § 9, 21, art. 91 § 8, 20.

308. Les récusations ne pourront être proposées que contre les experts nommés d'office, à moins que les causes n'en soient survenues depuis la nomination et avant le serment. — Pr. 197, 237, 309, 310, 430.

309. La partie qui aura des moyens de récusation à proposer sera tenue de le faire dans les trois jours de la nomination, par un simple acte signé d'elle ou de son mandataire spécial, contenant les causes de récusation, et les preuves, si elle en a, ou l'offre de les vérifier par témoins; le délai ci-dessus expiré, la récusation ne pourra être proposée, et l'expert prêtera serment au jour indiqué par la sommation. — Pr. 310, 383,

---

(a) ORD. *avril* 1667, *tit.* XXI.

ART. 9. Si au jour de l'assignation l'une des parties ne comparé, ou qu'elle soit refusante de nommer ou convenir d'experts, le commissaire en nommera d'office pour la partie absente ou refusante, pour procéder à la visitation avec l'expert nommé par l'autre partie; et en cas de refus par l'une et l'autre des parties d'en nommer, le commissaire en nommera d'office; le tout sauf à récuser; et si la récusation est jugée valable, il en sera nommé d'autres en la place de ceux qui auront été récusés.

(b) ORD. *avril* 1667, *tit.* XXI.

ART. 10. Le commissaire ordonnera par le procès-verbal de nomination des experts, le jour et l'heure pour comparoir devant lui, et faire le serment; ce qu'ils seront tenus de faire sur la première assignation; et dans le même temps sera mis entre les mains l'arrêt ou jugement qui aura ordonné la visite, à quoi ils vaqueront incessamment.

1029, 1035. — T. 1er, art. 71 § 7, 17.

310. Les experts pourront être récusés par les motifs pour lesquels les témoins peuvent être reprochés. — Pr. 283, 284, 887. — C. 25. — P. 28, 34, 42, 43.

311. La récusation contestée sera jugée sommairement à l'audience, sur un simple acte, et sur les conclusions du ministère public; les juges pourront ordonner la preuve par témoins, laquelle sera faite dans la forme ci-après prescrite pour les enquêtes sommaires. — Pr. 83, 312 s., 403 s. — T. 1er, art. 71 § 8, 17.

312. Le jugement sur la récusation sera exécutoire, nonobstant l'appel. — Pr. 135, 391, 443 s.

313. Si la récusation est admise, il sera d'office, par le même jugement, nommé un nouvel expert ou de nouveaux experts à la place de celui ou de ceux récusés. — Pr. 310.

314. Si la récusation est rejetée, la partie qui l'aura faite sera condamnée en tels dommages et intérêts qu'il appartiendra, même envers l'expert, s'il le requiert; mais, dans ce dernier cas, il ne pourra demeurer expert. — Pr. 128, 390. — C. 1146 s.

315. Le procès-verbal de prestation de serment contiendra indication, par les experts, du lieu et des jour et heure de leur opération. — En cas de présence des parties ou de leurs avoués, cette indication vaudra sommation. — En cas d'absence, il sera fait sommation aux parties, par acte d'avoué, de se trouver aux jour et heure que les experts auront indiqués. — Pr. 287, 280, 307 et la note, 316, 1034. — T. 1er, art. 70 § 24, 89, article 81 § 8, 20.

316. Si quelque expert n'accepte point la nomination, ou ne se présente point, soit pour le serment, soit pour l'expertise, aux jour et heure indiqués, les parties s'accorderont sur-le-champ pour en nommer un autre à sa place; sinon la nomination pourra être faite d'office par le tribunal. — L'expert qui, après avoir prêté serment, ne remplira pas sa mission, pourra être condamné par le tribunal qui l'avait commis, à tous les frais frustratoires, et même aux dommages-intérêts, s'il y échet. — Pr. 128, 303 s., 320, 1031. — C. 1146 s., 1149.

317. Le jugement qui aura ordonné le rapport, et les pièces nécessaires, seront remis aux experts; les parties pourront faire tels dires et réquisitions qu'elles jugeront convenables; il en sera fait mention dans le rapport; il sera rédigé sur le lieu contentieux, ou dans le lieu et aux jour et heure qui seront indiqués par les experts. — La rédaction sera écrite par un des experts et signée par tous; s'ils ne savent pas tous écrire, elle sera écrite et signée par le greffier de la justice de paix du lieu où ils auront procédé. — Pr. 207, 236, 307 note, 956. — T. 1er, art. 15, 91 § 12, 34.

318. Les experts dresseront un seul rapport; ils ne formeront qu'un seul avis à la pluralité des voix. — Ils indiqueront néanmoins, en cas d'avis différens, les motifs des divers avis, sans faire connaître quel a été l'avis personnel de chacun d'eux (a). — Pr. 210, 322 s., 956. — C. 824, 1679.

319. La minute du rapport sera déposée au greffe du tribunal qui aura ordonné l'expertise, sans nouveau serment de la part des experts; leurs vacations seront taxées par le président au bas de la minute; et il en sera délivré exécutoire contre la partie qui aura requis l'expertise, ou qui l'aura poursuivie si elle a été ordonnée d'office (b). — Pr. 130, 209, 277, 301, 957. — C. 2002.

320. En cas de retard ou de refus de la part des experts de déposer leur rapport, ils pourront être assignés à trois jours, sans préliminaire de conciliation, par-devant le tribunal qui les aura commis, pour se voir condamner, même par corps s'il y échet, à faire ledit dépôt; il y sera statué sommairement et sans instruction. — Pr. 49, 61, 72, 318.— T. 1er, art. 159 s.

321. Le rapport sera levé et signifié à avoué par la partie la plus diligente; l'audience sera poursuivie sur un simple acte. — Pr. 82, 286, 299. — T. 1er, art. 70 § 25, 39.

322. Si les juges ne trouvent point dans le rapport les éclaircissemens suffisans, ils pourront ordonner d'office une nouvelle expertise, par un ou plusieurs experts qu'ils nommeront également d'office, et qui pourront demander aux précédens experts les renseignemens qu'ils trouveront convenables (c). — Pr. 323.

323. Les juges ne sont point astreints à suivre l'avis des experts, si leur conviction s'y oppose. — Pr. 322 et la note.— Secus C. 1678. — Supp. *Enregistrement*, L. 22 frim. an VII, art. 17 s.

(a) ORD. *avril* 1667, *tit.* XXI.

ART. 13. Si les experts sont contraires en leur rapport, le juge nommera d'office un tiers qui sera assisté des autres en la visite; et si tous les experts conviennent, ils donneront un seul avis et par un même rapport, sinon donneront chacun leur avis.

(b) ORD. *avril* 1667, *tit.* XXI.

ART. 12. Les experts délivreront au commissaire leur rapport en minute pour être attaché à son procès-verbal et transcrit dans la grosse en même cahier.

11. Abrogeons l'usage de faire recevoir en justice les procès-verbaux des descentes et rapports des experts, et pourront les parties les produire ou les contester si bon leur semble.

(c) COUTUME DE PARIS.

ART. 181. En toutes matières subjectes à visitation, les parties doivent convenir en jugement de jurez ou experts, et gens à ce cognoissans, qui font le serment par-devant le juge. Et doit estre le rapport apporté en justice pour en plaidant ou jugeant le procès, y avoir tel esgard que de raison, sans qu'on puisse demander amendement. Peut néanmoins le juge ordonner autre ou plus ample visitation estre faite s'il y eschet Et où les parties ne conviennent de personnes, le juge en nomme d'office.

TITRE QUINZIÈME.

DE L'INTERROGATOIRE SUR FAITS ET ARTICLES.

324. Les parties peuvent, en toutes matières et en tout état de cause, demander de se faire interroger respectivement sur faits et articles pertinens concernant seulement la matière dont est question, sans retard de l'instruction ni du jugement *(a)*. — Pr. 9, 10, 119, 428.

325. L'interrogatoire ne pourra être ordonné que sur requête contenant les faits et par jugement rendu à l'audience : il y sera procédé, soit devant le président, soit devant un juge par lui commis. — Pr. 324 *et la note*, 328. — T. 1er, art. 79 § 1, 5.

326. En cas d'éloignement, le président pourra commettre le président du tribunal dans le ressort duquel la partie réside, ou le juge de paix du canton de cette résidence. — Pr. 324 *note*, 1035.

327. Le juge commis indiquera, au bas de l'ordonnance qui l'aura nommé, les jour et heure de l'interrogatoire; le tout sans qu'il soit besoin de procès-verbal contenant réquisition, ou délivrance de son ordonnance *(b)*.

328. En cas d'empêchement légitime de la partie, le juge se transportera au lieu où elle est retenue *(c)*. — Pr. 332.

329. Vingt-quatre heures au moins avant l'interrogatoire, seront signifiées par le même exploit, à personne ou domicile, la requête et les ordonnances du tribunal, du président ou du juge qui devra procéder à l'interrogatoire, avec assignation donnée par un huissier qu'il aura comf. is à cet effet *(d)*. — Pr. 333. — T. 1er, art. 29 § 10, 72.

330. Si l'assigné ne com-

(a) Ord. *avril 1667, tit. x.*

Art. 1er. Permettons aux parties de se faire interroger en tout état de cause sur faits et articles pertinens, concernant seulement la matière dont est question, par-devant le juge où le différend est pendant ; et, en cas d'absence de la partie, par-devant le juge qui sera par lui commis : le tout sans retardation de l'instruction et jugement.

(b) Ord. *avril 1667, tit. x.*

Art. 2. Les assignations pour répondre sur faits et articles seront données en vertu d'ordonnance du juge sans commission du greffe, encore que la partie fût demeurante hors du lieu où

le différend est pendant, et sans que pour l'ordonnance le juge et le greffier puissent prétendre aucune chose.

(c) Ord. *avril 1667, tit. x*

Art. 6. La partie répondra en personne, et non par procureur ni par écrit ; et en cas de maladie ou empêchement légitime, le juge se transportera en son domicile pour recevoir son interrogatoire.

(d) Ord. *avril 1667, tit. x.*

Art. 3. L'assignation sera donnée à personne ou domicile de la partie, et non à aucun domicile élu ni à celui du procureur, et sera donné copie de l'ordonnance du juge et des faits et articles.

paraît pas ou refuse de répondre après avoir comparu, il en sera dressé procès-verbal sommaire, et les faits pourront être tenus pour avérés (a). — Pr. 194, 428.

331. Si, ayant fait défaut sur l'assignation, il se présente avant le jugement, il sera interrogé, en payant les frais du premier procès-verbal et de la signification, sans répétition (b). — Pr. 330.

332. Si, au jour de l'interrogatoire, la partie assignée justifie d'empêchement légitime, le juge indiquera un autre jour pour l'interrogatoire, sans nouvelle assignation. — Pr. 331.

333. La partie répondra en personne, sans pouvoir lire aucun projet de réponse par écrit, et sans assistance de conseil, aux faits contenus en la requête, même à ceux sur lesquels le juge l'interrogera d'office; les réponses seront précises et pertinentes sur chaque fait, et sans aucun terme calomnieux ni injurieux: ce-lui qui aura requis l'interrogatoire ne pourra y assister (c). — Pr. 234, 271, 328 *et la note.*

334. L'interrogatoire achevé sera lu à la partie, avec interpellation de déclarer si elle a dit vérité et persiste: si elle ajoute, l'addition sera rédigée en marge ou à la suite de l'interrogatoire; elle lui sera lue, et il lui sera fait la même interpellation: elle signera l'interrogatoire et les additions; et si elle ne sait ou ne veut signer, il en sera fait mention. — Pr. 272.

335. La partie qui voudra faire usage de l'interrogatoire le fera signifier, sans qu'il puisse être un sujet d'écritures de part ni d'autre. — Pr. 1031. — T. 1er, art. 70 § 26, 39.

336. Seront tenues les administrations d'établissemens publics de nommer un administrateur ou agent pour répondre sur les faits et articles qui leur auront été communiqués: elles donneront, à cet effet, un pouvoir spécial dans

---

(a) ORD. *avril 1667, tit.* X.

ART. 4. Si la partie ne comparе aux jour et lieu qui seront assignés, ou fait refus de répondre, sera dressé un procès-verbal sommaire faisant mention de l'assignation et du refus; et sur le procès-verbal seront les faits tenus pour confessés et avérés en toutes juridictions et justices, même en nos cours de parlement, grand conseil, chambre des comptes, cours des aides, et autres nos cours, sans obtenir aucun arrêt ou jugement, et sans réassignation.

(b) ORD. *avril 1667, tit.* X.

ART. 5. Voulons néanmoins que si la partie se présente avant le jugement du procès pour su-bir l'interrogatoire, elle soit reçue à répondre, à la charge de payer les frais de l'interrogatoire et d'en bailler copie à la partie, même de rembourser les dépens du premier procès-verbal, sans les pouvoir répéter et sans retardation du jugement du procès.

(c) ORD. *avril 1667, tit.* X.

ART. 7. Le juge, après avoir pris le serment, recevra les réponses sur chacun fait et article, et pourra même d'office interroger sur aucuns faits, quoiqu'il n'en ait été donné copie.

8. Les réponses seront précises et pertinentes sur chacun fait, et sans aucun terme injurieux ni calomnieux.

lequel les réponses seront expliquées et affirmées véritables, sinon les faits pourront être tenus pour avérés; sans préjudice de faire interroger les administrateurs et agens sur les faits qui leur seront personnels, pour y avoir, par le tribunal, tel égard que de raison (a). — Pr. 833, 1032.

TITRE SEIZIÈME.

DES INCIDENS.

§ Ier.

Des Demandes incidentes.

337. Les demandes incidentes seront formées par un simple acte contenant les moyens et les conclusions, avec offre de communiquer les pièces justificatives sur récépissé, ou par dépôt au greffe. — Le défendeur à l'incident donnera sa réponse par un simple acte (b). — Pr. 77, 82, 188 s., 408, 1031. — T. Ier, art. 71 § 9, 17.

338. Toutes demandes incidentes seront formées en même temps; les frais de celles qui seraient proposées postérieurement, et dont les causes auraient existé à l'époque des premières, ne pourront être répétés. — Les demandes incidentes seront jugées par préalable, s'il y a lieu; et, dans les affaires sur lesquelles il aura été ordonné une instruction par écrit, l'incident sera porté à l'audience, pour être statué ce qu'il appartiendra. — Pr. 134, 186, 288, 337 et la note, 344, 473, 1031.

§ II.

De l'Intervention.

339. L'intervention sera des demandes incidentes, prend des lettres ou interjette des appellations des jugemens et appointemens qui auront été produits, elle sera tenue de faire tous les incidens par une même requête, laquelle sera réglée en la forme ci-dessus ordonnée; et à faute de ce faire, les autres incidens qui seront formés ensuite par la même partie, avec les pièces justificatives qui les concerneront, seront joints au procès, pour sur ces incidens, ensemble sur les requêtes et pièces qui pourront être jointes de la part de l'autre partie, y être fait droit définitivement ou autrement; et à cette fin les parties seront tenues se communiquer les requêtes et pièces dont ils entendent se servir.

(a) Ord. avril 1667, tit. X.

Art. 9. Seront tenus les chapitres, corps et communautés, nommer un syndic, procureur ou officier, pour répondre sur les faits et articles qui lui auront été communiqués, et, à cette fin, passeront un pouvoir spécial dans lequel les réponses seront expliquées et affirmées véritables; autrement seront les faits tenus pour confessés et avérés, sans préjudice de faire interroger les syndics, procureurs et autres qui ont agi par les ordres de la communauté, sur les faits qui les concerneront en particulier, pour y avoir par le juge tel égard que de raison.

(b) Ord. avril 1667, tit. XI.

Art. 27. Si durant le cours d'un procès une des parties forme

formée par requête qui contiendra les moyens et conclusions, dont il sera donné copie ainsi que des pièces justificatives (*a*). — Pr. 49 3°, 65, 340 s., 406, 466, 536. — T. 1er, art. 75 § 10, 24.

340. L'intervention ne pourra retarder le jugement de la cause principale, quand elle sera en état. — Pr. 343.

341. Dans les affaires sur lesquelles il aura été ordonné une instruction par écrit, si l'intervention est contestée par l'une des parties, l'incident sera porté à l'audience. — Pr. 95 s., 338.

TITRE DIX-SEPTIÈME.

DES REPRISES D'INSTANCES, ET CONSTITUTION DE NOUVEL AVOUÉ.

342. Le jugement de l'affaire qui sera en état ne sera différé, ni par le changement d'état des parties, ni par la cessation des fonctions dans lesquelles elles procédaient, ni par leur mort, ni par les décès, démissions, interdictions ou destitutions de leurs avoués (*b*). — Pr. 75, 93, 109, 148, 343, 397, 426, 1038.

343. L'affaire sera en état, lorsque la plaidoirie sera commencée ; la plaidoirie sera réputée commencée, quand les conclusions auront été contradictoirement prises à l'audience.—Dans les affaires qui s'instruisent par écrit, la cause sera en état quand l'instruction sera complète, ou quand les délais pour les productions et réponses seront expirés. — Pr. 95-100, 342, 869.

344. Dans les affaires qui ne seront pas en état, toutes procédures faites postérieurement à la notification de la mort de l'une des parties seront nulles : il ne sera pas besoin de signifier les décès, démissions, interdictions ni destitutions des avoués ; les poursuites faites et les jugemens obtenus depuis seront nuls, s'il n'y a constitution de nouvel avoué (*c*). — Pr. 75, 148, 162, 346 s., 447, 1029, 1038. — T. 1er, art. 70 § 27, 39.

345. Ni le changement d'é-

(*a*) Ord. avril 1667, tit. XXVI.

Art. 28. Toutes requêtes d'intervention, tant en première instance qu'en cause d'appel, en contiendront les moyens, et en sera baillé copie et des pièces justificatives pour en venir à l'audience des siéges et cours où le procès principal sera pendant, pour être plaidées et jugées contradictoirement ou par défaut, sur la première assignation, même ès chambres des enquêtes de nos cours de parlement. Ce que nous voulons être observé, à peine de nullité et de cassation des jugemens et arrêts qui pourroient intervenir, et de répétition de tous dommages et intérêts solidairement, tant contre les parties que contre les procureurs en leur nom.

(*b*) Ord. avril 1667, tit. XXVI.

Art. 1er. Le jugement de l'instance ou procès qui sera en état de juger, ne sera différé par la mort des parties ni de leurs procureurs.

(*c*) Ord. avril 1667, tit. XXVI.

Art. 2. Si la cause, instance ou procès n'étaient en état, les

lat des parties, ni la cessation des fonctions dans lesquelles elles procédaient, n'empêcheront la continuation des procédures. — Néanmoins le défendeur qui n'aurait pas constitué avoué avant le changement d'état ou le décès du demandeur, sera assigné de nouveau à un délai de huitaine, pour voir adjuger les conclusions, et sans qu'il soit besoin de conciliation préalable. — Pr. 49 7°, 72 s., 75, 1033, 1038.

346. L'assignation en reprise ou en constitution sera donnée aux délais fixés au titre *des Ajournemens*, avec indiction des noms des avoués qui occupaient et du rapporteur, s'il y en a. — Pr. 72 s., 93, 95, 345.

347. L'instance sera reprise par acte d'avoué à avoué. — T. 1er, art. 71 § 10, 17.

348. Si la partie assignée en reprise conteste, l'incident sera jugé sommairement. —
Pr. 346, 404 s. — T. 1er, art. 75 § 11, 24.

349. Si, à l'expiration du délai, la partie assignée en reprise ou en constitution ne comparaît pas, il sera rendu jugement qui tiendra la cause pour reprise, et ordonnera qu'il sera procédé suivant les derniers erremens, et sans qu'il puisse y avoir d'autres délais que ceux qui restaient à courir. — Pr. 149 s., 346, 350 s.

350. Le jugement rendu par défaut contre une partie, sur la demande en reprise d'instance ou en constitution de nouvel avoué, sera signifié par un huissier commis : si l'affaire est en rapport, la signification énoncera le nom du rapporteur. — Pr. 95, 156, 351. — T. 1er, art. 29 § 11, 72.

351. L'opposition à ce jugement sera portée à l'audience, même dans les affaires en rapport. — Pr. 95, 157 s., 165, 350.

TITRE DIX-HUITIÈME.

DU DÉSAVEU.

352. Aucunes offres, aucun aveu ou consentement, ne pourront être faits, donnés ou acceptés sans un pouvoir spécial, à peine de désaveu. — Pr. 49 7°, 132, 353 s., 860 et la note, 812 s. — C. 1109, 1287 s., 1356, 1987.

353. Le désaveu sera fait au greffe du tribunal qui devra en connaître, par un acte signé de la partie, ou du porteur de sa procuration spéciale et authentique : l'acte contiendra les moyens, conclusions, et constitutions d'avoué. — Pr. 352, 354 s. — C. 1317, 1987. — T. 1er, art. 92 § 13, 34.

354. Si le désaveu est formé dans le cours d'une instance encore pendante, il sera signifié, sans autre demande,

procédures faites et les jugemens intervenus depuis le décès de l'une des parties ou d'un procureur, ou quand le procureur ne peut plus postuler, soit qu'il ait résigné ou autrement, seront nuls, s'il n'y a reprise ou constitution de nouveau procureur.

par acte d'avoué, tant à l'avoué contre lequel le désaveu est dirigé, qu'aux autres avoués de la cause; et ladite signification vaudra sommation de défendre au désaveu. — Pr. 355 s. — T. 1er, art. 70 § 28, 39, art. 75 § 12, 24.

355. Si l'avoué n'exerce plus ses fonctions, le désaveu sera signifié par exploit à son domicile; s'il est mort, le désaveu sera signifié à ses héritiers, avec assignation au tribunal où l'instance est pendante, et notifié aux parties de l'instance, par acte d'avoué à avoué. — Pr. 354. — T. 1er, art. 29 § 12, 72, art. 70 § 28, 39.

356. Le désaveu sera toujours porté au tribunal devant lequel la procédure désavouée aura été instruite, encore que l'instance dans le cours de laquelle il est formé soit pendante en un autre tribunal; le désaveu sera dénoncé aux parties de l'instance principale, qui seront appelées dans celle de désaveu. — Pr. 49 7°, 59, 358.

357. Il sera sursis à toute procédure et au jugement de l'instance principale, jusqu'à celui du désaveu, à peine de nullité; sauf cependant à ordonner que le désavouant fera juger le désaveu dans un délai fixe, sinon qu'il sera fait droit. — Pr. 1029.

358. Lorsque le désaveu concernera un acte sur lequel il n'y a point d'instance, la demande sera portée au tribunal du défendeur. — Pr. 59, 332, 356.

359. Toute demande en désaveu sera communiquée au ministère public. — Pr. 83 s.

360. Si le désaveu est déclaré valable, le jugement, ou les dispositions du jugement relatives aux chefs qui ont donné lieu au désaveu, demeureront annulés et comme non avenus; le désavoué sera condamné, envers le demandeur et les autres parties, en tous dommages-intérêts, même puni d'interdiction, ou poursuivi extraordinairement, suivant la gravité du cas et la nature des circonstances (a). — Pr. 128, 132, 332, 361, 1029.— C. 1140.

361. Si le désaveu est rejeté, il sera fait mention du jugement de rejet en marge de l'acte de désaveu, et le demandeur pourra être condamné, envers le désavoué et les autres parties, en tels dommages et réparations qu'il appartiendra. — Pr. 128, 360.— C. 1146 s. — T. 1er, art. 91 § 9, 20.

362. Si le désaveu est formé à l'occasion d'un jugement qui aura acquis force de chose jugée, il ne pourra être reçu après la huitaine, à dater du jour où le jugement devra être réputé exécuté, aux termes de l'article 159 ci-dessus. — Pr. 356.

(a) Sous l'empire de l'Ord. d'avril 1667, tit. XXXV, art. 34, on était obligé de prendre d'abord la voie d'opposition, d'appel, ou de requête civile, contre le jugement qu'on voulait faire annuler, pour introduire ensuite incidemment la demande en désaveu; aujourd'hui un seul jugement suffit pour faire annuler les actes désavoués et le jugement qui en a été la conséquence.

TITRE DIX-NEUVIÈME.

DES RÉGLEMENS DE JUGES.

363. Si un différend est porté à deux ou à plusieurs tribunaux de paix ressortissant au même tribunal, le réglement de juges sera porté à ce tribunal. — Si les tribunaux de paix relèvent de tribunaux différens, le réglement de juges sera porté à la cour royale. — Si ces tribunaux ne ressortissent pas à la même cour royale, le réglement sera porté à la cour de cassation. — Si un différend est porté à deux ou à plusieurs tribunaux de première instance ressortissant à la même cour royale, le réglement de juges sera porté à celle cour : il sera porté à la cour de cassation, si les tribunaux ne ressortissent pas tous à la même cour royale, ou si le conflit existe entre une ou plusieurs cours. — **Pr.** 49 7°, 83 4°, 171, 368 s. — **I. Cr.** 525. — Supp. *Conflit (a)*.

364. Sur le vu des demandes formées dans différens tribunaux, il sera rendu, sur requête, jugement portant permission d'assigner en réglement, et les juges pourront ordonner qu'il sera sursis à toutes procédures dans lesdits tribunaux *(b)*. — **Pr.** 83, 363, 385 s. — **J. Cr.** 528 s. — **T.** 1er, art. 78 § 1, 19.

365. Le demandeur signi-

(a) Ord. *août 1737, tit.* 11.

ART. 1er. Lorsque deux de nos cours, ou deux juridictions inférieures indépendantes l'une de l'autre, et non ressortissantes en même cour, seront saisies d'un même différend, les parties pourront se pourvoir en réglement de juges, et sur le vu des exploits qui leur auront été donnés dans lesdites cours ou juridictions, il leur sera expédié des lettres en notre chancellerie, portant permission de faire assigner les autres parties en notre conseil ; ou accordé un arrêt sur leur requête, par lequel il sera ordonné que ladite requête sera communiquée auxdites parties, pour être statué sur le réglement de juges, ainsi qu'il appartiendra.

L. 27 vent. an VIII.

ART. 76. Outre les fonctions données au tribunal de cassation par l'article 65 de la constitution, il prononcera, sur les réglemens de juges, quand le conflit s'élévera entre plusieurs tribunaux d'appel ou entre plusieurs tribunaux de première instance non ressortissant au même tribunal d'appel.

Nota. Suivant l'article 2 du décret du 27 nov.–1er déc. 1790, le tribunal de cassation prononçait sur les réglemens de juges.

(b) Ord. *août 1737, tit.* 11.

ART. 7. Les lettres ou arrêt qui introduiront le réglement de juges, feront mention des assignations ou des jugemens sur lesquels le conflit aura été formé ; et seront lesdites pièces attachées sous le contre-scel desdites lettres, ou de la commission prise sur ledit arrêt, pour en être laissé copie à la partie ; le tout à peine de nullité.

8. Les lettres ou l'arrêt porteront clause de surséance à toutes poursuites et procédures dans les juridictions saisies du différend des parties.

tiera le jugement et assignera les parties au domicile de leurs avoués. — Le délai pour signifier le jugement et pour assigner sera de quinzaine, à compter du jour du jugement. — Le délai pour comparaître sera celui des ajournemens, en comptant les distances d'après le domicile respectif des avoués (*a*). — Pr. 72, 75, 364, 366, 1033. — T. 1er, art. 29 § 13, 72.

366. Si le demandeur n'a pas assigné dans les délais ci-dessus, il demeurera déchu du réglement de juges, sans qu'il soit besoin de le faire ordonner; et les poursuites pourront être continuées dans le tribunal saisi par le défendeur en réglement (*b*). — Pr. 365, 1029.

367. Le demandeur qui succombera pourra être condamné aux dommages-intérêts envers les autres parties (*c*). — Pr. 128. — C. 1149 s. — I. Cr. 541.

(*a*) Ord. *août 1737, tit.* II.

Art. 9. Lesdites lettres, ou ledit arrêt, seront signifiés dans les délais ci-après marqués, savoir, de deux mois, à l'égard des parties domiciliées dans le ressort de nos parlemens ou autres cours de Languedoc, Pau, Guienne, Aix, Grenoble, Besançon, Metz et Bretagne, ou conseils supérieurs de Roussillon et d'Alsace; et d'un mois pour les parties domiciliées dans les ressorts des parlemens et autres cours de Paris, Rouen, Dijon, Douai et conseil provincial d'Artois, en ce qui concerne la juridiction criminelle dans les cas où il y a droit de connaître en dernier ressort, à la réserve toutefois des parties domiciliées dans l'étendue de la ville de Paris, ou dans les dix lieues à la ronde, à l'égard desquelles le délai de l'assignation ne sera que de quinzaine.

10. Tous les délais marqués par l'article précédent courront du jour et date des lettres ou de l'arrêt.

(*b*) Ord. *août 1737, tit.* II.

Art. 13. Faute par le demandeur d'avoir satisfait à ce qui est porté dans les articles 9, 10, 11, 12, il demeurera déchu de plein droit desdites lettres ou dudit arrêt, qui seront regardés comme non avenus, et les parties contre lesquelles ils auront été obtenus, pourront continuer leurs poursuites dans le tribunal qu'elles avaient saisi de leur contestation, ainsi qu'elles l'auraient pu faire avant lesdites lettres ou ledit arrêt, sans qu'il soit besoin de le faire ordonner ainsi par arrêt de nôtre conseil.

(*c*) Ord. *août 1737, tit.* II.

Art. 20. Désirant néanmoins empêcher l'abus que plusieurs parties font des instances de réglement de juges qu'elles introduisent en notre conseil, ou auxquelles elles donnent lieu, dans la seule vue d'éloigner le jugement du fond de leur contestation, voulons que ceux qui succomberont dans lesdites instances, puissent être condamnés en notre conseil, s'il y échet, en la même amende, et applicable de la même manière, que les évoquans qui succombent dans leurs demandes, suivant ce qui est porté par l'article 78 de notre présente ordonnance, au titre *des Évocations* (Pr. 374, *note*), et en outre, aux dépens, dommages et intérêts de leurs parties, laquelle amende pourra même être augmentée dans les cas qui le mériteront, ainsi qu'il sera jugé à propos en notre conseil.

TITRE VINGTIÈME.

DU RENVOI A UN AUTRE TRIBUNAL POUR PARENTÉ OU ALLIANCE.

368. Lorsqu'une partie aura deux parens ou alliés, jusqu'au degré de cousin issu de germain inclusivement, parmi les juges d'un tribunal de première instance, ou trois parens ou alliés au même degré dans une cour royale ; ou lorsqu'elle aura un parent audit degré parmi les juges du tribunal de première instance, ou deux parens dans la cour royale, et qu'elle-même sera membre du tribunal ou de cette cour, l'autre partie pourra demander le renvoi (1). — Pr. 49 7°, 83 4°, 369, 378. — C. 733 s. (a).

369. Le renvoi sera demandé avant le commencement de la plaidoirie ; et, si l'affaire est en rapport, avant que l'instruction soit achevée, ou que les délais soient expirés ; sinon il ne sera plus re-

---

(1) CONST. 22 *frim.* an *VIII.*

ART. 65. Il y a pour toute la République, un tribunal de cassation, qui prononce sur les demandes en cassation contre les jugemens en dernier ressort rendus par les tribunaux ; sur les demandes en renvoi d'un tribunal à un autre pour cause de suspicion légitime ou de sûreté publique ; sur les prises à partie contre un tribunal entier.

(a) ORD. *août* 1737, *tit.* 1er.

ART. 2. On pourra évoquer du chef des parens ou alliés en ligne directe, ascendante ou descendante, même en collatérale, à l'égard de ceux qui représentent les parens ou alliés en ligne directe, comme oncles, grands-oncles, neveux et petits-neveux, le tout en quelque degré qu'ils soient.

3. Il sera pareillement permis d'évoquer du chef des parens et alliés en ligne collatérale jusqu'au troisième degré inclusivement, et seront, en ce cas, les degrés comptés en ligne transversale ; savoir, les frères et sœurs, beaux-frères et belles-sœurs, pour le premier degré ; les cousins ger-mains, pour le second et les issus de germains pour le troisième.

4. Et où il se trouverait des parentés ou alliances d'un degré plus proche à un degré plus éloigné, elles seront comptées sur le pied du degré le plus éloigné.

5. Les alliés ne pourront être comptés au nombre de ceux du chef desquels il sera permis d'évoquer, lorsque le mariage qui avait produit l'alliance ne subsistera plus, et qu'il n'y en aura point d'enfans existans lors de l'évocation.

6. Lorsque l'évoqué et l'officier duquel l'évocation sera demandée, se trouveront avoir épousé les deux sœurs, ledit officier ne pourra être compté au nombre des alliés de l'évoqué, qu'en cas que les deux mariages subsistent dans le temps de l'évocation, ou qu'il y ait des enfans de l'un desdits deux mariages, qui soient vivans audit temps, encore que les deux sœurs soient décédées, ou l'une d'elles.

Nota. L'article 7 fixe dans les différens parlemens le nombre des parens et alliés, nécessaire pour pouvoir évoquer.

cu (*a*).—Pr. 98-103, 343, 382, 1029. — I. Cr. 543.

370. Le renvoi sera proposé par acte au greffe, lequel contiendra les moyens, et sera signé de la partie ou de son fondé de procuration spéciale et authentique (*b*). — Pr. 45, 383, 384, 391. — C. 1317, 1987. — T. 1er, art. 92 § 14, 34.

371. Sur l'expédition dudit acte, présentée avec les pièces justificatives, il sera rendu jugement qui ordonnera, 1o la communication aux juges à raison desquels le renvoi est demandé, pour faire, dans un délai fixe, leur déclaration au bas de l'expédition du jugement; 2o la communication au ministère public; 3o le rapport, à jour indiqué, par l'un des juges nommés par ledit jugement (*c*). — Pr. 83, 385 s. — I. Cr. 546 s.

372. L'expédition de l'acte

(*a*) Ord. *août* 1737, *tit.* 1er.

Art. 28. Les causes et les procès dont la plaidoirie ou le rapport auront été commencés, ne pourront être évoqués sous prétexte de parentés ou alliances, et lorsque l'affaire sera en cet état lors de l'évocation, l'évoqué rapportera pour le justifier, savoir, à l'égard des causes d'audience, un certificat du greffier, portant que la plaidoirie a été commencée; et pour le procès par écrit, un arrêt sur requête qui sera rendu par la chambre où le procès sera pendant, lequel portera que le rapport du procès a été commencé, et en conséquence sur la simple requête de l'évoqué, à laquelle ledit certificat ou ledit arrêt sera attaché, il sera ordonné en notre conseil qu'il sera passé outre au jugement de la cause ou du procès, et l'évoquant condamné à l'amende et aux dépens.

(*b*) Ord. *août* 1737, *tit.* 1er.

Art. 37. Les parties qui prétendront évoquer sur parentés et alliances, seront tenues de faire signifier au domicile du procureur de la partie évoquée, une cédule évocatoire contenant la qualité et l'état du procès, les noms et surnoms des parens et alliés, et leur degré de parenté et alliance, avec sommation de les reconnaître, et de consentir à l'évocation, et au renvoi à celles des cours qui sont marquées par les articles 33, 34 et 35. Et en cas d'exception de ladite cour de la part de l'évoquant, il sera tenu d'en marquer les causes et moyens dans la cédule évocatoire, à peine de nullité.

(*c*) Ord. *août* 1737, *tit.* 1er.

Art. 15 Dans tous les cas où l'évocation doit avoir lieu, soit par la reconnaissance, ou le silence du défendeur, soit par le consentement par écrit de toutes les parties, l'évoquant se pourvoira en notre grande chancellerie pour obtenir des lettres d'évocation consentie avec attribution de juridiction à la cour à laquelle le renvoi devra être fait, ou aura été consenti, ce que ledit évoquant sera tenu de faire dans deux mois, pour les affaires pendantes aux parlemens et autres cours de Languedoc, Guienne, Grenoble, Aix, Pau, Besançon et Rennes; et dans un mois, pour les affaires pendantes aux parlemens et aux cours de Paris, Rouen, Dijon et Metz; le tout à compter du jour de la reconnaissance des parentés et alliances, ou de l'expiration du terme dans lequel elles doivent être reconnues ou déniées, suivant ce qui est porté ci-dessus, ou du consentement donné par écrit à l'évo-

à fin de renvoi, les pièces y annexées, et le jugement mentionné en l'article précédent, seront signifiés aux autres parties. — Pr. 370 *note.* — T. 1er, art. 70 § 29, 39.

373. Si les causes de la demande en renvoi sont avouées ou justifiées dans un tribunal de première instance, le renvoi sera fait à l'un des autres tribunaux ressortissant en la même cour royale; et, si c'est dans une cour royale, le renvoi sera fait à l'une des trois cours les plus voisines. — Pr. 375. — T. 1er, art. 75 § 13, 24.

374. Celui qui succombera sur sa demande en renvoi sera condamné à une amende qui ne pourra être moindre de cinquante francs, sans préjudice des dommages-intérêts de la partie, s'il y a lieu (a). — Pr. 128, 390, 1029. — C. 1149.

375. Si le renvoi est prononcé, qu'il n'y ait pas d'appel, ou que l'appelant ait succombé, la contestation sera portée devant le tribunal qui devra en connaître, sur simple assignation; et la procédure y sera continuée suivant ses derniers erremens (b). — Pr. 373, 376.

376. Dans tous les cas, l'appel du jugement de renvoi sera suspensif. — Pr. 877, 457.

377. Sont applicables audit appel les dispositions des articles 392, 393, 394, 395, titre *de la Récusation,* ci-après.

TITRE VINGT-UNIÈME.

DE LA RÉCUSATION.

378. Tout juge peut être récusé pour les causes ci-après:

—1° S'il est parent ou allié des parties, ou de l'une d'elles,

---

cation et au renvoi, et seront lesdites lettres d'évocation consentie expédiées, en rapportant préalablement la cédule évocatoire; la réponse à ladite cédule, si aucune y a été faite, ou le consentement par écrit des parties, ou les significations dont les dates justifieront que les délais ci-dessus prescrits seront expirés, lesquelles pièces demeureront attachées sous le contre-scel desdites lettres.

(a) Ord. *août* 1737, *tit.* 1er.
Art. 79. L'évoquant qui succombera en matière civile ou criminelle, de quelque manière ou en quelques termes que la prononciation soit conçue, et pareillement celui qui se désistera de son évocation, sans qu'il soit survenu de nouveau aucune des causes portées en l'article 18 de la présente ordonnance, seront condamnés en tous les dépens, et en trois cents livres d'amende envers nous, et en cent cinquante livres envers la partie, lesquelles amendes ne pourront être remises ni modérées.

(b) Ord. *août* 1737, *tit.* 1er.
Art. 82. Les causes et procès évoqués seront jugés par les cours auxquelles le renvoi en aura été fait suivant les lois, coutumes et usages des lieux d'où ils auront été évoqués, à peine de nullité des jugemens et arrêts qui seraient rendus au contraire, pour raison de quoi les parties pourront se pourvoir par-devers nous en notre conseil.

jusqu'au degré de cousin issu de germain inclusivement; — 2º Si la femme du juge est parente ou alliée de l'une des parties, ou si le juge est parent ou allié de la femme de l'une des parties, au degré ci-dessus, lorsque la femme est vivante, ou qu'étant décédée, il en existe des enfans : si elle est décédée et qu'il n'y ait point d'enfans, le beau-père, le gendre ni les beaux-frères ne pourront être juges; — La disposition relative à la femme décédée s'appliquera à la femme *divorcée* (1), s'il existe des enfans du mariage dissous; — 3º Si le juge, sa femme, leurs ascendans et descendans, ou alliés dans la même ligne, ont un différend sur pareille question que celle dont il s'agit entre les parties; — 4º S'ils ont un procès en leur nom dans un tribunal où l'une des parties sera juge; s'ils sont créanciers, ou débiteurs d'une des parties; — 5º Si, dans les cinq ans qui ont précédé la récusation, il y a eu procès criminel entre eux et l'une des parties, ou son conjoint, ou ses parens ou alliés en ligne directe; — 6º S'il y a procès civil entre le juge, sa femme, leurs ascendans et descendans, ou alliés dans la même ligne, et l'une des parties, et que ce procès, s'il a été intenté par la partie, l'ait été avant l'instance dans laquelle la récusation est proposée; si, ce procès étant terminé, il ne l'a été que dans les six mois précédant la récusation; — 7º Si le juge est tuteur, subrogé tuteur ou curateur, héritier présomptif, ou donataire, maître ou commensal de l'une des parties; s'il est administrateur de quelque établissement, société ou direction, partie dans la cause; si l'une des parties est sa présomptive héritière; — 8º Si le juge a donné conseil, plaidé ou écrit sur le différend : s'il en a précédemment connu comme juge ou comme arbitre; s'il a sollicité, recommandé ou fourni aux frais du procès; s'il a déposé comme témoin; si, depuis le commencement du procès, il a bu ou mangé avec l'une ou l'autre des parties dans leur maison, ou reçu d'elle des présens; — 9º S'il y a inimitié capitale entre lui et l'une des parties; s'il y a eu, de sa part, agressions, injures ou menaces, verbalement ou par écrit, depuis l'instance, ou dans les six mois précédant la récusation proposée (*a*). — Pr. 44, 197, 363 s., 368 s., 514, 1014. — C. 208, 420, 450, 480, 499, 509, 513, 723.

379. Il n'y aura pas lieu à récusation, dans les cas où le juge serait parent du tuteur ou du curateur de l'une des deux parties, ou des membres ou administrateurs d'un établissement, société, direction ou union, partie dans la cause, à moins que lesdits tuteurs, administrateurs ou intéressés.

---

(1) L. 8 mai 1816 (p. 50).

(*a*) Les articles 1, 3, 4, 5, 6, 7, 8, 9, 10 et 11 du titre XXIV de l'ordonnance d'avril 1667, sur la réformation de la justice, énuméraient plusieurs causes de récusation; puis venait l'article 12 ainsi conçu :

« N'entendons aussi exclure les autres moyens de fait ou de droit, pour lesquels un juge pourrait être valablement récusé. »

n'aient un intérêt distinct ou personnel. — Pr. 378.

380. Tout juge qui saura cause de récusation en sa personne sera tenu de la déclarer à la chambre, qui décidera s'il doit s'abstenir (*a*). — Pr. 45 s., 383.

381. Les causes de récusation relatives aux juges sont applicables au ministère public lorsqu'il est partie jointe; mais il n'est pas récusable lorsqu'il est partie principale. — Pr. 83 s. — C. 114, 200.

382. Celui qui voudra récuser devra le faire avant le commencement de la plaidoirie; et, si l'affaire est en rapport, avant que l'instruction soit achevée, ou que les délais soient expirés, à moins que les causes de la récusation ne soient survenues postérieurement (*b*). — Pr. 90 s., 343, 369.

383. La récusation contre les juges commis aux descentes, enquêtes et autres opérations, ne pourra être proposée que dans les trois jours qui courront, 1º si le jugement est contradictoire, du jour du jugement; 2º si le jugement est par défaut et qu'il n'y ait pas d'opposition, du jour de l'expiration de la huitaine de l'opposition; 3º si le jugement a été rendu par défaut et qu'il y ait eu opposition, du jour du débouté d'opposition, même par défaut (*c*). — Pr. 155, 165, 1033.

384. La récusation sera proposée par un acte au greffe, qui en contiendra les moyens, et sera signé de la partie, ou du fondé de sa procuration authentique et spéciale, laquelle sera annexée à l'acte (*d*). — Pr. 370, 385 s. — C. 1317,

---

(*a*) Ord. *avril* 1667, *tit.* XXIV.

Art. 17. Tout juge qui saura causes valables de récusation en sa personne sera tenu, sans attendre qu'elles soient proposées, d'en faire sa déclaration qui sera communiquée aux parties.

18. Aucun juge ne pourra se déporter du rapport et jugement des procès qu'après avoir déclaré en la chambre les causes pour lesquelles il ne peut demeurer juge, et que sur sa déclaration il n'ait été ordonné qu'il s'abstiendra.

(*b*) Ord. *avril* 1667, *tit.* XXIV.

Art. 20. Après la déclaration du juge ou de l'une des parties, celui qui voudra récuser sera tenu de le faire dans la huitaine du jour que la déclaration aura été signifiée, après lequel temps il n'y sera plus reçu; mais si la partie est absente et que son procureur demande un délai pour

l'avertir et en recevoir procuration expresse, il lui sera accordé suivant la distance des lieux, sans que les délais puissent être prorogés pour quelque cause que ce soit.

(*c*) Ord. *avril* 1667, *tit.* XXIV.

Art. 22. Voulons, suivant l'article septième du titre *des Descentes*, que le juge ou commissaire ne puisse être récusé, sinon trois jours avant son départ, pourvu que le jour du départ ait été signifié huit jours auparavant, encore que ce soit pour cause depuis survenue; et sera passé outre, nonobstant les récusations, prises à partie, oppositions ou appellations, et sans y préjudicier, sauf, après la descente et confection d'enquête, à proposer et juger les causes de récusation.

(*d*) Ord. *avril* 1667, *tit.* XXIV.

Art. 23. Les récusations se-

1987.—T. 1er, art. 92 § 15, 34.

385. Sur l'expédition de l'acte de récusation, remise dans les vingt-quatre heures par le greffier au président du tribunal, il sera, sur le rapport du président et les conclusions du ministère public, rendu jugement qui, si la récusation est inadmissible, la rejettera; et, si elle est admissible, ordonnera, 1° la communication au juge récusé, pour s'expliquer en termes précis sur les faits, dans le délai qui sera fixé par le jugement; 2° la communication au ministère public, et indiquera le jour où le rapport sera fait par l'un des juges nommé par ledit jugement (a). — Pr. 374, 384, 386 s.

386. Le juge récusé fera sa déclaration au greffe, à la suite de la minute de l'acte de récusation. — Pr. 384.

387. A compter du jour du jugement qui ordonnera la communication, tous jugemens et opérations seront suspendus: si cependant l'une des parties prétend que l'opération est urgente et qu'il y a péril dans le retard, l'incident sera porté à l'audience sur un simple acte, et le tribunal pourra ordonner qu'il sera procédé par un autre juge. — Pr. 82, 338, 391.

388. Si le juge récusé convient des faits qui ont motivé sa récusation, ou si ces faits sont prouvés, il sera ordonné qu'il s'abstiendra (b).

389. Si le récusant n'apporte preuve par écrit ou commencement de preuve des causes de la récusation, il est laissé à la prudence du tribunal de rejeter la récusation sur la simple déclaration du juge, ou d'ordonner la preuve testimoniale. — C. 1357 s.

390. Celui dont la récusation aura été déclarée non admissible, ou non recevable, sera condamné à telle amende qu'il plaira au tribunal, laquelle ne pourra être moindre de cent francs, et sans préjudice, s'il y a lieu, de l'action du juge en réparation et dommages et intérêts, auquel cas il ne pourra demeurer juge (c).

---

ront proposées par requête, qui en contiendra les moyens, et sera la requête signée de sa partie, ou d'un procureur fondé de procuration spéciale, qui sera attachée à la requête. Pourra néanmoins le procureur, en cas d'absence de la partie, signer la requête sans pouvoir spécial, pour requérir que le juge ait à s'abstenir, en cas que lui ou la partie ait reconnu quelques causes de récusation.

(a) Ord. *avril 1667, tit.* XXIV.

Art. 34. Les récusations seront communiquées au juge qui sera tenu de déclarer si les faits sont véritables ou non; après quoi sera procédé au jugement des récusations, sans qu'il puisse y assister, ni être présent en la chambre.

(b) Ord. *avril 1667, tit.* XXIV.

Art. 15. Si la récusation est jugée valable, le juge ne pourra, pour quelque cause et sous quelque prétexte que ce soit, assister en la chambre ou auditoire pendant le rapport du procès, et si c'est à l'audience, il sera tenu de se retirer, à peine de suspension pour trois mois, sauf après la prononciation de reprendre sa place.

(c) Ord. *avril 1667, tit.* XXIV.

Art. 20. Celui dont les récusations auront été déclarées im-

— Pr. 128, 314, 391 s., 1029. — C. 1146 s.

391. Tout jugement sur récusation, même dans les matières où le tribunal de première instance juge en dernier ressort, sera susceptible d'appel : si néanmoins la partie soutient qu'attendu l'urgence il est nécessaire de procéder à une opération sans attendre que l'appel soit jugé, l'incident sera porté à l'audience sur un simple acte ; et le tribunal qui aura rejeté la récusation pourra ordonner qu'il sera procédé à l'opération par un autre juge (a). — Pr. 82, 338, 376, 387.

392. Celui qui voudra appeler sera tenu de le faire dans les cinq jours du jugement, par un acte au greffe, lequel sera motivé et contiendra énoncia-

tion du dépôt au greffe des pièces au soutien. — Pr. 877, 893 s., 896, 1033.

393. L'expédition de l'acte de récusation, de la déclaration du juge, du jugement, de l'appel, et les pièces jointes, seront envoyées sous trois jours par le greffier, à la requête et aux frais de l'appelant, au greffier du tribunal d'appel. — Pr. 377. — Voy. note 1, p. 438.

394. Dans les trois jours de la remise au greffier du tribunal d'appel, celui-ci présentera sdites pièces au tribunal, le-l indiquera le jour du jugement, et commettra l'un des juges, sur son rapport et sur les conclusions du ministère public, il sera rendu à l'audience jugement, sans qu'il soit nécessaire d'appeler les parties (b).

pertinentes et inadmissibles, ou qui en aura été débouté faute de preuves, sera condamné en deux cents livres d'amende en nos cours de parlement, grand conseil et autres nos cours ; cent livres aux requêtes de notre hôtel et du palais ; cinquante livres aux présidiaux, bailliages, sénéchaussées ; trente-cinq livres en nos châtellenies, prévôtés, vicomtés, élections, greniers à sel et aux justices des seigneurs, tant des duchés et pairies, qu'autres ressortissant nûment en nos cours, et vingt-cinq livres aux autres justices des seigneurs, le tout applicable, savoir moitié à nous, ou aux seigneurs dans leur justice, et l'autre moitié à la partie, sans que les amendes puissent être remises ni modérées.

30. Outre les condamnations d'amende, le juge récusé pourra demander réparation des faits contre lui proposés, que nous voulons lui être adjugée suivant sa qualité et la nature des faits, auquel cas néanmoins il ne pourra demeurer juge.

(a) Ord. avril 1667, tit. XXIV.

Art. 26. Les jugemens et sentences qui interviendront sur les causes de récusation au nombre de cinq et de trois juges, selon la qualité des sièges, juridictions et justices, seront exécutés nonobstant oppositions ou appellations et sans y préjudicier, si ce n'est lorsqu'il sera question de procéder à quelque descente, information ou enquête, ès quels cas le juge récusé ne pourra passer outre nonobstant l'appel, et y sera procédé par autre des juges ou praticiens du siège non suspect aux parties, selon l'ordre du tableau, jusqu'à ce qu'autrement il en ait été ordonné sur l'appel du jugement de la récusation, si ce n'est que l'intimé déclare vouloir attendre le jugement de l'appel

(b) Ord. avril 1667, tit. XXIV.

Art. 27. Les appellations des

— Pr. 377. — *Voy.* note 1, p. 438.

395. Dans les vingt-quatre heures de l'expédition du jugement, le greffier du tribunal d'appel renverra les pièces à lui adressées, au greffier du tribunal de première instance. —Pr. 377, 893. — *Voy.* note 1, p. 438.

396. L'appelant sera tenu, dans le mois du jour du jugement de première instance qui aura rejeté sa récusation, de signifier aux parties le jugement sur l'appel, ou certificat du greffier du tribunal d'appel, contenant que l'appel n'est pas jugé, et indication du jour déterminé par le tribunal : sinon le jugement qui aura rejeté la récusation sera exécuté par provision ; et ce qui sera fait en conséquence sera valable, encore que la récusation fût admise sur l'appel. — Pr. 376. — T. 1er, art. 70 § 30, 39. — *Voy.* note 1, p. 438.

TITRE VINGT-DEUXIÈME.

DE LA PÉREMPTION.

397. Toute instance, encore qu'il n'y ait pas eu constitution d'avoué, sera éteinte par discontinuation de poursuites pendant trois ans. — Ce délai sera augmenté de six mois, dans tous les cas où il y aura lieu à demande en reprise d'instance, ou constitution de nouvel avoué (a). — Pr. 15, 156, 842 s., 1029, 1033. — C. 330, 2247.

jugemens ou sentences intervenues sur les causes de récusation, seront vidées sommairement sans épices et sans frais ; et néanmoins s'il intervient sentence définitive ou interlocutoire ou principal et qu'il en soit appelé, l'appel de la sentence ou jugement rendu sur la récusation, sera joint à l'appel de la sentence ou jugement intervenu au principal pour y être fait droit conjointement.

(a) ARRÊT de règlement du parlement de Paris, 23 mars 1691.

ART. 1er. Les instances intentées, bien qu'elles ne soient contestées, ni les assignations suivies de constitution et de présentation de procureur par aucune des parties, seront déclarées péries, en cas que l'on ait cessé et discontinué les procédures pendant trois ans, et n'auront aucun effet de perpétuer, ni de proroger l'action ni d'interrompre la prescription.

2. Les appellations tomberont en péremption, et emporteront de plein droit la confirmation des sentences, si ce n'est qu'en la cour les appellations soient conclues ou appointées au conseil.

3. Les saisies réelles, et les instances des criées des terres, héritages et autres immeubles ne tomberont en péremption, lorsqu'il y aura établissement de commissaires et baux faits en conséquence.

Nota. L'article 15 de l'ordonnance de Roussillon et l'article 111 de l'ordonnance de janvier 1620, établissaient également la péremption de toutes instances et criées par la discontinuation de poursuites pendant trois ans.

398. La péremption courra contre l'État, les établissemens publics, et toutes personnes, même mineures, sauf leur recours contre les administrateurs et tuteurs.—C. 2227, 2278.

399. La péremption n'aura pas lieu de droit; elle se couvrira par les actes valables faits par l'une ou l'autre des parties avant la demande en péremption (a). — **Pr.** 400 s., *secus* 15, 156.

400. Elle sera demandée par requête d'avoué à avoué, à moins que l'avoué ne soit décédé, ou interdit, ou suspendu, depuis le moment où elle a été acquise. — **Pr.** 342 s. — **T.** 1er, art. 75 § 14, 24.

401. La péremption n'éteint pas l'action; elle emporte seulement extinction de la procédure, sans qu'on puisse, dans aucun cas, opposer aucun des actes de la procédure éteinte, ni s'en prévaloir. — En cas de péremption, le demandeur principal est condamné à tous les frais de la procédure périmée. — **Pr.** 130, 469, 543 s. — **C.** 2247.

TITRE VINGT-TROISIÈME.

DU DÉSISTEMENT.

402. Le désistement peut être fait et accepté par de simples actes signés des parties ou de leurs mandataires, et signifiés d'avoué à avoué. — **Pr.** 352 s., 403. — **C.** 1987 s., 2247. — **T.** 1er, art. 71 § 11, 17.

403. Le désistement, lorsqu'il aura été accepté, emportera de plein droit consentement que les choses soient remises de part et d'autre au même état qu'elles étaient avant la demande. — Il emportera également soumission de payer les frais, au paiement desquels la partie qui se sera désistée sera contrainte, sur simple ordonnance du président mise au bas de la taxe, parties présentes, ou appelées par acte d'avoué à avoué. — Cette ordonnance, si elle émane d'un tribunal de première instance, sera exécutée nonobstant opposition ou appel; elle sera exécutée nonobstant opposition, si elle émane d'une cour royale. — **Pr.** 130, 402, 543 s. — **T.** 1er, art. 70 § 31, 39, art. 76 § 10, 21.

TITRE VINGT-QUATRIÈME.

DES MATIÈRES SOMMAIRES.

404. Seront réputés matières sommaires, et instruits comme tels, — Les appels des juges de paix; — **Pr.** 16, 31.

(a) Arrêt *de règlement du parlement de Paris, 23 mars* 1691.

Art. 4. La péremption n'aura lieu dans les affaires qui y sont sujettes, si la partie qui a acquis la péremption reprend l'instance, si elle forme quelque demande, fournit des défenses, ou si elle fait quelque autre pro-

— Les demandes pures person-nelles, à quelque somme qu'el-les puissent monter, quand il y a titre, pourvu qu'il ne soit pas contesté; — C. 1317 s., 1322. — Les demandes formées sans titre, lorsqu'elles n'excè-dent pas mille francs; — Mo-difié. Supp. *Compétence*, L. 11 avril 1838, art. 1er. — Les demandes provisoires, ou qui requièrent célérité; — **Pr.** 49 2°, 72. — Les demandes en paiement de loyers et fermages et arrérages de rentes (a). — **Pr.** 49 5°, 311, 320, 521, 608,

---

cédure, et s'il intervient quelque appointement ou arrêt interlocu-toire ou définitif, pourvu que les-dites procédures soient connues de la partie, et faites par son ordre.

(a) ORD. *avril* 1667, *tit.* XVII.

ART. 1er. Les causes pures per-sonnelles, qui n'excéderont la somme ou valeur de quatre cents livres, seront réputées sommai-res en nos cours de parlement, grand conseil, cour des aides et autres nos cours, même ès requê-tes de notre hôtel et du palais; et à l'égard des bailliages et séné-chaussées, et en toutes nos au-tres juridictions, et aux justices des seigneurs, même aux officia-lités, celles qui n'excéderont la somme ou valeur de deux cents livres.

2. Et néanmoins les demandes excédant la somme ou valeur de deux cents livres, qui auront été appointées ès-juridictions et jus-tices inférieures, et portées par appel en nos cours, y seront ju-gées comme procès par écrit.

3. En toutes nos cours et en toutes juridictions et justices, les choses concernant la police, à quelque somme ou valeur qu'el-les puissent monter, les achats, ventes, délivrances et paiemens pour provisions et fournitures de maisons, en grain, farine, pain, vin, viande, foin, bois et autres denrées, les sommes dues pour ventes faites ès ports, étappes, foires et marchés, loyer de mai-sons, fermes et actions pour les

occuper, ou exploiter, ou aux fins d'en vuider, tant de la part des propriétaires que des locatai-res ou fermiers, non jouissances, diminutions de loyers, fermages et réparations, soit qu'il y ait bail ou non, les impenses utiles et nécessaires, les améliorations, détériorations, labours et semen-ces, les prises de chevaux et bes-tiaux en délit, les saisies qui en seront faites, leur nourriture, dé-pense ou louages, les gages des serviteurs, peine d'ouvriers, jour-nées de gens de travail, parties d'apothicaires et chirurgiens, va-cations de médecins, frais et sa-laires des procureurs, huissiers, sergens, et autres droits d'offi-ciers, appointemens et récompen-ses seront aussi réputés matières sommaires, pourvu que ce qui sera demandé n'excède la somme ou valeur de mille livres.

4. Réputons encore pour ma-tières sommaires les oppositions et levée des scellés, les confections et clôtures d'inventaires, et les oppositions formées à la levée du scellé, aux inventaires et clôtu-res, en ce qui concerne la procé-dure seulement, les oppositions faites aux saisies, exécutions, vente des meubles, les préféren-ces et privilèges sur le prix en provenant, pourvu qu'il n'y ait que trois opposans, et que leurs prétentions n'excèdent la somme de mille livres, sans y compren-dre les cas de contribution au marc la livre.

5. Les demandes à fin d'élar-

669, 761, 805, 809, 832, 973. — C. 449, 823. — T. 1er, art. 67.

405. Les matières sommaires seront jugées à l'audience, après les délais de la citation échus, sur un simple acte, sans autres procédures ni formalités (a). — **Pr.** 82, 404. — **T.** 1er, art. 67.

406. Les demandes incidentes et les interventions seront formées par requête d'avoué, qui ne pourra contenir que des conclusions motivées. — **Pr.** 49 3°, 75, 337 s., 339 s., 1031.

407. S'il y a lieu à enquête, le jugement qui l'ordonnera contiendra les faits sans qu'il soit besoin de les articuler préalablement, et fixera les jour et heure où les témoins seront entendus à l'audience (b). — **Pr.** 34 s., 252, 408 s., 432.

408. Les témoins seront assignés au moins un jour avant celui de l'audition. — **Pr.** 260, 410 s., 432, 1033.

409. Si l'une des parties demande prorogation, l'incident sera jugé sur-le-champ. — **Pr.** 279 s., 237 s., 406.

410. Lorsque le jugement ne sera pas susceptible d'appel, il ne sera point dressé procès-verbal de l'enquête; il sera seulement fait mention, dans le jugement, des noms des témoins, et du résultat de leurs dépositions. — **Pr.** 40, 269 s., 412, 432.

411. Si le jugement est susceptible d'appel, il sera dressé procès-verbal, qui contiendra les sermens des témoins, leur déclaration s'ils sont parens, alliés, serviteurs ou domestiques des parties, les reproches qui auraient été formés contre eux, et le résultat de leurs dépositions. — **Pr.** 89, 262, 269 s., 412, 432 — **P.** 363.

412. Si les témoins sont éloignés ou empêchés, le tribunal pourra commettre le tribunal ou le juge de paix de

---

gissement et provisions des personnes emprisonnées, celles à fin de main-levée des effets mobiliers saisis ou exécutés, les établissemens ou décharges des gardiens, commissaires, dépositaires ou séquestres, les réintégrandes, les provisions requises pour nourriture et alimens, et tout ce qui requiert célérité, et où il peut y avoir du péril en la demeure, seront aussi réputées matières sommaires pourvu qu'elles n'excèdent la somme ou valeur de mille livres.

(a) ORD. *avril* 1667, *tit.* XVII.
ART. 7. Les matières sommaires seront jugées en l'audience, tant en nos cours qu'en toutes autres juridictions et justices, incontinent après les délais échus,

sur un simple acte pour venir plaider, sans autre procédure ni formalité; et seront à cette fin établies des audiences particulières.

(b) ORD. *avril* 1667, *tit.* XVII.
ART. 8. Si les parties se trouvent contraires en fait, dans les matières sommaires et que la preuve par témoins en soit reçue, les témoins seront ouïs en la prochaine audience, en la présence des parties, si elles y comparent, sinon en l'absence des défaillans; et néanmoins à l'égard de nos cours des requêtes de notre hôtel et du palais, et des présidiaux, les témoins pourront être ouïs au greffe par un de nos conseillers; le tout sommairement, sans frais et sans que le délai puisse être prorogé.

leur résidence : dans ce cas, l'enquête sera rédigée par écrit ; il en sera dressé procès-verbal.— Pr. 266, 410, 411, 1035.

413. Seront observées en la confection des enquêtes sommaires, les dispositions du titre XII *des Enquêtes*, relatives aux formalités ci-après : — La copie aux témoins, du dispositif du jugement par lequel ils sont appelés ; — **Pr.** 260. — Copie à la partie, des noms des témoins ; — **Pr.** 261. — L'amende et les peines contre les témoins défaillans ; — **Pr.** 263-265. — La prohibition d'entendre les conjoints des parties, les parens et alliés en ligne directe ; — **Pr.** 268. — Les reproches par la partie présente, la manière de les juger, les interpellations aux témoins, la taxe ; — **Pr.** 270-273, 276 s., 283 s., 287 s. — Le nombre des témoins dont les voyages passent en taxe ; — **Pr.** 281. — La faculté d'entendre les individus âgés de moins de quinze ans révolus. — **Pr.** 285.

TITRE VINGT-CINQUIÈME.

PROCÉDURE DEVANT LES TRIBUNAUX DE COMMERCE.

414. La procédure devant les tribunaux de commerce se fait sans le ministère d'avoués (*a*). — Pr. 415 s. — Co. 627, 642 s.

415. Toute demande doit y être formée par exploit d'ajournement, suivant les formalités ci-dessus prescrites au titre *des Ajournemens.* — **Pr.** 61, 68, 69 6o, 7o, 8o. — **T.** 1er, art. 29 § 14, 72.

416. Le délai sera au moins d'un jour. — **Pr.** 72, 1033.

417. Dans les cas qui requerront célérité, le président du tribunal pourra permettre d'assigner, même de jour à jour et d'heure à heure, et de saisir les effets mobiliers : il pourra, suivant l'exigence des cas, assujettir le demandeur à donner caution, ou à justifier de solvabilité suffisante. Ses ordonnances seront exécutoires nonobstant opposition ou appel. — **Pr.** 72, 416, 418. — **C.** 2040 s.

418. Dans les affaires maritimes où il existe des parties non domiciliées, et dans celles où il s'agit d'agrès, victuailles, équipages et radoubs de vaisseaux prêts à mettre à la voile, et autres matières urgentes et provisoires, l'assignation de jour à jour, ou d'heure à heure, pourra être donnée sans ordonnance, et le défaut pourra être jugé sur-le-champ (*b*). — **Pr.** 417, 419 s., 808. — **T.** 1er, art. 29 § 15, 72.

419. Toutes assignations données à bord à la personne

(*a*) Ord. *mars* 1673, *tit.* XII. Art. 11. Ne sera établi dans la juridiction consulaire, aucun procureur, syndic, ni autre officier, s'il n'est ordonné par l'édit de création du siège, ou autre édit dûment enregistré.

(*b*) Ord. *août* 1681, *liv* 1, *tit.* XI. Art. 2. Aux affaires où il y aura des étrangers ou forains parties, et en celles qui concerneront les agrès, victuailles, équipages, et radoubs des vaisseaux prêts à faire voile et autres ma-

assignée seront valables (*a*).
— Pr. 68.

420. Le demandeur pourra assigner, à son choix, — Devant le tribunal du domicile du défendeur ; — C. 102 s. — Devant celui dans l'arrondissement duquel la promesse a été faite et la marchandise livrée ; — C. 1606. — Devant celui dans l'arrondissement duquel le paiement devait être effectué (*b*). — C. 1247.

421. Les parties seront tenues de comparaître en personne, ou par le ministère d'un fondé de procuration spéciale (*c*). — Pr. 9, 422, 428. — C. 1987. — Co. 627.

422. Si les parties comparaissent, et qu'à la première audience il n'intervienne pas jugement définitif, les parties non domiciliées dans le lieu où siége le tribunal seront tenues d'y faire élection d'un domicile. — L'élection de domicile doit être mentionnée sur le plumitif de l'audience ; à défaut de cette élection, toute signification, même celle du jugement définitif, sera faite valablement au greffe du tribunal. — Pr. 421, 440.

423. Les étrangers demandeurs ne peuvent être obligés, en matière de commerce, à fournir une caution de payer les frais et dommages-intérêts auxquels ils pourront être condamnés, même lorsque la demande est portée devant un tribunal civil dans les lieux où il n'y a pas de tribunal de commerce. — Pr. 166, 167. — C. 16.

424. Si le tribunal est incompétent à raison de la matière, il renverra les parties, encore que le déclinatoire n'ait pas été proposé. — Le déclinatoire pour toute autre cause ne pourra être proposé que préalablement à toute autre défense. — Pr. 168, 169 *note*, 425, 442.

425. Le même jugement pourra, en rejetant le déclinatoire, statuer sur le fond, mais par deux dispositions distinc-

---

tières provisoires, les assignations seront données de jour à jour et d'heure à autre, sans qu'il soit besoin de commission du juge, et pourra être le défaut jugé sur-le-champ.

(*a*) Ord. *août* 1681, *liv.* I, *tit.* XI.

Art. 1er. Tous exploits donnés aux maitres et mariniers dans le vaisseau pendant le voyage, seront valables comme ils étaient faits à domicile.

(*b*) Ord. *mars* 1673, *tit.* XII.

Art. 17. Dans les matières attribuées aux juges et consuls, le créancier pourra faire donner l'assignation à son choix, ou au lieu du domicile du débiteur, ou au lieu auquel la promesse a été faite, et la marchandise fournie, ou au lieu auquel le paiement doit être fait.

(*c*) Ord. *avril* 1667, *tit.* XVI.

Art. 1er. Ceux qui seront assignés par-devant les juges et consuls des marchands, seront tenus de comparoir en personne à la première audience pour être ouïs par leur bouche.

2. En cas de maladie, absence ou autre légitime empêchement, pourront envoyer un mémoire contenant les moyens de leurs demande ou défense, signé de leur main, ou par un de leurs parens, voisins ou amis, ayant de ce charge et procuration spéciale, dont il fera apparoir, et sera la cause vidée sur-le-champ, sans ministère d'avocat ni de procureur.

tes, l'une sur la compétence, l'autre sur le fond ; les dispositions sur la compétence pourront toujours être attaquées par la voie de l'appel (a). — Pr. 134, 172, 338, 454.

426. Les veuves et héritiers des justiciables du tribunal de commerce y seront assignés en reprise, ou par action nouvelle ; sauf, si les qualités sont contestées, à les renvoyer aux tribunaux ordinaires pour y être réglés, et ensuite être jugés sur le fond au tribunal de commerce (b). — Pr. 174, 187, 342 s.

427. Si une pièce produite est méconnue, déniée ou arguée de faux, et que la partie persiste à s'en servir, le tribunal renverra devant les juges qui doivent en connaître, et il sera sursis au jugement de la demande principale. — Néanmoins, si la pièce n'est relative qu'à un des chefs de la demande, il pourra être passé outre au jugement des autres chefs. — Pr. 14, 193 s., 195, 214 s., 218.

428. Le tribunal pourra, dans tous les cas, ordonner, même d'office, que les parties seront entendues en personne, à l'audience ou dans la chambre, et, s'il y a empêchement légitime, commettre un des juges, ou même un juge de paix pour les entendre, lequel dressera procès-verbal de leurs déclarations (c). — Pr. 119, 324 s., 330, 421 s., 1035.

429. S'il y a lieu à renvoyer les parties devant des arbitres, pour examen de comptes, pièces et registres, il sera nommé un ou trois arbitres pour entendre les parties, et les concilier, si faire se peut, sinon donner leur avis. — S'il y a lieu à visite ou estimation d'ou-

---

(a) Ord. *mars* 1673, *tit.* XII.

Art. 13. Les juges et consuls dans les matières de leur compétence, pourront juger nonobstant tout déclinatoire, appel d'incompétence, prise à partie, renvoi requis et signifié, même en vertu de nos lettres de *committimus* aux requêtes de notre hôtel ou du palais, le privilége des universités, des lettres de garde-gardienne, et tous autres.

14. Seront tenus néanmoins, si la connaissance ne leur appartient pas, de déférer au déclinatoire, à l'appel d'incompétence, à la prise à partie, et au renvoi.

(b) Ord. *mars* 1673, *tit.* XII.

Art. 16. Les veuves et héritiers des marchands, négocians et autres, contre lesquels on pourrait se pourvoir par-devant les juges et consuls, y seront assignés, ou en reprise, ou par nou-velle action. Et en cas que la qualité, ou de commune, ou d'héritier pur et simple, ou par bénéfice d'inventaire, soit contestée, ou qu'il s'agisse de douaire ou de legs universel ou particulier, les parties seront renvoyées par-devant les juges ordinaires, pour les régler ; et après le jugement de la qualité, douaire ou legs, elles seront renvoyées par-devant les juges et consuls.

(c) Ord. *avril* 1667, *tit.* XVI.

Art. 4. Pourront, s'ils jugent nécessaire d'entendre la partie non comparante, ordonner qu'elle sera ouïe par sa bouche en l'audience, en lui donnant délai compétent, ou si elle était malade, commettre l'un d'entre eux pour prendre l'interrogatoire, que le greffier sera tenu de rédiger par écrit.

vrages ou marchandises, il sera nommé un ou trois experts. — Les arbitres et les experts seront nommés d'office par le tribunal, à moins que les parties n'en conviennent à l'audience (*a*). — **Pr.** 302 s., 430, 431. — **Co.** 52 s. — **T.** 1er, art. 29 § 15, 72.

430. La récusation ne pourra être proposée que dans les trois jours de la nomination. — **Pr.** 308 s., 429, 1029.

431. Le rapport des arbitres et experts sera déposé au greffe du tribunal. — **Pr.** 319. — **Co.** 61.

432. Si le tribunal ordonne la preuve par témoins, il y sera procédé dans les formes ci-dessus prescrites pour les enquêtes sommaires. — Néanmoins, dans les causes sujettes à appel, les dépositions seront rédigées par écrit par le greffier, et signées par le témoin; en cas de refus, mention en sera faite. — **Pr.** 407, 413, 782. — **C.** 1341. — **Co.** 109, 498, 639.

433. Seront observées, dans la rédaction et l'expédition des jugemens, les formes prescrites dans les articles 141 et 146 pour les tribunaux de première instance. — **Pr.** 545 s. — **T.** 4e.

434. Si le demandeur ne se présente pas, le tribunal donnera défaut, et renverra le défendeur de la demande. — Si le défendeur ne comparait pas, il sera donné défaut, et les conclusions du demandeur seront adjugées si elles se trouvent justes et bien vérifiées (*b*). — **Pr.** 149 s., 150 *et la note*, 153, 154, 435 s. — **Co.** 643.

435. Aucun jugement par défaut ne pourra être signifié que par un huissier commis à cet effet par le tribunal; la signification contiendra, à peine de nullité, élection de domicile dans la commune où elle se fait, si le demandeur n'y est domicilié. — Le jugement sera exécutoire un jour après la signification et jusqu'à l'opposition. — **Pr.** 155, 156, 435, 436 s., 1029. — **C.** 102, 111. — **T.** 1er, art. 29 § 16, 72.

436. L'opposition ne sera plus recevable après la huitaine du jour de la signification (*c*). — **Pr.** 157 s., 437 s., 1029. — **T.** 1er, art. 29 § 17, 72. — *Modifié.* **Co.** 643.

437. L'opposition contiendra les moyens de l'opposant, et assignation dans le délai de la loi; elle sera signifiée au domicile élu. — **Pr.** 20, 161 s.,

---

(*a*) Ord. *avril* 1667, *tit.* XVI.

Art. 3. Pourront néanmoins les juges et consuls, s'il est nécessaire de voir les pièces, nommer, en présence des parties ou de ceux qui seront chargés de leur mémoire, un des anciens consuls ou autre marchand non suspect pour les examiner, et sur son rapport donner sentence qui sera prononcée en la prochaine audience.

(*b*) Ord. *avril* 1667. *tit.* XVI
Art. 5. Si l'une des parties

ne compare à la première assignation, sera donné défaut ou congé emportant profit.

(*c*) Ord. *avril* 1667, *tit.* XVI.
Art. 6. Pourront néanmoins les défauts et congés être rabattus en l'audience suivante, pourvu que le défaillant ait sommé par acte celui qui a obtenu le défaut ou congé de comparoir en l'audience, et qu'il ait offert par le même acte de plaider sur-le-champ.

416, 435, 438, 1033. — C. 111. — T. 1er, art. 29 § 17, 72.

438. L'opposition faite à l'instant de l'exécution, par déclaration sur le procès-verbal de l'huissier, arrêtera l'exécution; à la charge, par l'opposant, de la réitérer dans les trois jours, par exploit contenant assignation; passé lequel délai, elle sera censée non avenue. — **Pr.** 156 s., 162, 1029.

439. Les tribunaux de commerce pourront ordonner l'exécution provisoire de leurs jugemens, nonobstant l'appel, et sans caution, lorsqu'il y aura titre non attaqué, ou condamnation précédente dont il n'y aura pas d'appel: dans les autres cas, l'exécution provisoire n'aura lieu qu'à la charge de donner caution ou de justifier de solvabilité suffisante (*a*).— **Pr.** 135 s., 417 s., 440, 449, 459 s. — C. 2011, 2040 s. — T. 1er, art 29 § 18, 72.

440. La caution sera présentée par acte signifié au domicile de l'appelant, s'il demeure dans le lieu où siège le tribunal, sinon au domicile par lui élu en exécution de l'article 422, avec sommation à jour et heure fixes de se présenter au greffe pour prendre communication, sans déplacement, des titres de la caution, s'il est ordonné qu'elle en fournira, et à l'audience, pour voir prononcer sur l'admission, en cas de contestation. — **Pr.** 441, 518 s. — C. 102, 111, 2018 s., 2040 s. — T. 1er, art. 29 § 19, 72.

441. Si l'appelant ne comparaît pas, ou ne conteste point la caution, elle fera sa soumission au greffe; s'il conteste, il sera statué au jour indiqué par la sommation: dans tous les cas, le jugement sera exécutoire nonobstant opposition ou appel. — **Pr.** 440, 519 s.— T. 1er, art. 29 § 19, 72.

442. Les tribunaux de commerce ne connaîtront point de l'exécution de leurs jugemens (1). — **Pr.** 472, 553.

(*a*) L. 16-24 *août* 1790, *tit.* XII.

ART 4. Les juges de commerce prononceront en dernier ressort sur toutes les demandes dont l'objet n'excédera pas la valeur de mille livres: tous leurs jugemens seront exécutoires par provision, nonobstant l'appel en donnant caution, à quelque somme qu'on va leur que les condamnations puissent monter.

(1) Av. C. d'Ét. 17 *mai* 1809.

Le conseil d'Etat est d'avis que la connaissance des ventes de navires saisis appartient aux tribunaux ordinaires, et que le présent avis soit inséré au Bulletin des lois.

LIVRE TROISIÈME.

DES TRIBUNAUX D'APPEL (1).

(Décret du 17 avril 1806, promulgué le 27 du même mois.)

TITRE UNIQUE.

DE L'APPEL, ET DE L'INSTRUCTION SUR L'APPEL.

443. Le délai pour interjeter appel sera de trois mois: il courra, pour les jugemens contradictoires, du jour de la signification à personne ou domicile; — Pour les jugemens par défaut, du jour où l'opposition ne sera plus recevable. — L'intimé pourra néanmoins interjeter incidemment appel en tout état de cause, quand même il aurait signifié le jugement sans protestation (a). — Pr. 16, 445 s., 894, 1033. — Co. 52, 582, 583, 645, 648.

444. Ces délais emporteront déchéance : ils courront contre toutes parties, sauf le recours contre qui de droit; mais ils ne courront contre le mineur non émancipé que du jour où le jugement aura été signifié tant au tuteur qu'au subrogé tuteur, encore que ce dernier n'ait pas été en cause. — Pr. 398, 443 *et la note*, 447 s., 455, 763, 1029. — C. 420, 450.

445. Ceux qui demeurent hors de la France continentale auront, pour interjeter appel, outre le délai de trois mois depuis la signification du jugement, le délai des ajournemens réglé par l'article 73 ci-dessus. — Pr. 74, 443, 446 s., 486, 1033.

446. Ceux qui sont absens du territoire européen du Royaume pour service de terre ou de mer, ou employés dans les négociations extérieures pour le service de l'État, auront, pour interjeter appel, outre le délai de trois mois depuis la signification du juge-

---

(1) Dans l'édition du 30 août 1816, on avait substitué à tort à ce titre de la première édition, celui-ci : *Des Cours royales*. Par suite de ce changement, on avait, dans les art. 394 à 396, 457, 461, 468, 470, 472, 473, 480, 509, 1020, remplacé ces mots, *Tribunal d'appel*, par ceux-ci, *Cour royale*. Dans l'édition de 1852 on est revenu à la rédaction première.

(a) L. 16-24 *août* 1790, *tit.* v. Art. 14. Nul appel d'un ju-

gement contradictoire ne pourra être signifié ni avant le délai de huitaine, à dater du jour du jugement, ni après l'expiration de trois mois, à dater du jour de la signification du jugement faite à personne ou domicile : ces deux termes sont de rigueur, et leur inobservation emportera la déchéance de l'appel; en conséquence, l'exécution des jugemens qui ne sont pas exécutoire par provision demeurera suspendue pendant le délai de huitaine.

ment, le délai d'une année. — **Pr. 485.**

447. Les délais de l'appel seront suspendus par la mort de la partie condamnée. — Ils ne reprendront leur cours qu'après la signification du jugement faite au domicile du défunt, avec les formalités prescrites en l'article 61, et à compter de l'expiration des délais pour faire inventaire et délibérer, si le jugement a été signifié avant que ces derniers délais fussent expirés. — Cette signification pourra être faite aux héritiers collectivement, et sans désignation des noms et qualités. — **Pr. 61, 68, 174, 187, 344, 487. — C. 795 s., 1457 s. — T. 1er, art. 29 § 21, 72.**

448. Dans le cas où le jugement aurait été rendu sur une pièce fausse, ou si la partie avait été condamnée faute de représenter une pièce décisive qui était retenue par son adversaire, les délais de l'appel ne courront que du jour où le faux aura été reconnu ou juridiquement constaté, ou que la pièce aura été recouvrée, pourvu que, dans ce dernier cas, il y ait preuve par écrit du jour où la pièce a été recouvrée, et non autrement. — **Pr. 480 9o 10o, 488.**

449. Aucun appel d'un jugement non exécutoire par provision ne pourra être interjeté dans la huitaine, à dater du jour du jugement ; les appels interjetés dans ce délai seront déclarés non recevables, sauf a l'appelant à les réitérer, s'il est encore dans le délai. — **Pr. 135 s., 443** *note*, **450, 455, 809, 1029.**

450. L'exécution des jugemens non exécutoires par provision sera suspendue pendant ladite huitaine. — **Pr. 449.**

451. L'appel d'un jugement préparatoire ne pourra être interjeté qu'après le jugement définitif et conjointement avec l'appel de ce jugement, et le délai de l'appel ne courra que du jour de la signification du jugement définitif : cet appel sera recevable, encore que le jugement préparatoire ait été exécuté sans réserves. — L'appel d'un jugement interlocutoire pourra être interjeté avant le jugement définitif : il en sera de même des jugemens qui auraient accordé une provision *(a)*. — **Pr. 81, 452, 457, 473.**

452. Sont réputés préparatoires les jugemens rendus pour l'instruction de la cause, et qui tendent à mettre le procès en état de recevoir jugement définitif. — Sont réputés interlocutoires les jugemens rendus lorsque le tribunal ordonne, avant dire droit, une preuve, une vérification, ou une instruction qui préjuge le fond. — **Pr. 253, 295, 302, 325, 451.**

453. Seront sujets à l'appel les jugemens qualifiés en dernier ressort, lorsqu'ils auront été rendus par des juges qui ne pouvaient prononcer qu'en première instance. — Ne

---

(a) DÉCR. 3-8 *brum. an II.*
ART. 6. On ne pourra appeler d'aucun jugement préparatoire pendant le cours de l'instruction ; et les parties seront obligées d'at-

tendre le jugement définitif sans qu'on puisse cependant leur opposer ni leur silence, ni même les actes faits en exécution des jugemens de cette nature.

seront recevables les appels des jugemens rendus sur des matières dont la connaissance en dernier ressort appartient aux premiers juges, mais qu'ils auraient omis de qualifier, ou qu'ils auraient qualifiés en premier ressort. — **Pr.** 454, 457, 1028.—**Co.** 639.—**Supp.** *Compétence,* **L.** 25 mai 1838, art. 1-9; **L.** 11 avril 1838, art. 1, 2.

454. Lorsqu'il s'agira d'incompétence, l'appel sera recevable, encore que le jugement ait été qualifié en dernier ressort. — **Pr.** 168, 376, 425, 453. — **Supp.** *Compétence,* **L.** 25 mai 1838, art. 14.

455. Les appels des jugemens susceptibles d'opposition ne seront point recevables pendant la durée du délai pour l'opposition. — **Pr.** 20 s., 155, 157, 158 s., 163, 449, 809.

456. L'acte d'appel contiendra assignation dans les délais de la loi, et sera signifié à personne ou domicile, à peine de nullité. — **Pr.** 68, 72 s., 584, 726, 734, 1029, 1033. — **C.** 102 s. — **T.** 1er, art. 29 § 20, 72.

457. L'appel des jugemens définitifs ou interlocutoires sera suspensif, si le jugement ne prononce pas l'exécution provisoire dans les cas où elle est autorisée. — L'exécution des jugemens mal à propos qualifiés en dernier ressort ne pourra être suspendue qu'en vertu de défenses obtenues par l'appelant, à l'audience du tribunal d'appel, sur assignation à bref délai. — A l'égard des jugemens non qualifiés, ou qualifiés en premier ressort, et dans lesquels les juges étaient autorisés à prononcer en dernier ressort, l'exécution provisoire pourra en être ordonnée par le tribunal d'appel, à l'audience et sur un simple acte. — **Pr.** 72, 76, 135 s., 376, 451 s., 458 s., 473. — **T.** 1er, art. 148. — *Voy.* note 1, p. 438.

458. Si l'exécution provisoire n'a pas été prononcée dans les cas où elle est autorisée, l'intimé pourra, sur un simple acte, la faire ordonner à l'audience, avant le jugement de l'appel. — **Pr.** 135 s., 449, 451 s., 457. — **T.** 1er, art. 148.

459. Si l'exécution provisoire a été ordonnée hors des cas prévus par la loi, l'appelant pourra obtenir des défenses à l'audience, sur assignation à bref délai, sans qu'il puisse en être accordé sur requête non communiquée. — **Pr.** 17, 135 s., 439, 457 s., 460. — **Co.** 647. — **T.** 1er, art. 148.

460. En aucun autre cas, il ne pourra être accordé des défenses, ni être rendu aucun jugement tendant à arrêter directement ou indirectement l'exécution du jugement, à peine de nullité. — **Pr.** 458 s., 478, 497, 1029. — **C.** 1319. — **Co.** 647.

461. Tout appel, même de jugement rendu sur instruction par écrit, sera porté à l'audience; sauf au tribunal à ordonner l'instruction par écrit, s'il y a lieu. — **Pr.** 95 s., 470, 809. — *Voy.* note 1, p. 438.

462. Dans la huitaine de la constitution d'avoué par l'intimé, l'appelant signifiera ses griefs contre le jugement. L'intimé répondra dans la huitaine suivante. L'audience sera poursuivie sans autre procédure. — **Pr.** 75 s., 85 s., 1031.

463. Les appels des jugemens rendus en matière sommaire seront portés à l'audience sur simple acte, et sans autre procédure. Il en sera de même de l'appel des autres jugemens, lorsque l'intimé n'aura pas comparu. — **Pr.** 82, 149 s., 404 s. — **Co.** 648.

464. Il ne sera formé, en cause d'appel, aucune nouvelle demande, à moins qu'il ne s'agisse de compensation, ou que la demande nouvelle ne soit la défense à l'action principale. + Pourront aussi les parties demander des intérêts, arrérages, loyers et autres accessoires échus depuis le jugement de première instance, et les dommages et intérêts pour le préjudice souffert depuis ledit jugement (a). — **Pr.** 128, 465. — **C.** 547 s., 1146 s., 1289 s., 1728, 1905 s., 2277 s.

465. Dans les cas prévus par l'article précédent, les nouvelles demandes et les exceptions du défendeur ne pourront être formées que par de simples actes de conclusions motivées. — Il en sera de même dans les cas où les parties voudraient changer ou modifier leurs conclusions. — Toute pièce d'écriture qui ne sera que la répétition des moyens ou exceptions déjà employés par écrit, soit en première instance, soit sur l'appel, ne passera point en taxe. — Si la même pièce contient à la fois et de nouveaux moyens ou exceptions, et la répétition des anciens, on n'allouera en taxe que la partie relative aux nouveaux moyens ou

exceptions. — **Pr.** 464, 1030, 1031.

466. Aucune intervention ne sera reçue, si ce n'est de la part de ceux qui auraient droit de former tierce opposition.— **Pr.** 339 s., 474 s. — **C.** 583, 1166 s., 1447.

467. S'il se forme plus de deux opinions, les juges plus faibles en nombre seront tenus de se réunir à l'une des deux opinions qui auront été émises par le plus grand nombre. — **Pr.** 117, 118, 468.

468. En cas de partage dans un tribunal d'appel, on appellera, pour le vider, un au moins ou plusieurs des juges qui n'auront pas connu de l'affaire, et toujours en nombre impair, en suivant l'ordre du tableau : l'affaire sera de nouveau plaidée, ou de nouveau rapportée s'il s'agit d'une instruction par écrit. — Dans les cas où tous les juges auraient connu de l'affaire, il sera appelé, pour le jugement, trois anciens jurisconsultes.— **Pr.** 118, 467, 495.

469. La péremption en cause d'appel aura l'effet de donner au jugement dont est appel la force de chose jugée. — **Pr.** 397 s. — **C.** 1351.

470. Les autres règles établies pour les tribunaux inférieurs seront observées dans les tribunaux d'appel. — **Co.** 648. — *Voy.* note 1, p. 438.

471. L'appelant qui succombera sera condamné à une

Art. 7. Il ne sera formé, en cause d'appel, aucune nouvelle demande, et les juges ne pourront prononcer que sur les demandes formées en première instance. Ils statueront néanmoins sur les intérêts et termes de loyers ou de baux échus depuis le jugement définitif, ainsi que sur les dommages-intérêts ayant pu résulter à l'une des parties depuis la même époque.

amende de cinq francs, s'il s'agit du jugement d'un juge de paix, et de dix francs sur l'appel d'un jugement de tribunal de première instance ou de commerce (a). — Pr. 130, 374, 390, 479, 500, 513, 516, 1025, 1029. — Co. 644. — T. 1er, art. 90 § 11, 15.

472. Si le jugement est confirmé, l'exécution appartiendra au tribunal dont est appel; si le jugement est infirmé, l'exécution, entre les mêmes parties, appartiendra au tribunal d'appel qui aura prononcé, ou à un autre tribunal qu'elle aura indiqué par le même arrêt; sauf les cas de la demande en nullité d'emprisonnement, en expropriation forcée, et autres dans lesquels la loi attribue juridiction. — Pr. 442, 528, 545 s., 1020 s.

473. Lorsqu'il y aura appel d'un jugement interlocuoire, si le jugement est infirmé, et que la matière soit disposée à recevoir une décision définitive, les tribunaux d'appel pourront statuer en même temps sur le fond définitivement, par un seul et même jugement. — Il en sera de même dans les cas où les tribunaux d'appel infirmeraient, soit pour vice de forme, soit pour toute autre cause des jugemens définitifs (b). — Pr. 134, 268, 451, 452, 528.

LIVRE QUATRIÈME.

DES VOIES EXTRAORDINAIRES POUR ATTAQUER

LES JUGEMENS.

(Suite du Décret du 17 avril 1806.)

TITRE PREMIER.

DE LA TIERCE OPPOSITION.

474. Une partie peut former tierce opposition à un jugement qui préjudicie à ses droits, et lors duquel, ni elle ni ceux qu'elle représente n'ont été appelés (c). — Pr. 466,

---

(a) Décr. 16-24 *août* 1790, *tit.* X.

Art. 10. Tout appelant dont l'appel sera jugé mal fondé sera condamné à une amende de neuf livres pour un appel de jugement des juges de paix, et de soixante livres pour l'appel d'un jugement du tribunal de district, sans que cette amende puisse être remise ni modérée sous aucun prétexte.

(b) Ord. *avril* 1667, *tit.* VI.

Art. 2. Défendons à tous juges, sous les mêmes peines (*voyez* **Pr.** 168 *note*, art. 1) et de nullité des jugemens qui interviendront, d'évoquer les causes, instances et procès pendans aux siéges inférieurs ou autres juridictions, sous prétexte d'appel ou connexité, si ce n'est pour juger définitivement en l'audience, et sur-le-champ par un seul et même jugement.

(c) Ord. *avril* 1667, *tit.* XXXV.

Art. 2. Permettons de se pour-

475 s., 873, 1022. — C. 64, 100, 1166 s., 1351. — Co. 66.

475. La tierce opposition formée par action principale sera portée au tribunal qui aura rendu le jugement attaqué. — La tierce opposition incidente à une contestation dont un tribunal est saisi, sera formée par requête à ce tribunal, s'il est égal ou supérieur à celui qui a rendu le jugement. — **Pr.** 49 3°, 337 s., 406, 476, 490, 493. — **T.** 1er, art. 75 § 15, 24.

476. S'il n'est égal ou supérieur, la tierce opposition incidente sera portée, par action principale, au tribunal qui aura rendu le jugement. — **Pr.** 475.

477. Le tribunal devant lequel le jugement attaqué aura été produit pourra, suivant les circonstances, passer outre ou surseoir. — **Pr.** 478, 491, 501, 900.

478. Les jugemens passés en force de chose jugée, portant condamnation à délaisser la possession d'un héritage, seront exécutés contre les parties condamnées, nonobstant la tierce opposition et sans y préjudicier. — Dans les autres cas, les juges pourront, suivant les circonstances, suspendre l'exécution du jugement (a). — **Pr.** 477, 497. — **C.** 1319, 1351.

479. La partie dont la tierce opposition sera rejetée sera condamnée à une amende qui ne pourra être moindre de cinquante francs, sans préjudice des dommages et intérêts de la partie, s'il y a lieu (b). — **Pr.** 128, 213, 471, 1029. — **C.** 1149.

TITRE DEUXIÈME.

DE LA REQUÊTE CIVILE

480. Les jugemens contradictoires rendus en dernier ressort par les tribunaux de première instance et d'appel, et les jugemens par défaut rendus aussi en dernier ressort, et qui ne sont plus susceptibles d'opposition, pourront être rétractés, sur la requête de ceux qui y auront été parties ou dûment appelés, pour les causes ci-après : — **Pr.** 149 s., 157 s.,

---

voir par simple requête à fin d'opposition contre les arrêts et jugemens en dernier ressort, auxquels le demandeur en requête n'aura été partie ou dûment appelé, et même contre ceux donnés sur requête.

(a) ORD. *avril* 1667, *tit.* XXVII.

ART. 11. Les arrêts et jugemens passés en force de chose jugée, portant condamnation de délaisser la possession d'un héritage, seront exécutés contre le possesseur condamné, nonobstant les oppositions des tierces personnes et sans préjudice de leurs droits.

(b) ORD. *avril* 1667, *tit.* XXVII.

ART. 10. Les tiers opposans à l'exécution des arrêts, qui auront été déboutés de leurs oppositions, seront condamnés en cent cinquante livres d'amende ; et ceux qui seront déboutés des oppositions à l'exécution des sentences, en soixante-quinze livres ; le tout applicable moitié envers nous et moitié envers la partie.

481, 1010, 1026 s. — V'oy. note t, p. 438. — 1° S'il y a eu dol personnel; — Pr. 488. — C. 1116. — 2° Si les formes prescrites à peine de nullité ont été violées, soit avant, soit lors des jugemens, pourvu que la nullité n'ait pas été couverte par les parties; — Pr. 173, 1029 s. — 3° S'il a été prononcé sur choses nondemandées; — Pr. 1028 5°. — 4° S'il a été adjugé plus qu'il n'a été demandé; — 5° S'il a été omis de prononcer sur l'un des chefs de demande; — 6° S'il y a contrariété de jugemens en dernier ressort, entre les mêmes parties et sur les mêmes moyens, dans les mêmes cours ou tribunaux; — Pr. 489, 501, 504. — C. 1351. — 7° Si, dans un même jugement, il y a des dispositions contraires; — 8° Si, dans les cas où la loi exige la communication au ministère public, cette communication n'a pas eu lieu, et que le jugement ait été rendu contre celui pour qui elle était ordonnée; — Pr. 83, 112, 438. — 9° Si l'on a jugé sur pièces reconnues ou déclarées fausses depuis le jugement; — Pr. 241, 448, 488; — 10° Si, depuis le jugement, il a été recouvré des pièces décisives, et qui avaient été retenues par le fait de la partie (a). — Pr. 448, 488. — C. 1382, 2057.

481. L'État, les communes, les établissemens publics et les mineurs, seront encore reçus à se pourvoir, s'ils n'ont été défendus, ou s'ils ne l'ont été valablement (b). — Pr. 49 1°, 83, 112, 480, 494. — C. 388, 509, 1303.

482. S'il n'y a ouverture

(a) Ord. avril 1667, tit. XXXV. Art 1er. Les arrêts et jugemens en dernier ressort ne pourront être rétractés que par lettres en forme de requête civile, à l'égard de ceux qui auront été parties ou dûment appelés, et de leurs héritiers, successeurs, ou ayant-cause.

3i. Ne seront reçues autres ouvertures de requêtes civiles, à l'égard des majeurs, que le dol personnel, si la procédure par nous ordonnée n'a point été suivie; s'il a été prononcé sur choses non demandées ou non contestées; s'il a été plus adjugé qu'il n'a été demandé; ou s'il a été omis de prononcer sur l'un des chefs de demande; s'il y a contrariété d'arrêt ou jugement en dernier ressort entre les mêmes parties, sur les mêmes moyens, et en mêmes cours ou juridictions: sauf en cas de contrariété en différentes cours ou juridictions à se pourvoir en notre grand conseil. Il y aura pareillement ouverture de requête civile, si dans un même arrêt il y a des dispositions contraires; si ès choses qui nous concernent, ou l'Église, le public ou la police, il n'y a eu de communication à nos avocats ou procureurs généraux; si on a jugé sur pièces fausses, ou sur des offres ou consentemens qui aient été désavoués, et le désaveu jugé valable; ou s'il y a des pièces décisives nouvellement recouvrées et retenues par le fait de la partie.

b) Ord. avril 1667, tit. XXXV. Art. 35. Les ecclésiastiques, les communautés et les mineurs, seront encore reçus à se pourvoir par requête civile, s'ils n'ont été défendus, ou s'ils ne l'ont été valablement.

36. Voulons qu'aux instances ès procès touchant les droits de notre couronne ou domaine, où

que contre un chef de jugement, il sera seul rétracté, à moins que les autres n'en soient dépendans.

483. La requête civile sera signifiée avec assignation, dans les trois mois, à l'égard des majeurs, du jour de la signification à personne ou domicile, du jugement attaqué (*a*). — Pr. 61, 68 s., 443, 484, 492, 1030, 1033. — T. 1er, art. 78 § 2, 19.

484. Le délai de trois mois ne courra contre les mineurs que du jour de la signification du jugement, faite depuis leur majorité, à personne ou domicile. — Pr. 444, 483 *et la note.* — Supp. *Aliénés*, L. 30 juin 1838, art. 35, 39.

485. Lorsque le demandeur sera absent du territoire européen du Royaume pour un service de terre ou de mer, ou employé dans les négociations extérieures pour le service de l'État, il aura, outre le délai ordinaire de trois mois depuis la signification du jugement, le délai d'une année (*b*). — Pr. 446, 1033.

486. Ceux qui demeurent hors de la France continentale auront, outre le délai de trois mois, depuis la signification du jugement, le délai des ajournemens réglé par l'article 73 ci-dessus. — Pr. 445.

487. Si la partie condamnée est décédée dans les délais ci-dessus fixés pour se pourvoir, ce qui en restera à courir ne commencera, contre la succession, que dans les délais et de la manière prescrits en l'article 447 ci-dessus (*c*). — Pr. 344.

---

nos procureurs généraux, et nos procureurs sur les lieux, seront parties, ils soient mandés en la chambre du conseil, avant que mettre l'instance ou le procès sur le bureau, pour savoir s'ils n'ont point d'autres pièces ou moyens, dont il sera fait mention dans l'arrêt ou jugement en dernier ressort; et à faute d'y avoir satisfait, il y aura ouverture de requête civile à notre égard.

(*a*) Ord. *avril* 1667, *tit.* XXXV. Art. 5. Les requêtes civiles seront obtenues et signifiées, et assignations données, soit au procureur ou à la partie, dans les six mois, à compter, à l'égard des majeurs, du jour de la signification qui leur aura été faite des arrêts et jugemens en dernier ressort, à personne ou domicile; et pour les mineurs, du jour de la signification qui leur aura été faite à personne ou domicile depuis leur majorité.

(*b*) Ord. *avril* 1667, *tit.* XXXV. Art. 7. Les ecclésiastiques, les hôpitaux et les communautés, tant laïques qu'ecclésiastiques, séculières et régulières, même ceux qui sont absens du Royaume pour cause publique, auront un an pour obtenir et faire signifier les requêtes civiles, à compter pareillement du jour des significations qui leur auront été faites au lieu ordinaire des bénéfices, des bureaux des hôpitaux ou aux syndics ou procureurs des communautés, ou au domicile des absens.

(*c*) Ord. *avril* 1667, *tit.* XXXV. Art. 8. Si les arrêts ou jugemens en dernier ressort ont été donnés contre, ou au préjudice des personnes qui seront décédées dans les six mois du jour de la signification à eux faite, leurs héritiers, successeurs ou ayant-cause, auront encore le même délai de six mois, à compter du jour de la signification qui leur aura

488. Lorsque les ouvertures de requête civile seront le faux, le dol ou la découverte de pièces nouvelles, les délais ne courront que du jour où, soit le faux, soit le dol, auront été reconnus ou les pièces découvertes ; pourvu que, dans ces deux derniers cas, il y ait preuve par écrit du jour, et non autrement (a). — Pr. 448, 480 1° 9° 10°, 483 s.—C. 1317 s., 1322, 1328, 2057.

489. S'il y a contrariété de jugemens, le délai courra du jour de la signification du dernier jugement. — Pr. 480 6°, 483 s., 501, 504.

490. La requête civile sera porté au même tribunal où le jugement attaqué aura été rendu ; il pourra y être statué par les mêmes juges (b). — Pr. 475, 493, 502, 1010, 1026. — Co. 52.

491. Si une partie veut attaquer par la requête civile un jugement produit dans une cause pendante en un tribunal autre que celui qui l'a rendu, elle se pourvoira devant le tribunal qui a rendu le jugement attaqué ; et le tribunal saisi de la cause dans laquelle il est produit pourra, suivant les circonstances, passer outre ou surseoir (c). — Pr. 364, 477, 500.

été faite des mêmes arrêts et jugemens en dernier ressort, s'ils sont majeurs ; sinon, le délai de six mois ne courra que du jour de la signification qui leur sera faite depuis leur majorité.

(a) ORD. *avril* 1667, *tit.* XXXV. ART. 12. Si les lettres en forme de requête civile contre les arrêts ou jugemens en dernier ressort, ou les requêtes contre les sentences présidiales au premier chef, sont fondées sur pièces fausses ou sur pièces nouvellement recouvrées qui étaient retenues ou détournées par le fait de la partie adverse, le temps d'obtenir et faire signifier les lettres ou requêtes, ne courra que du jour que la fausseté ou les pièces auront été découvertes, pourvu qu'il y ait preuve par écrit du jour, et non autrement.

(b) ORD. *avril* 1667, *tit.* XXXV. ART. 20. Les lettres en forme de requête civile, seront portées et plaidées aux mêmes compagnies où les arrêts et jugemens en dernier ressort auront été donnés.

(c) ORD. *avril* 1667, *tit.* XXXV. ART. 25. Les requêtes civiles incidentes contre des arrêts ou jugemens en dernier ressort, interlocutoires, ou dans lesquels les demandeurs en requête civile n'auront point été parties, seront obtenues, signifiées et jugées en nos cours où les arrêts ou jugemens en dernier ressort auront été produits ou communiqués : et à cette fin leur en attribuons par ces présentes autant que besoin serait, toute cour, juridiction ou connaissance, encore qu'ils aient été donnés en d'autres cours, chambres ou autres juridictions.

26. Si les arrêts ou jugemens en dernier ressort produits ou communiqués, sont définitifs et rendus entre les mêmes parties, ou avec ceux dont ils ont droit ou cause, soit contradictoirement ou par défaut, ou forclusion, les parties se pourvoiront en cas de requête civile par-devant les juges qui les auront donnés, sans que les cours ou juges par-devant lesquels ils seront produits ou communiqués, en puissent prendre aucune juridiction ni connaissance, et passeront outre au jugement de ce qui sera pendant

492. La requête civile sera formée par assignation au domicile de l'avoué de la partie qui a obtenu le jugement attaqué, si elle est formée dans les six mois de la date du jugement; après ce délai, l'assignation sera donnée au domicile de la partie. — **Pr.** 61, 75, 344 s., 483, 493, 496 *et la note.* — **T.** 1er, art. 78 § 2, 19.

493. Si la requête civile est formée incidemment devant un tribunal compétent pour en connaître, elle le sera par requête d'avoué à avoué; mais si elle est incidente à une contestation portée dans un autre tribunal que celui qui a rendu le jugement, elle sera formée par assignation devant les juges qui ont rendu le jugement. — **Pr.** 61, 75, 337 s., 475, 496, 502. — **T.** 1er, art. 75 § 16, 24.

494. La requête civile d'aucune partie autre que celle qui stipule les intérêts de l'Etat ne sera reçue, si, avant que cette

par-devant eux, nonobstant les lettres en forme de requête civile, sans y préjudicier: si ce n'est que les parties consentent respectivement qu'il soit procédé sur la requête civile où sera produit l'arrêt ou le jugement en dernier ressort, ou qu'il soit sursis ou jugement, et qu'il n'y ait d'autres parties intéressées.

(1) L'avis du conseil d'État, du 20 mars 1810, décide que la loi du 1er therm. an VI, qui dispense les indigens de consigner l'amende pour se pourvoir en requête civile, est abrogée.

(a) Ord. *avril* 1667, *tit.* XXXV.

Art. 10. Les impétrans des lettres en forme de requête civile contre des arrêts contradictoires, soit qu'ils soient préparatoires

requête ait été présentée, il n'a été consigné une somme de trois cents francs pour amende, et cent cinquante francs pour les dommages-intérêts de la partie, sans préjudice de plus amples dommages-intérêts, s'il y a lieu: la consignation sera de moitié, si le jugement est par défaut ou par forclusion, et du quart s'il s'agit de jugemens rendus par les tribunaux de première instance (1). — **Pr.** 128, 481, 493, 500. — **C.** 1149. — **T.** 1er, art. 90 § 11, 15 (a).

495. La quittance du receveur sera signifiée en tête de la demande, ainsi qu'une consultation de trois avocats exerçant depuis dix ans au moins près un des tribunaux du ressort de la cour royale dans lequel le jugement a été rendu. — La consultation contiendra déclaration qu'ils sont d'avis de la requête civile, et elle en énoncera aussi les ouvertures;

ou définitifs, seront tenus en présentant leur requête, à fin d'entérinement, consigner la somme de trois cents livres pour l'amende envers nous, et cent cinquante livres d'autre part, pour celle envers la partie. Et si les arrêts sont par défaut, sera seulement consignée la somme de cent cinquante livres pour l'amende envers nous, et soixante-quinze livres pour celle envers la partie: lesquelles sommes seront reçues par le receveur des amendes, qui s'en chargera comme dépositaire, sans droits ni frais, et sans qu'il puisse les employer en recette qu'elles n'aient été définitivement adjugées, pour être, après le jugement des requêtes civiles, rendues et délivrées aussi sans frais à qui il appartiendra.

sinon la requête ne sera pas reçue (*a*). — Pr. 494, 499. — T. 1er, art. 140.

496. Si la requête civile est signifiée dans les six mois de la date du jugement, l'avoué de la partie qui a obtenu le jugement sera constitué de droit sans nouveau pouvoir (*b*). — Pr. 492, 493, 497, 1038.

497. La requête civile n'empêchera pas l'exécution du jugement attaqué; nulles défenses ne pourront être accordées: celui qui aura été condamné à délaisser un héritage ne sera reçu à plaider sur la requête civile qu'en rapportant la preuve de l'exécution du jugement au principal (*c*). — Pr. 27, 457, 478.

498. Toute requête civile sera communiquée au ministère public (*d*). — Pr. 83, 480 4°.

499. Aucun moyen autre que les ouvertures de requête civile énoncées en la consultation ne sera discuté à l'audience ni par écrit (*e*). — Pr. 495.

500. Le jugement qui re-

(*a*) Ord. *avril* 1667, *tit.* XXXV.

Art. 13. Sera attachée aux lettres de requête civile une consultation signée de deux anciens avocats, et de celui qui en aura fait le rapport, laquelle contiendra sommairement les ouvertures de requête civile, et seront les noms des avocats et les ouvertures insérés dans les lettres.

(*b*) Ord. *avril* 1667, *tit* XXXV.

Art. 6. Le procureur qui aura occupé en la cause, instance ou procès, sur lequel est intervenu l'arrêt ou jugement en dernier ressort, sera tenu d'occuper sur la requête civile, sans qu'il soit besoin de nouveau pouvoir, pourvu que la requête civile ait été obtenue et à lui signifiée dans l'année du jour et date de l'arrêt.

(*c*) Ord. *avril* 1667, *tit.* XXXV.

Art. 18. Les requêtes civiles ne pourront empêcher l'exécution des arrêts ni des jugemens en dernier ressort, ni les autres requêtes l'exécution des sentences présidiales au premier chef de l'édit, et ne seront données aucunes défenses, ni surséances en aucun cas.

19. Voulons que ceux qui auront été condamnés de quitter la possession et jouissance d'un bénéfice, ou de délaisser quelque héritage ou autre immeuble, rapportent la preuve de l'entière exécution de l'arrêt ou jugement en dernier ressort ou principal, avant que d'être reçus à faire aucunes poursuites pour communiquer ou plaider sur les lettres en forme de requête civile, et que jusqu'à ce, ils soient déclarés non recevables, sans préjudice de faire exécuter durant le cours de la requête civile les arrêts et jugemens en dernier ressort, et les sentences présidiales au premier chef de l'édit par les autres voies, soit pour restitution des fruits dommages, intérêts et dépens, que pour toutes autres condamnations.

(*d*) Ord. *avril* 1667, *tit.* XXXV.

Art. 27. Toutes requêtes civiles, tant principales qu'incidentes, seront communiquées à nos avocats ou procureurs généraux, et portées à l'audience, sans qu'elles puissent être appointées, sinon en plaidant, ou du consentement commun des parties.

(*e*) Ord. *avril* 1667, *tit.* XXXV.

Art. 29. Si depuis les lettres obtenues, le demandeur en re-

jettera la requête civile condamnera le demandeur à l'a-
mende et aux dommages-intérêts ci-dessus fixés, sans préjudice de plus amples dommages-
intérêts, s'il y a lieu (a). — Pr.
128, 494, 501, 1029. — C. 1149.

501. Si la requête civile
est admise, le jugement sera
rétracté, et les parties seront
remises au même état où elles
étaient avant ce jugement; les
sommes consignées seront rendues, et les objets des condamnations qui auront été perçus
en vertu du jugement rétracté
seront restitués (b). — Lorsque la requête civile aura été
entérinée pour raison de contrariété de jugemens, le jugement qui entérinera la requête
civile, ordonnera que le pre-

mier jugement sera exécuté
selon sa forme et teneur. —
Pr. 480 6°, 489, 503 s. — T.
1er, art. 90 § 12, 15.

502. Le fond de la contestation sur laquelle le jugement rétracté aura été rendu,
sera porté au même tribunal
qui aura statué sur la requête
civile (c). — Pr. 472, 475, 490,
493.

503. Aucune partie ne
pourra se pourvoir en requête
civile, soit contre le jugement
déjà attaqué par cette voie,
soit contre le jugement qui
l'aura rejetée, soit contre celui rendu sur le rescisoire, à
peine de nullité et de dommages-intérêts, même contre l'a-
voué qui, ayant occupé sur la
première demande, occupe-

---

quête civile découvre d'autres
moyens contre l'arrêt ou jugement
en dernier ressort, que ceux employés à la requête civile, il sera
tenu de les énoncer dans une requête qui sera signifiée à cette
fin au procureur du défendeur,
sans obtenir lettres d'ampliation.
lesquelles nous abrogeons.

31. Le demandeur en requête
civile et son avocat, ne pourra
alléguer d'autres ouvertures que
celles qui seront mentionnées et
expliquées aux lettres, et en la
requête tenant lieu d'ampliation.
le tout dûment signifié et communiqué au parquet avant le jour
de la plaidoirie de la cause.

37. Ne seront plaidées que les
ouvertures de requête civile, et
les réponses du défendeur, sans
entrer aux moyens du fond.

(a) Ord. *avril* 1667, *tit.* XXXV.

Art. 39. Si les ouvertures de
requête civile ne sont jugées suffisantes, le demandeur sera condamné aux dépens et à l'amende
de trois cents livres envers nous.

et cent cinquante livres envers
la partie, si l'arrêt contre lequel
la requête civile aura été prise,
est contradictoire, soit qu'il soit
préparatoire ou définitif : et en
cent cinquante livres envers nous,
et soixante-quinze livres envers
la partie, s'il est par défaut.
sans que les amendes puissent
être remises ni modérées.

(b) Ord. *avril* 1667, *tit.* XXXV.

Art. 33. S'il y a ouverture suffisante de requête civile, les parties seront remises en pareil état
qu'elles étaient auparavant l'arrêt, encore que ce fût une pure
question de droit ou de coutume
qui eût été jugée.

(b) Ord. *avril* 1667, *tit.* XXXV.

Art. 22. Si la requête civile
est entérinée, et les parties remises au même état qu'elles
étaient avant l'arrêt ou jugement en dernier ressort, le procès principal sera jugé en la
même chambre où aura été rendu
l'arrêt ou jugement, contre lequel
avait été obtenue la requête civile.

rait sur la seconde (*a*). — **Pr.** 128, 1029. — **C.** 1149.

504. La contrariété de jugemens rendus en dernier ressort entre les mêmes parties et sur les mêmes moyens en différens tribunaux donne ouverture à cassation; et l'instance est formée et jugée conformément aux lois qui sont particulières à la cour de cassation. — **Pr.** 480 6°, 501.

TITRE TROISIÈME.

DE LA PRISE A PARTIE.

505. Les juges peuvent être pris à partie dans les cas suivans : — **Pr.** 49 7°, 83 5°, 506 s. — 1° S'il y a dol, fraude ou concussion, qu'on prétendrait avoir été commis, soit dans le cours de l'instruction, soit lors des jugemens (*b*) ; — **C.** 1116. — **P.** 174, 177 s. — 2° Si la prise à partie est expressément prononcée par la loi ; — **I. Cr.** 77, 112, 164, 271, 370, 483 s. — 3° Si la loi déclare les juges responsables, à peine de dommages et intérêts ; — **Pr.** 15, 928. — **C.** 2063. — **P.** 114, 117, 119. — 4° S'il y a déni de justice (*c*). — **Pr.** 506 s. — **C.** 4. — **P.** 185.

506. Il y a déni de justice,

(*a*) **Ord.** *avril* 1667, *tit.* XXXV. **Art.** 41. Celui qui aura obtenu requête civile, et en aura été débouté, ne sera plus recevable à se pourvoir par autre requête civile, soit contre le premier arrêt ou jugement en dernier ressort, ou contre celui qui l'aurait débouté ; même quand les lettres en forme de requête civile auraient été entérinées sur le rescindant, s'il a succombé au rescisoire.

(*b*) *Édit de décembre* 1540, *sur l'administration de la justice en Normandie.* **Art.** 2. Ne pourront les juges estre prins à partie, sinon que l'on maintienne par relief qu'il y ait dol, fraude, ou concussion, ou erreur évidente en fait ou en droit, et qu'en soit fait expresse mention par ledit relief en cas d'appel, et telle et si claire spécification, qu'il puisse estre entendu par la garde du scel, et non autrement. — Et où les appelans sur la poursuite de leur appel défaudroient d'en faire légitime preuve, et deuë vérification; ils seront condamnez pour la première fois en cent livres parisis d'amende envers nous, et autant envers les juges prins à partie. — Et pour la seconde, sera l'amende double, et encourront peine d'infamie : et pour la troisiesme, outre lesdites amendes pécuniaires, séront punis de peine corporelle à l'arbitrage de justice : et néanmoins pourront lesdits juges, nonobstant qu'ils ayent esté prins à partie, exécuter leurs sentences és cas où elles seront exécutoires, nonobstant l'appel, sauf de les mulcter de telles peines et amendes qu'il appartiendra, où il seroit trouvé qu'ils auroient bien intimé et prins à partie.

(*c*) **Ord.** *avril* 1667, *tit.* XXV. **Art.** 1er Enjoignons à tous juges de nos cours, juridictions et justices et des seigneurs, de procéder incessamment au juge-

lorsque les juges refusent de répondre les requêtes, ou négligent de juger les affaires en état et en tour d'être jugées (a). — Pr. 505 4°, 507 s. — C. 4. — P. 185.

507. Le déni de justice sera constaté par deux réquisitions faites aux juges en la personne des greffiers, et signifiées de trois en trois jours au moins pour les juges de paix et de commerce, et de huitaine en huitaine au moins pour les autres juges : tout huissier requis sera tenu de faire ces réquisitions, à peine d'interdiction (b). — Pr. 506 *et la note,* 1029. — T. 1er, art. 29 § 22, 72.

508. Après les deux réquisitions, le juge pourra être pris à partie. — Pr. 507, 509 s. — I. Cr. 479 s., 483 s.

509. La prise à partie contre les juges de paix, contre les tribunaux de commerce ou de première instance, ou contre quelqu'un de leurs membres, et la prise à partie contre un conseiller à un tribunal d'appel ou à une cour d'assises, seront portées au tribunal d'appel du ressort. — La prise à partie contre les cours d'assises, contre les tribunaux d'appel ou l'une de leurs sections, sera portée à la haute cour, conformément à l'article 101 de l'acte du 18 mai 1804 (1). — Pr. 510 s. — I. Cr. 479 s., 483 s.

510. Néanmoins aucun juge ne pourra être pris à partie, sans permission préalable du tribunal devant lequel la prise à partie sera portée (c). — Pr. 508, 511 s.

511. Il sera présenté, à cet effet, une requête signée de la partie, ou de son fondé de pro-

---

ment des causes, instances et procès qui seront en état de juger, à peine de répondre en leur nom des dépens, dommages et intérêts des parties.

(a) ORD. *avril* 1607, *tit.* xxv.

ART. 2. Si les juges dont il y a appel refusent ou sont négligens de juger la cause, instance ou procès qui sera en état, ils seront sommés de le faire, et commandons à tous huissiers et sergens qui en seront requis de leur faire les sommations nécessaires, à peine d'interdiction de leur charge.

(b) ORD. *avril* 1667, *tit.* xxv.

ART. 3. Les sommations seront faites aux juges en leur domicile, ou au greffe de leur juridiction, en parlant à leur greffier ou aux commis des greffes.

4. Après deux sommations de huitaine en huitaine pour les juges ressortissans nûment en nos cours, et de trois jours en trois jours pour les autres siéges, la partie pourra appeler comme de déni de justice, et faire intimer en son nom le rapporteur s'il y en a, sinon celui qui devra présider, lesquels nous voulons être condamnés en leurs noms aux dépens, dommages et intérêts des parties, s'ils sont déclarés bien intimés.

(1) La haute cour créée par cet acte n'existe plus. Ces actions doivent être portées aujourd'hui devant la cour de cassation, comme l'avait établi la loi du 27 novembre-1er décembre 1790, art. 2.

(c) L'arrêt du conseil du 1 juin 1699 portait défense de prendre à partie aucun juge sans permission de la cour. L'arrêt du conseil du 18 août 1702 voulait la permission du Roi.

curation authentique et spéciale, laquelle procuration sera annexée à la requête, ainsi que les pièces justificatives s'il y en a, à peine de nullité. — Pr. 510, 1029. — C. 1317, 1987.

512. Il ne pourra être employé aucun terme injurieux contre les juges, à peine, contre la partie, de telle amende, et contre son avoué, de telle injonction ou suspension qu'il appartiendra. — Pr. 1036.

513. Si la requête est rejetée, la partie sera condamnée à une amende qui ne pourra être moindre de trois cents francs, sans préjudice des dommages et intérêts envers les parties, s'il y a lieu. — Pr. 128, 314, 390, 505 not. 516, 1029. — C. 1149.

514. Si la requête est admise, elle sera signifiée dans trois jours au juge pris à partie, qui sera tenu de fournir ses défenses dans la huitaine. — Il s'abstiendra de la connaissance du différend; il s'abs-

tiendra même, jusqu'au jugement définitif de la prise à partie, de toutes les causes que la partie, ou ses parens en ligne directe, ou son conjoint, pourront avoir dans son tribunal, à peine de nullité des jugemens (a). — Pr. 378, 886, 515 s., 1029. — C. 735 s. — T. 1er, art. 29 § 23, 72, art. 76 § 17, 24.

515. La prise à partie sera portée à l'audience sur un simple acte, et sera jugée par une autre section que celle qui l'aura admise: si la cour royale n'est composée que d'une section, le jugement de la prise à partie sera renvoyé à la cour royale la plus voisine par la cour de cassation. — Pr. 82, 83 5o, 1028.

516. Si le demandeur est débouté, il sera condamné à une amende qui ne pourra être moindre de trois cents francs, sans préjudice des dommages-intérêts envers les parties, s'il y a lieu. — Pr. 128, 513 s., 1029. — C. 1149, 1382.

(a) Ord. avril 1667, tit. xxv

Art. 5. Le juge qui aura été intimé ne pourra être juge du différend, à peine de nullité et de tous dépens, dommages et intérêts des parties, si ce n'est qu'il ait été follement intimé, ou que l'une et l'autre des par-

ties consentent qu'il demeure juge; et sera procédé au jugement par autre des juges et praticiens du siége non suspects, suivant l'ordre du tableau, si mieux n'aime l'autre partie attendre que l'intimation soit jugée.

LIVRE CINQUIÈME.

DE L'EXÉCUTION DES JUGEMENS.

(Décret du 24 avril 1806, promulgué le 1er mai suivant.)

TITRE PREMIER.

DES RÉCEPTIONS DE CAUTIONS.

517. Le jugement qui ordonnera de fournir caution fixera le délai dans lequel elle sera présentée, et celui dans lequel elle sera acceptée ou contestée (*a*). — **Pr.** 17, 135, 155, 417, 439, 513 s., 542, 832, 992, 1035. — **C.** 16, 120, 626, 771, 807, 1518, 1613, 2011, 2040 s. — I. Cr. 114, 117 s. — Supp. *Compétence*, L. 25 mai 1838, art. 11, 12.

518. La caution sera présentée par exploit signifié à la partie, si elle n'a point d'avoué, et par acte d'avoué, si elle en a constitué, avec copie de l'acte de dépôt qui sera fait au greffe, des titres qui constatent la solvabilité de la caution, sauf le cas où la loi n'exige pas que la solvabilité soit établie par titres (*b*). — **Pr.** 61, 68, 76, 189, 440, 832, 993. — **C.** 2018. — T. 1er, art. 71 § 12, 17, art. 91 § 10, 20.

519. La partie pourra prendre au greffe communication des titres; si elle accepte la caution, elle le déclarera par un simple acte; dans ce cas, ou si la partie ne conteste pas dans le délai, la caution fera au greffe sa soumission, qui sera exécutoire sans jugement, même pour la contrainte par corps, s'il y a lieu à contrainte. — **Pr.** 82, 189, 518 *et la note*, 520 s. — T. 1er, art. 71 § 13, 17, art. 91 § 11, 12, 20.

520. Si la partie conteste la caution dans le délai fixé par le jugement, l'audience sera poursuivie sur un simple

---

(*a*) Ord. *avril* 1667, *tit.* xxviii.

Art. 1er. Tous jugemens qui ordonneront de bailler caution, feront mention du juge devant lequel les parties se pourvoiront pour la réception de la caution.

(*b*) Ord. *avril* 1667, *tit.* xxviii

Art. 2. La caution sera présentée par acte signifié à la partie ou au procureur, et fera sa soumission au greffe, si elle n'est point contestée.

p. Si la caution est contestée, sera donné copie de la déclaration de ses biens, et les pièces justificatives seront communiquées sur le récépissé du procureur; et sur la première assignation à comparoir par-devant le commissaire, sera procédé sur-le-champ à la réception ou rejet de la caution; et seront les ordonnances du commissaire exécutées, nonobstant oppositions ou appellations, et sans y préjudicier. Défendons à tous juges de donner aucuns appointemens à mettre, en droit ou de contrariété, sur leur solvabilité ou insolvabilité.

acte. — **Pr.** 81, 517, 518 *note*, 521, 994. — **T.** 1er, art. 71 § 14, 17.

521. Les réceptions de caution seront jugées sommairement, sans requête ni écritures; le jugement sera exécuté nonobstant appel. — **Pr.** 135

s., 404 s., 457, 463, 518 *note*, 543.

522. Si la caution est admise, elle fera sa soumission, conformément à l'article 519 ci-dessus (*a*). — **Pr.** 833.—**C.** 807, 2017, 2020, 2040. — **T.** 1er, art. 91 § 12, 20.

TITRE DEUXIÈME.

DE LA LIQUIDATION DES DOMMAGES-INTÉRÊTS.

523. Lorsque l'arrêt ou le jugement n'aura pas fixé les dommages-intérêts, la déclaration en sera signifiée à l'avoué du défendeur, s'il en a été constitué; et les pièces seront communiquées sur récépissé de l'avoué, ou par la voie du greffe (*b*).—**Pr.** 75, 97 s., 126, 128, 188 s., 524 s., 551.—**C.** 1149.—**T.** 1er, art. 91 § 13, 14, 20, art. 141.

524. Le défendeur sera tenu, dans le délai fixé par les articles 97 et 98, et sous les peines y portées, de remettre lesdites pièces, et, huitaine après l'expiration desdits délais, de faire ses offres au demandeur, de la somme qu'il avisera pour les dommages-intérêts; sinon, la cause sera portée sur un simple acte à l'audience, et il sera condamné à payer le montant de la déclaration, si elle est trouvée juste et bien vérifiée. — **Pr.** 75, 107, 126, 191, 523 *note*, 525, 812 s. — **C.** 1257 s. — **T.** 1er, art. 71 § 15, 17, art. 142.

525. Si les offres contestées sont jugées suffisantes, le demandeur sera condamné aux dépens, du jour des offres (*c*). — **Pr.** 130. — **C.** 1260.

(*a*) ORD. avril 1667, *tit.* XXVIII.

ART. 4. La caution étant reçue et l'acte signifié à la partie ou au procureur, elle fera sa soumission au greffe.

(*b*) ORD. avril 1667, *tit.* XXXII.

ART. 1er. La déclaration des dommages et intérêts sera dressée, et copie donnée au procureur du défendeur, ensemble de la sentence, jugement ou arrêt qui les auront adjugés; et lui seront communiquées sur son récépissé les pièces justificatives, pour les ren-

dre dans la quinzaine, à peine de prison.

(*c*) ORD. avril 1667, *tit.* XXXII.

ART. 3. Si le défendeur ne fait point d'offres ou qu'elles soient contestées, sera pris appointement à produire dans trois jours; et en cas qu'elles soient contestées, si par l'événement les dommages et intérêts n'excédent la somme offerte, le demandeur sera condamné en tous frais et dépens, depuis le jour des offres, lesquels seront liquidés par le même jugement.

TITRE TROISIÈME.

DE LA LIQUIDATION DES FRUITS.

526. Celui qui sera condamné à restituer des fruits, en rendra compte dans la forme ci-après; et il sera procédé comme sur les autres comptes rendus en justice. — Pr. 129, 527 s., 551, 633, 640. — C. 547 s., 583 s.

TITRE QUATRIÈME.

DES REDDITIONS DE COMPTES.

527. Les comptables commis par justice seront poursuivis devant les juges qui les auront commis; les tuteurs, devant les juges du lieu où la tutelle a été déférée; tous autres comptables, devant les juges de leur domicile (*a*). — Pr. 59, 472, 528 s., 905, 995. — C. 102, 108, 110, 450, 471 s., 509, 803. — Co. 540, 612.

528. En cas d'appel d'un jugement qui aurait rejeté une demande en reddition de compte, l'arrêt infirmatif renverra, pour la reddition et le jugement du compte, au tribunal où la demande avait été formée, ou à tout autre tribunal de première instance que l'arrêt indiquera. — Si le compte a été rendu et jugé en première instance, l'exécution de l'arrêt infirmatif appartiendra à la cour qui l'aura rendu, ou à un autre tribunal qu'elle aura indiqué par le même arrêt. — Pr. 472 s.

529. Les oyans qui auront le même intérêt nommeront un seul avoué : faute de s'accorder sur le choix, le plus ancien occupera, et néanmoins chacun des oyans pourra en constituer un; mais les frais occasionnés par cette constitution particulière, et faits tant activement que passivement, seront supportés par l'oyant (*b*). — Pr. 75, 130, 836, 760, 1031.

530. Tout jugement portant condamnation de rendre compte fixera le délai dans lequel le compte sera rendu, et commettra un juge (*c*). — Pr. 531 s., 1035.

531. Si le préambule du compte, en y comprenant la

(*a*) ORD. *avril* 1667, *tit.* XXIX.

ART. 2. Le comptable pourra être poursuivi de rendre compte par-devant le juge qui l'aura commis; et s'il n'a pas été nommé par autorité de justice, il sera poursuivi par-devant le juge de son domicile, sans que, sous prétexte de saisie ou intervention de créanciers privilégiés de l'une ou de l'autre des parties, les comptes puissent être évoqués ou renvoyés en autre juridiction.

(*b*) ORD. *avril* 1667, *tit.* XXIX.

ART. 11. Si les oyans ont un même intérêt, ils seront tenus de nommer un seul et même procureur, et à faute d'en convenir sera permis à chacune des parties d'en mettre un à ses frais; auquel cas ne sera donné qu'une seule copie du compte et une seule communication des pièces justificatives au plus ancien.

(*c*) ORD. *avril* 1667, *tit.* XXIX.

ART. 5. Tout jugement por-

mention de l'acte ou du juge-ment qui aura commis le ren-dant, et du jugement qui aura ordonné le compte, excède six rôles, l'excédant ne passera point en taxe (a).—**Pr.** 1031. — **T.** 1er, art. 75 § 18, 24.

532. Le rendant n'em-ploiera pour dépenses com-munes que les frais de voyage, s'il y a lieu, les vacations de l'avoué qui aura mis en ordre les pièces du compte, les gros-ses et copies, les frais de pré-sentation et affirmation (b).— **T.** 1er, art. 92 § 16, 34.

533. Le compte contiendra les recette et dépense effecti-ves; il sera terminé par la ré-capitulation de la balance des-dites recette et dépense, sauf à faire un chapitre particulier des objets à recouvrer (c).

534. Le rendant présen-tera et affirmera son compte en personne ou par procureur spécial, dans le délai fixé, et au jour indiqué par le juge-com-missaire. les oyans présens, ou appelés à personne ou do-micile, s'ils n'ont avoué, et par acte d'avoué, s'ils en ont constitué.—**Pr.** 68, 75, 535 s. — **C.** 102 s., 1987. — Le délai passé, le rendant y sera con-traint par saisie et vente de ses biens jusqu'à concurrence d'une somme que le tribunal arbitrera; il pourra même y être contraint par corps, si le tribunal l'estime convena-ble (d). — **Pr.** 126, 551, 572, 583, 673 s. — **T.** 1er, art. 29 § 25, 72, art. 70 § 32, 39, art. 92 § 17, 34.

535. Le compte présenté

---

tant condamnation de rendre compte, commettra celui qui de-vra recevoir la présentation et af-firmation du compte ; et s'il est rendu sur un appointement à met-tre ou sur un procès par écrit. le rapporteur ne pourra être com-mis pour le compte ; mais en sera commis un autre par celui à qui la distribution appartiendra.

(a) Ord. *avril* 1667, *tit.* **XXIX.**

ART. 6. La préface du compte ne pourra excéder six rôles, le surplus ne passera en taxe, et ne seront transcrites dans les comp-tes autres pièces que la commis-sion du rendant. l'acte de tutelle et l'extrait de la sentence ou arrêt qui condamne à rendre compte.

(b) Ord. *avril* 1667, *tit.* **XXIX**

ART. 18. Le rendant ne pourra employer dans la dépense de son compte les frais de la sentence ou de l'arrêt par lesquels il est condamné de le rendre, si ce n'est qu'il eût consenti avant la con-damnation ; mais pour toutes dé-penses communes, employera son

voyage, s'il en échet ; les assigna-tions pour voir présenter et af-firmer le compte ; la vacation du procureur qui aura mis les piè-ces du compte par ordre, celle du commissaire pour recevoir la pré-sentation et affirmation, et des procureurs, s'ils y ont assisté, en-semble les grosses et copies du compte.

(c) Ord. *avril* 1667, *tit.* **XXIX.**

ART. 7. Le rendant sera tenu d'insérer dans le dernier article du compte la somme à quoi se monte la recette, celle de la dé-pense et reprise, distinctement l'une de l'autre, et si la recette se trouve plus forte que la dé-pense et reprise, l'oyant pourra prendre exécutoire de l'excédant qui lui sera délivré sur l'extrait du dernier article du compte. sans préjudice des débats formés ou à former contre la recette, dé-pense et reprise et des soutene-mens au contraire.

(d) Ord. *avril* 1667, *tit.* **XXIX.**

ART. 8. Les rendans compte

et affirmé, si la recette excède la dépense, l'oyant pourra requérir du juge-commissaire exécutoire de cet excédant, sans approbation du compte. — **Pr.** 533 *note*, 534, 536 s. — **T.** 1er, art. 92 § 18, 34.

536 Après la présentation et affirmation, le compte sera signifié à l'avoué de l'oyant : les pièces justificatives seront cotées et paraphées par l'avoué du rendant; si elles sont communiquées sur récépissé, elles seront rétablies dans le délai qui sera fixé par le juge-commissaire, sous les peines portées par l'article 107. — Si les oyans ont constitué avoués différens, la copie et la communication ci-dessus seront données à l'avoué plus ancien seulement, s'ils ont le même intérêt, et à chaque avoué, s'ils ont des intérêts différens. — S'il y a des créanciers intervenans, ils n'auront tous ensemble qu'une seule communication, tant du compte que des pièces justificatives, par les mains du plus ancien des avoués qu'ils auront constitués. — **Pr.** 75, 189 s., 339, 529 *et la note*, 534 s., 537 s. — **T.** 1er, art. 92 § 19, 34.

537. Les quittances de four-

nisseurs, ouvriers, maîtres de pension, et autres de même nature, produites comme pièces justificatives du compte, sont dispensées de l'enregistrement.

538. Aux jour et heure indiqués par le commissaire, les parties se présenteront devant lui pour fournir débats, soutenemens et réponses sur son procès-verbal : si les parties ne se présentent pas, l'affaire sera portée à l'audience sur un simple acte (*a*). — **Pr.** 82, 539 s. — **T.** 1er, art. 92 § 20, 21, 34.

539. Si les parties ne s'accordent pas, le commissaire ordonnera qu'il en sera par lui fait rapport à l'audience, au jour qu'il indiquera; elles seront tenues de s'y trouver, sans aucune sommation. — **Pr.** 94, 280, 538, 542, 977, 1031.

540. Le jugement qui interviendra sur l'instance de compte contiendra le calcul de la recette et des dépenses, et fixera le reliquat précis, s'il y en a aucun (*b*). — **Pr.** 539.

541. Il ne sera procédé à la révision d'aucun compte, sauf aux parties, s'il y a erreurs, omissions, faux ou doubles emplois, à en former leurs demandes devant les mêmes juges (*c*). — **C.** 2058.

présenteront et affirmeront leur compte, en personne, ou par procureur fondé de procuration spéciale, dans le délai qui leur aura été prescrit par le jugement de condamnation, sans aucune prorogation; et le délai passé ils y seront contraints par saisie et vente de leurs biens, même par emprisonnement de leur personne, si la matière y est disposée, et qu'il soit ainsi ordonné.
(*a*) Ord. *avril* 1667, *tit.* XXIX. Art. 13. Après le délai de la communication expiré, sera pris

au greffe l'appointement de fournir par les oyans leurs consentemens ou débats dans huitaine, les soutenemens par le rendant huitaine après, écrire et produire dans une autre huitaine, et contredire dans la huitaine suivante.
(*b*) Ord. *avril* 1667, *tit.* XXIX. Art. 20. Le jugement qui interviendra sur l'instance de compte, contiendra le calcul de la recette et dépense, et formera le reliquat précis, s'il y en a aucun.
(*c*) Ord. *avril* 1667, *tit.* XXIX. Art. 21. Ne sera ci-après pro-

542. Si l'oyant est défaillant, le commissaire fera son rapport au jour par lui indiqué : les articles seront alloués, s'ils sont justifiés : le rendant, s'il est reliquataire, gardera les fonds, sans intérêts ; et s'il ne s'agit point d'un compte de tutelle, le comptable donnera caution, si mieux il n'aime consigner (*a*). —Pr. 126, 149 s., 517, 539, 540, 816.— C. 474, 1257 s., 2040 s.

TITRE CINQUIÈME.

DE LA LIQUIDATION DES DÉPENS ET FRAIS.

543. La liquidation des dépens et frais sera faite, en matière sommaire, par le jugement qui les adjugera. — Pr. 130 s., 405 s., 766.—T. 2ᵉ, art. 1, 6.

544. La manière de procéder à la liquidation des dépens et frais dans les autres matières sera déterminée par un ou plusieurs réglemens d'administration publique, qui seront exécutoires le même jour que le présent Code, et qui, après trois ans au plus tard, seront présentés en forme de loi au corps législatif, avec les changemens dont ils auront paru susceptibles.—T. 2ᵉ, art. 2 s.

TITRE SIXIÈME.

RÈGLES GÉNÉRALES SUR L'EXÉCUTION FORCÉE DES JUGEMENS ET ACTES.

545. Nul jugement ni acte ne pourront être mis à exécution, s'ils ne portent le même intitulé que les lois et ne sont terminés par un mandement aux officiers de justice, ainsi qu'il est dit article 146 (1). — Pr. 155 s., 164, 433. — C. 1317 s., 2213.

546. Les jugemens rendus

cédé à la révision d'aucun compte ; mais s'il y a des erreurs, omissions de recette ou faux emplois, les parties pourront en former leur demande, ou interjeter appel de la clôture du compte, et plaider leurs prétendus griefs en l'audience.
(*a*) Ord. *avril* 1667, *tit.* XXIX.
Art. 23. Si ceux à qui le compte doit être rendu, sont absens hors le Royaume d'une absence longue et notoire, et qu'à l'assignation il ne se présente aucun procureur, le rendant après l'affirmation lèvera son défaut au greffe, qu'il donnera à juger, et

pour le profit seront les articles alloués s'ils sont bien et dûment justifiés : si par le calcul le rendant se trouve débiteur, il en demeurera dépositaire sans intérêt en donnant caution ; et si c'est le tuteur, il sera déchargé de bailler caution.

(1) Arrêté *du* 13 *mars* 1858.

Art. 1er. A partir de la publication du présent arrêté, les expéditions des arrêts, jugemens, mandats de justice, ainsi que les grosses et expéditions des contrats, et de tous autres actes susceptibles d'exécution forcée, se-

par les tribunaux étrangers, et les actes reçus par les officiers étrangers, ne seront susceptibles d'exécution en France que de la manière et dans les cas prévus par les articles 2123 et 2128 du Code civil. — C. 2123 *et la note,* 2128.

547. Les jugemens rendus et les actes passés en France seront exécutoires dans tout le Royaume sans *visa ni pareatis,* encore que l'exécution ait lieu hors du ressort du tribunal par lequel les jugemens ont été rendus ou dans le territoire duquel les actes ont été passés (a). — Supp. *Notaire,* L. 23 vent. an XI, art. 27, 28.

548. Les jugemens qui proront intitulées ainsi qu'il suit :

« République française, au nom du peuple Français. »

Pour les arrêts et jugemens.

« La cour d'appel ou le tribunal de . . . , a rendu (*copier l'arrêt ou le jugement*).

Pour les actes notariés et autres, transcrire la teneur de l'acte.

Lesdits arrêts, jugemens, mandats de justice et autres actes seront terminés ainsi :

« En conséquence, la République mande et ordonne à tous huissiers sur ce requis, de mettre ledit jugement ou arrêt à exécution ; aux procureurs-généraux et aux commissaires du Gouvernement près les tribunaux de première instance d'y tenir la main ; à tous commandans et officiers de la force publique, de prêter main-forte lorsqu'ils en seront légalement requis. En foi de quoi, le présent jugement ou arrêt a été signé par, etc. »

3. Les porteurs des expéditions des jugemens et arrêts et des grosses et expéditions des noneeront une main-levée, une radiation d'inscription hypothécaire, un paiement, ou quelque autre chose à faire par un tiers ou à sa charge, ne seront exécutoires par les tiers ou contre eux, même après les délais de l'opposition ou de l'appel, que sur le certificat de l'avoué de la partie poursuivante, contenant la date de la signification du jugement faite au domicile de la partie condamnée, et sur l'attestation du greffier constatant qu'il n'existe contre le jugement ni opposition ni appel. — Pr. 90, 147, 157 n., 163 n., 549 n. — C. 2157. — T. 1er, art. 90 § 12, 13.

actes, délivrées avant l'ère républicaine, qui voudraient les faire mettre à exécution, devront préalablement les présenter aux greffiers des cours et tribunaux, pour les arrêts et jugemens, ou à un notaire pour les actes, afin d'ajouter la formule ci-dessus indiquée à celle dont elles étaient précédemment revêtues.

3. Ces additions seront faites sans frais.

Nota. Les expéditions des décisions des conseils de préfecture sont dispensées de cet intitulé et de ce mandement. (Délib. des comités réunis du contentieux et de l'intérieur du conseil d'État du 5 févr. 1826.)

(a) Ord. *avril* 1667, tit. XXVII.

Art. 6. Tous arrêts seront exécutés dans toute l'étendue de notre Royaume en vertu d'un *pareatis* du grand sceau, sans qu'il soit besoin d'en demander aucune permission à nos cours de parlement, baillifs, sénéchaux et autres juges dans le ressort ou détroit desquels on les voudra faire exécuter...

549. A cet effet, l'avoué de l'appelant fera mention de l'appel, dans la forme et sur le registre prescrits par l'article 183.

550. Sur le certificat qu'il n'existe aucune opposition ni appel sur ce registre, les séquestres, conservateurs, et tous autres, seront tenus de satisfaire au jugement. — Pr. 548 s. — C. 1956, 1961, 2157.

551. Il ne sera procédé à aucune saisie mobilière ou immobilière qu'en vertu d'un titre exécutoire, et pour choses liquides et certaines : si la dette exigible n'est pas d'une somme en argent, il sera sursis, après la saisie, à toutes poursuites ultérieures, jusqu'à ce que l'appréciation en ait été faite (a). — Pr. 523, 526, 527 s., 543 s., 545 et la note, 552, 559, 583 s., 673 s. — C. 1817, 2213.

552. La contrainte par corps, pour objet susceptible de liquidation, ne pourra être exécutée qu'après que la liquidation aura été faite en argent. — Pr. 126, 551, 780 s., 793. — C. 2059 s.

553. Les contestations élevées sur l'exécution des jugemens des tribunaux de commerce seront portées au tribunal de première instance du lieu où l'exécution se poursuivra. — Pr. 442, 472, 803.

554. Si les difficultés élevées sur l'exécution des jugemens ou actes requièrent célérité, le tribunal du lieu y statuera provisoirement, et renverra la connaissance du fond au tribunal d'exécution. — Pr. 49 3°, 72, 404, 417, 442, 472, 794, 803 s., 1040.

555. L'officier insulté dans l'exercice de ses fonctions dressera procès-verbal de rébellion ; et il sera procédé suivant les règles établies par le Code d'instruction criminelle. — Pr. 785. — I. Cr. 22, 59. — P. 209 s.

556. La remise de l'acte ou du jugement à l'huissier vaudra pouvoir pour toutes exécutions autres que la saisie immobilière et l'emprisonnement, pour lesquels il sera besoin d'un pouvoir spécial. — Pr. 352 s., 582, 673 s., 780 s. — C. 1987.

TITRE SEPTIÈME.

DES SAISIES-ARRÊTS OU OPPOSITIONS.

557. Tout créancier peut, en vertu de titres authentiques ou privés, saisir-arrêter entre les mains d'un tiers les sommes et effets appartenant à son débiteur, ou s'opposer à leur remise (1). — Pr. 49 7°, 417, 545, 558 s., 568, 817. — C.

(a) Ord. avril 1667, tit. XXXIII. — ART. 2. Les saisies et exécutions ne se feront que pour chose certaine et liquide, en deniers ou en espèces ; et si ce n'est en espèces, sera sursis à la vente jusqu'à ce que l'appréciation en ait été faite.

(1) Pour les choses qu'on ne peut saisir-arrêter, voy. les décrets des 22 août 1791, tit. XII, art. 9 ; 21 juil. 1793, art. 76 ; 26 pluv. an II ; 1er germ. an XIII, art. 48, et les avis du conseil d'État des 18 juil. 1807, et 11 mai 1813.

1166, 1298, 1817 s., 1322 s. — Co. 149, 197 s. — T. 1er, art. 29 § 26, 72.

558. S'il n'y a pas de titre, le juge du domicile du débiteur, et même celui du domicile du tiers saisi, pourront, sur requête, permettre la saisie-arrêt ou opposition. — Pr. 557, 559 s., 1050. — C. 107 s. — T. 1er, art. 29 § 26, 72, art. 77 § 2, 19.

559. Tout exploit de saisie-arrêt ou opposition, fait en vertu d'un titre, contiendra l'énonciation du titre et de la somme pour laquelle elle est faite : si l'exploit est fait en vertu de la permission du juge, l'ordonnance énoncera la somme pour laquelle la saisie-arrêt ou opposition est faite, et il sera donné copie de l'ordonnance en tête de l'exploit. — Si la créance pour laquelle on demande la permission de saisir-arrêter n'est pas liquide, l'évaluation provisoire en sera faite par le juge. — L'exploit contiendra aussi élection de domicile dans le lieu où demeure le tiers saisi, si le saisissant n'y demeure pas : le tout à peine de nullité. — Pr. 61, 68 s., 851, 851 *note*, 1029. — C. 102, 111. — T. 1er, art. 29 § 26, 72.

560. La saisie-arrêt ou opposition entre les mains de personnes non demeurant en France sur le continent ne pourra point être faite au domicile des procureurs du Roi : elle devra être signifiée à personne ou à domicile. — Pr. 68, 69 9°, 73, 639.

561. La saisie-arrêt ou opposition formée entre les mains des receveurs, dépositaires ou administrateurs de caisses ou deniers publics, en cette qualité, ne sera point valable, si l'exploit n'est fait à la personne préposée pour le recevoir, et s'il n'est visé par elle sur l'original, ou, en cas de refus, par le procureur du Roi (1). — Pr. 69, 569, 1039.

562. L'huissier qui aura signé la saisie-arrêt ou opposition sera tenu, s'il en est requis, de justifier de l'existence du saisissant à l'époque où le pouvoir de saisir a été donné, à peine d'interdiction, et des dommages et intérêts des parties. — Pr. 71, 556, 1029, 1031.

563. Dans la huitaine de la saisie-arrêt ou opposition, outre un jour pour trois myriamètres de distance entre le domicile du tiers saisi et celui du saisissant, et un jour pour trois myriamètres de distance entre le domicile de ce dernier et celui du débiteur saisi, le saisissant sera tenu de dénoncer la saisie-arrêt ou opposition au débiteur saisi, et de l'assigner de validité. — Pr. 59, 61, 564 s., 641, 831, 1033. — C. 102 s. — T. 1er, art. 29 § 27, 72.

564. Dans un pareil délai,

---

(1) Les saisies-arrêts ou oppositions formées entre les mains des receveurs, dépositaires ou administrateurs des caisses ou deniers publics n'admettent pas les formalités prescrites par le présent titre. Il faut pour ces saisies-arrêts ou oppositions se conformer aux décrets des 11 févr. 1792, 30 mai 1793, 13 pluv. an XIII, 28 flor. an XIII, 18 août 1807.

Le mode de paiement des créances à la charge de l'État, frappées d'opposition, est réglé par les lois des 9 juillet 1836 (art 13, 14, 15); 8 juillet 1837 (art. 11); — Par les ordonnances du 16 nov. 1831 et du 18 sept. 1837.

outre celui en raison des distances, à compter du jour de la demande en validité, cette demande sera dénoncée, à la requête du saisissant, au tiers saisi, qui ne sera tenu de faire aucune déclaration avant que cette dénonciation lui ait été faite. — Pr. 563, 565, 568 s., 573 s., 577, 1033. — T. 1er, art. 29 § 28, 72.

565. Faute de demande en validité, la saisie ou opposition sera nulle : faute de dénonciation de cette demande au tiers saisi, les palemens par lui faits jusqu'à la dénonciation seront valables. — Pr. 563 s. — C. 1242, 1690 s.

566. En aucun cas il ne sera nécessaire de faire précéder la demande en validité par une citation en conciliation. — Pr. 49 7°, 570.

567. La demande en validité, et la demande en mainlevée formée par la partie saisie, seront portées devant le tribunal du domicile de la partie saisie. — Pr. 59, 570. — C. 102.

568. Le tiers saisi ne pourra être assigné en déclaration, s'il n'y a titre authentique, ou jugement qui ait déclaré la saisie-arrêt ou l'opposition valable. — Pr. 569 s. — C. 1317.

569. Les fonctionnaires publics dont il est parlé article 561 ne seront point assignés en déclaration; mais ils délivreront un certificat constatant s'il est dû à la partie saisie, et énonçant la somme, si elle est liquide. — Pr. 551, 561, 573. — T. 1er, art. 91 § 15, 20.

570. Le tiers saisi sera assigné sans citation préalable en conciliation, devant le tribunal qui doit connaitre de la saisie; sauf à lui, si sa déclaration est contestée, à demander son renvoi devant son juge. — Pr. 49, 59, 168, 567, 638. — T. 1er, art. 29 § 29, 72, art. 75 § 19, 24.

571. Le tiers saisi assigné fera sa déclaration, et l'affirmera au greffe, s'il est sur les lieux; sinon, devant le juge de paix de son domicile, sans qu'il soit besoin, dans ce cas, de réitérer l'affirmation au greffe. — Pr. 577 s., 638 — C. 102.

572. La déclaration et l'affirmation pourront être faites par procuration spéciale. — Pr. 638. — C. 1987.

573. La déclaration énoncera les causes et le montant de la dette; les palemens à compte, si aucuns ont été faits; l'acte ou les causes de libération, si le tiers saisi n'est plus débiteur; et, dans tous les cas, les saisies-arrêts ou oppositions formées entre ses mains. — Pr. 569, 571 s., 577 s., 638. — T. 1er, art. 92 § 22, 34.

574. Les pièces justificatives de la déclaration seront annexées à cette déclaration; le tout sera déposé au greffe, et l'acte de dépôt sera signifié par un seul acte contenant constitution d'avoué. — Pr. 575 s., 638. — T. 1er, art. 70 § 33, 39, art. 92 § 22, 34.

575. S'il survient de nouvelles saisies-arrêts ou oppositions, le tiers saisi les dénoncera à l'avoué du premier saisissant, par extrait contenant les noms et élection de domicile des saisissans, et les causes des saisies-arrêts ou oppositions. — Pr. 559, 563, 638. — T. 1er, art. 70 § 34, 39.

576. Si la déclaration n'est pas contestée, il ne sera fait aucune autre procédure, ni de la part du tiers saisi, ni contre lui. — Pr. 638, 1031.

577. Le tiers saisi qui ne fera pas sa déclaration ou qui ne fera pas les justifications ordonnées par les articles ci-dessus sera déclaré débiteur pur et simple des causes de la saisie. — Pr. 571 s.

578. Si la saisie-arrêt ou opposition est formée sur effets mobiliers, le tiers saisi sera tenu de joindre à sa déclaration un état détaillé desdits effets. — Pr. 588. — C. 535. — T. 1er, art. 70 § 35, 39.

579. Si la saisie-arrêt ou opposition est déclarée valable, il sera procédé à la vente et distribution du prix, ainsi qu'il sera dit au titre *de la Distribution par contribution.* — Pr. 612 s., 656 s. — C. 2093.

580. Les traitemens et pensions dus par l'État ne pourront être saisis que pour la portion déterminée par les lois ou par ordonnances royales (1).

581. Seront insaisissables, 1° les choses déclarées insaisissables par la loi; 2° les provisions alimentaires adjugées par justice; 3° les sommes et objets disponibles déclarés insaisissables par le testateur ou donateur; 4° les sommes et pensions pour alimens, encore que le testament ou l'acte de donation ne les déclare pas insaisissables. — Pr. 582, 592 s., 1004. — C. 205 s., 259, 268, 301, 893 s., 1981.

582. Les provisions alimentaires ne pourront être saisies que pour cause d'alimens : les objets mentionnés aux n° 3 et 4 du précédent article pourront être saisis par des créanciers postérieurs à l'acte de donation ou à l'ouverture du legs; et ce, en vertu de la permission du juge, et pour la portion qu'il déterminera. — Pr. 581, 592, 593. — T. 1er, art. 77 § 3, 16.

TITRE HUITIÈME.

DES SAISIES-EXÉCUTIONS.

583. Toute saisie-exécution sera précédée d'un commandement à la personne ou au domicile du débiteur, fait au moins un jour avant la saisie, et contenant notification du titre, s'il n'a déjà été notifié. — Pr. 49 7°, 68, 545, 551, 634, 819 s. — C. 102, 2244. — T. 1er, art. 29 § 30, 72.

584. Il contiendra élection de domicile jusqu'à la fin de la poursuite, dans la commune où doit se faire l'exécution, si le créancier n'y demeure; et le débiteur pourra faire à ce domicile élu toutes significations, même d'offres réelles et d'appel (a). — Pr. 59, 456, 583, 812 s. — C. 111, 1258 6°, 1265.

---

(1) *Voy.* Déca. 19 pluv. an III; L. 21 vent. an IX, et Arr. 7 therm. an X; 18 niv. an XI; 10 germ. an XI; 2 prair. an XI, art. 3; Av. C. d'Ét. 23 janv.-2 févr. 1808; Ord 27 août 1817; 10 avril 1823; L. 11 avril 1831, art. 28, et 18 avril 1831, art. 30.

(a) Ord. *avril* 1667, *tit.* XXXIII. Art. 1er. Tous exploits de saisie et exécutions de meubles, ou choses mobilières, contiendrons l'élection du domicile du saisissant dans la ville où la saisie et

— T. 1er, art. 29 § 30, 72.

585. L'huissier sera assisté de deux témoins, Français, majeurs, non parens ni alliés des parties ou de l'huissier, jusqu'au degré de cousin issu de germain inclusivement, ni leurs domestiques; il énoncera sur le procès-verbal leurs noms, professions et demeures: les témoins signeront l'original et les copies. La partie poursuivante ne pourra être présente à la saisie (a). — Pr. 61 *note*, 598. — C. 37, 980. — T. 1er, art. 31.

586. Les formalités des exploits seront observées dans les procès-verbaux de saisie-exécution; ils contiendront itératif commandement, si la saisie est faite en la demeure du saisi (b). — Pr. 61, 585, 587 N. — T. 1er, art. 31.

587. Si les portes sont fermées, ou si l'ouverture en est refusée, l'huissier pourra éta-blir gardien aux portes pour empêcher le divertissement : il se retirera sur-le-champ, sans assignation, devant le juge de paix, ou, à son défaut, devant le commissaire de police, et dans les communes où il n'y en a pas, devant le maire, et à son défaut, devant l'adjoint, en présence desquels l'ouverture des portes, même celle des meubles fermans, sera faite, au fur et à mesure de la saisie. L'officier qui se transportera ne dressera point de procès-verbal; mais il signera celui de l'huissier, lequel ne pourra dresser du tout qu'un seul et même procès-verbal (c). — Pr. 591, 829, 921. — T. 1er, art. 31, 32. — T. 7e,

588. Le procès-verbal contiendra la désignation détaillée des objets saisis : s'il y a des marchandises, elles seront pesées, mesurées ou jaugées, suivant leur nature (d). — Pr.

---

exécution sera faite ; et si la saisie et exécution n'est faite dans une ville, bourg, ou village, le domicile sera élu dans le village ou la ville qui est plus proche.

(a) Ord. *avril* 1667, *tit.* XXXIII.

Art. 4. Avant d'entrer dans une maison pour y saisir des meubles ou effets mobiliers, l'huissier ou sergent sera tenu d'appeler deux voisins ou moins pour y être présens, auxquels il fera signer son exploit ou procès-verbal, s'ils savent ou veulent signer, sinon en fera mention, comme aussi du temps de l'exploit, si c'est avant ou après midi; et le fera aussi signer par ses recors : et s'il n'y a point de voisin, sera tenu de le déclarer par l'exploit, et de le faire parapher par le plus prochain juge incontinent après l'exécution.

(b) Ord. *avril* 1667, *tit.* XXXIII.

Art. 3. Toutes les formalités des ajournemens seront observées dans les exploits de saisie et exécution, et sous les mêmes peines.

(c) Ord. *avril* 1667, *tit.* XXXIII.

Art. 5. Si les portes de la maison sont fermées, et qu'il n'y ait personne pour les ouvrir, ou que ceux qui y seront n'en veulent faire l'ouverture, l'huissier ou sergent se retirera devant le juge du lieu, lequel, au bas de l'exploit ou procès-verbal du sergent, nommera deux personnes, en présence desquelles l'ouverture des portes et la saisie et exécution seront faites, et signeront l'exploit ou procès-verbal de saisie avec les recors.

(d) Ord. *avril* 1667, *tit.* XXXIII.

Art. 6. Les exploits ou procès-verbaux de saisies et exécu-

578, 589 *., 595, 613.—T. 1er, art. 31.

589. L'argenterie sera spécifiée par pièces et poinçons, et elle sera pesée. — **Pr.** 588, 621. — **T.** 1er, art. 31.

590. S'il y a des deniers comptans, il sera fait mention du nombre et de la qualité des espèces : l'huissier les déposera au lieu établi pour les consignations; à moins que le saisissant et la partie saisie, ensemble les opposans, s'il y en a, ne conviennent d'un autre dépositaire. — **T.** 1er, art. 31, 33.

591. Si le saisi est absent, et qu'il y ait refus d'ouvrir aucune pièce ou meuble, l'huissier en requerra l'ouverture; et s'il se trouve des papiers, il requerra l'apposition des scellés par l'officier appelé pour l'ouverture. — **Pr.** 587, 907 *.

592. Ne pourront être saisis, — **Pr.** 581, 582, 593. — 1° Les objets que la loi déclare immeubles par destination; — **Pr.** 673 *. — **C.** 523 *. — 2° Le coucher nécessaire des saisis, ceux de leurs enfans vivant avec eux; les habits dont les saisis sont vêtus et couverts; — **Pr.** 593. — 3° Les livres relatifs à la profession du saisi, jusqu'à la somme de trois cents francs, à son choix; — 4° Les machines et instrumens servant à l'enseignement pratique ou exercice des sciences et arts, jusqu'à concurrence de la même somme, et au choix du saisi; — 5° Les équipemens des militaires, suivant l'ordonnance et le grade; — 6° Les outils des artisans, nécessaires à leurs occupations personnelles; — 7° Les farines et menues denrées nécessaires à la consommation du saisi et de sa famille pendant un mois; — 8° Enfin une vache, ou trois brebis, ou deux chèvres, au choix du saisi, avec les pailles, fourrages et grains nécessaires pour la litière et la nourriture desdits animaux pendant un mois (a). — **Pr.** 594.

593. Lesdits objets ne pourront être saisis pour aucune créance, même celle de l'État, si ce n'est pour alimens fournis à la partie saisie, ou som-

---

tions, contiendront par le menu et en détail tous les meubles saisis et exécutés.

(a) ORD. *avril* 1667, *tit.* XXXIII.

ART. 14. En procédant par saisie et exécution, sera laissé aux personnes saisies une vache, trois brebis ou deux chèvres, pour aider à soutenir leur vie, si ce n'est que la créance pour laquelle la saisie est faite procède de la vente des mêmes bestiaux, pour avoir prêté l'argent pour les acheter; et de plus sera laissé un lit et l'habit dont les saisis seront vêtus et couverts.

15. Les chevaux, bœufs et autres bêtes de labourage, charrues, charrettes, et ustensiles servant à labourer et cultiver les terres, vignes et prés, ne pourront être saisis, même pour nos propres deniers, à peine de nullité, de tous dépens, dommages et intérêts, et de cinquante livres d'amende contre le créancier et le sergent solidairement. N'entendons toutefois comprendre les sommes dues au vendeur ou à celui qui a prêté l'argent pour l'achat des mêmes bestiaux et ustensiles, ni ce qui sera dû pour les fermages et moissons des terres où seront les bestiaux et ustensiles.

mes dues aux fabricans ou vendeurs desdits objets, ou à celui qui aura prêté pour les acheter, fabriquer ou réparer; pour fermages et moissons des terres à la culture desquelles ils sont employés, loyers des manufactures, moulins, pressoirs, usines dont ils dépendent, et loyers des lieux servant à l'habitation personnelle du débiteur. — Les objets spécifiés sous le n° 2 du précédent article ne pourront être saisis pour aucune créance. — Pr. 581, 592 *et la note.* — C. 2102.

594. En cas de saisie d'animaux et ustensiles servant à l'exploitation des terres, le juge de paix pourra, sur la demande du saisissant, le propriétaire et le saisi entendus ou appelés, établir un gérant à l'exploitation. — Pr. 592 8°, 598. — C. 1961, 2000.

595. Le procès-verbal contiendra indication du jour de la vente. — Pr. 586 ×, 601 ×, 618 ×.

596. Si la partie saisie offre un gardien solvable, et qui se charge volontairement et sur-le-champ, il sera établi par l'huissier. — Pr. 598,

603 ×, 628. — C. 2060 3°. — T. 1er, art. 34.

597. Si le saisi ne présente gardien solvable et de la qualité requise, il en sera établi un par l'huissier. — Pr. 596, 603 ×.

598. Ne pourront être établis gardiens, le saisissant, son conjoint, ses parens et alliés jusqu'au degré de cousin issu de germain inclusivement, et ses domestiques; mais le saisi, son conjoint, ses parens, alliés et domestiques, pourront être établis gardiens, de leur consentement et de celui du saisissant (*a*). — Pr. 585, 628, 821, 823, 830. — C. 735 ×.

599. Le procès-verbal sera fait sans déplacer; il sera signé par le gardien en l'original et la copie : s'il ne sait signer, il en sera fait mention; et il lui sera laissé copie du procès-verbal. — Pr. 601 ×, 611, 623.

600. Ceux qui, par voies de fait, empêcheraient l'établissement du gardien, ou qui enlèveraient et détourneraient des effets saisis, seront poursuivis conformément au Code d'instruction criminelle (*b*). —

____

(*a*) Ord. *avril* 1667, *tit.* XIX.

Art. 13. Les huissiers ou sergens ne pourront prendre pour gardiens et commissaires des choses par eux saisies aucuns de leurs parens et alliés, ni pareillement le saisi, sa femme, ses enfans ou petits-enfans, à peine de tous dépens, dommages et intérêts envers le créancier saisissant.

14. Les frères, oncles et neveux du saisi ne pourront aussi être établis gardiens ou commissaires aux meubles et fruits saisis, sous pareille peine; si ce

n'est qu'ils y aient expressément consenti par le procès-verbal de saisie et exécution, et qu'ils l'aient signé ou déclaré ne pouvoir signer.

(*b*) Ord. *avril* 1667, *tit.* XIX.

Art. 17. Celui qui par violence empêchera l'établissement des gardiens et commissaires aux meubles ou fruits saisis, ou qui les enlèvera, sera condamné envers l'autre partie au double de la valeur des meubles et fruits saisis, et en cent livres d'amende envers nous, sans préjudice des poursuites extraordinaires.

Pr. 555. — P. 209 s., 379 s., 400 s., 406.

601. Si la saisie est faite au domicile de la partie, copie lui sera laissée, sur-le-champ, du procès-verbal, signée des personnes qui auront signé l'original; si la partie est absente, copie sera remise au maire ou adjoint, ou au magistrat qui, en cas de refus de portes, aura fait faire ouverture, et qui visera l'original (a). — **Pr.** 68 *note*, 588 s., 599, 602, 623, 1039. — **T.** 1er, art. 31.

602. Si la saisie est faite hors du domicile et en l'absence du saisi, copie lui sera notifiée dans le jour, outre un jour pour trois myriamètres; sinon les frais de garde et le délai pour la vente ne courront que du jour de la notification. — **Pr.** 601, 623, 1033. — **T.** 1er, art. 29 § 31, 72.

603. Le gardien ne peut se servir des choses saisies, les louer ou prêter, à peine de privation des frais de garde, et de dommages-intérêts, au paiement desquels il sera contraignable par corps (b). —

Pr. 126, 602, 604 s. — C. 1149, 1961 s., 2060.

604. Si les objets saisis ont produit quelques profits ou revenus, il est tenu d'en compter, même par corps (c). — **Pr.** 126, 527 s. — C. 1936, 1962, 2060.

605. Il peut demander sa décharge, si la vente n'a pas été faite au jour indiqué par le procès-verbal, sans qu'elle ait été empêchée par quelque obstacle; et, en cas d'empêchement, la décharge peut être demandée deux mois après la saisie, sauf au saisissant à faire nommer un autre gardien (d). — **Pr.** 595, 606, 613 s.

606. La décharge sera demandée contre le saisissant et le saisi, par une assignation en référé devant le juge du lieu de la saisie : si elle est accordée, il sera préalablement procédé au récolement des effets saisis, parties appelées. — **Pr.** 605 *note*, 607 s., 806 s. — **T.** 1er, art. 29 § 32, 72, art. 85.

607. Il sera passé outre, nonobstant toutes réclamations

(a) ORD. *avril* 1667, *tit.* XXXIII. ART. 7. Sera laissé sur-le-champ au saisi copie de l'exploit, ou procès-verbal signé des mêmes personnes qui auront signé l'original.

(b) ORD. *avril* 1667, *tit.* XXXIII. ART. 9. Défendons aux gardiens de se servir des choses saisies pour leur usage particulier, ni de les bailler à louage; et en cas de contravention, voulons qu'ils soient privés du paiement des frais de garde et de nourriture, et condamnés aux dommages et intérêts des parties.

(c) ORD. *avril* 1667, *tit.* XXXIII. ART. 10. Si les bestiaux saisis produisent d'eux-mêmes quelque profit ou revenu, le gardien en rendra compte au saisi ou aux créanciers saisissans.

(d) ORD. *avril* 1667, *tit.* XIX. ART. 20. Les séquestres demeureront déchargés de plein droit pour l'avenir, aussitôt que les contestations d'entre les parties auront été définitivement jugées, et les gardiens et commissaires deux mois après que les oppositions auront été jugées, sans obtenir aucun jugement de décharge; le tout néanmoins en rendant compte de leur commission pour le passé.

de la part de la partie saisie, sur lesquelles il sera statué en référé. — Pr. 806 s.

608. Celui qui se prétendra propriétaire des objets saisis, ou de partie d'iceux, pourra s'opposer à la vente par exploit signifié au gardien, et dénoncé au saisissant et au saisi, contenant assignation libellée et l'énonciation des preuves de propriété, à peine de nullité : il y sera statué par le tribunal du lieu de la saisie, comme en matière sommaire. — Le réclamant qui succombera sera condamné, s'il y échet, aux dommages et intérêts du saisissant. — Pr. 61, 126, 128, 404 s., 474, 606, 727, 826 s., 1029. — C. 549 s., 1149 s., 2102 4°. — T. 1er, art. 29 § 33, 72.

609. Les créanciers du saisi, pour quelque cause que ce soit, même pour loyers, ne pourront former opposition que sur le prix de la vente : leurs oppositions en contiendront les causes ; elles seront signifiées au saisissant et à l'huissier ou autre officier chargé de la vente, avec élection de domicile dans le lieu où la saisie est faite, si l'opposant n'y est pas domicilié : le tout à peine de nullité des oppositions, et des dommages-intérêts contre l'huissier, s'il y a lieu. — Pr. 71, 128, 610, 615, 622, 1029, 1031. — C. 102, 111, 1149 s., 2102 1°. — T. 1er, art. 29 § 34, 72.

610. Le créancier opposant ne pourra faire aucune poursuite, si ce n'est contre la partie saisie, et pour obtenir condamnation : il n'en sera fait aucune contre lui, sauf à discuter les causes de son opposition lors de la distribution des deniers. — Pr. 551, 557, 656, 1031.

611. L'huissier qui, se présentant pour saisir, trouverait une saisie déjà faite et un gardien établi, ne pourra pas saisir de nouveau ; mais il pourra procéder au récolement des meubles et effets sur le procès-verbal, que le gardien sera tenu de lui représenter : il saisira les effets omis, et fera sommation au premier saisissant de vendre le tout dans la huitaine ; le procès-verbal de récolement vaudra opposition sur les deniers de la vente. — Pr. 612, 616, 679. — T. 1er, art. 36.

612. Faute par le saisissant de faire vendre dans le délai ci-après fixé, tout opposant ayant titre exécutoire pourra, sommation préalablement faite au saisissant, et sans former aucune demande en subrogation, faire procéder au récolement des effets saisis, sur la copie du procès-verbal de saisie, que le gardien sera tenu de représenter, et de suite à la vente. — Pr. 545, 605 s., 611, 616, 721 s. — C. 1317. — T. 1er, art. 29 § 35, 72.

613. Il y aura au moins huit jours entre la signification de la saisie au débiteur et la vente (a). — Pr. 593, 602, 614, 617, 1033.

614. Si la vente se fait à un jour autre que celui indiqué par la signification, la partie saisie sera appelée, avec

---

(a) ORD. *avril 1667, tit.*
XXXIII.
ART. 12. Les choses saisies ne pourront être vendues qu'il n'y ait au moins huit jours francs entre l'exécution et la vente.

un jour d'intervalle, outre un jour pour trois myriamètres en raison de la distance du domicile du saisi, et du lieu où les effets seront vendus. — Pr. 595, 603, 613, 1033. — T. 1er, art. 29 § 36, 72.

615. Les opposans ne seront point appelés. — Pr. 609 s., 617 s.

616. Le procès-verbal de récolement qui précédera la vente ne contiendra aucune énonciation des effets saisis, mais seulement de ceux en déficit, s'il y en a. — Pr. 606, 612. — T. 1er, art. 37.

617. La vente sera faite au plus prochain marché public, aux jour et heure ordinaires des marchés, ou un jour de dimanche : pourra néanmoins le tribunal permettre de vendre les effets en un autre lieu plus avantageux. Dans tous les cas, elle sera annoncée un jour auparavant par quatre placards au moins, affichés, l'un au lieu où sont les effets, l'autre à la porte de la maison commune, le troisième au marché du lieu, et s'il n'y en a pas, au marché voisin, le quatrième à la porte de l'auditoire de la justice de paix ; et si la vente se fait dans un lieu autre que le marché ou le lieu où sont les effets, un cinquième placard sera apposé au lieu où se fera la vente. La vente sera en outre annoncée par la voie des journaux, dans les villes où il y en a (a). — Pr. 618 s., 945, 946 et la note, 949. — T. 1er, art. 38, 76 § 12, 21. — T. 6e.

618. Les placards indiqueront les lieu, jour et heure de la vente, et la nature des objets sans détail particulier. — Pr. 619, 630.

619. L'apposition sera constatée par exploit, auquel sera annexé un exemplaire du placard. — Pr. 617 s. — T. 1er, art. 39.

620. S'il s'agit de barques, chaloupes et autres bâtimens de mer du port de dix tonneaux et au-dessous, bacs, galiotes, bateaux et autres bâtimens de rivière, moulins et autres édifices mobiles, assis sur bateaux ou autrement, il sera procédé à leur adjudication sur les ports, gares ou quais où ils se trouvent : il sera affiché quatre placards au moins, conformément à l'article précédent ; et il sera fait, à trois divers jours consécutifs, trois publications au lieu où sont lesdits objets : la première publication ne sera faite que huit jours au moins après la signification de la saisie. Dans les villes où il s'imprime des journaux, il sera suppléé à ces trois publications par l'insertion qui sera faite au journal de l'annonce de ladite vente, laquelle annonce sera répétée trois fois dans le cours du mois précédant la vente (b). — Pr. 613, 617 s., 1033. —

(a) ORD. *avril* 1667, *tit.* XXXIII.

ART. 11. La vente des choses saisies sera faite au plus prochain marché public aux jours et heures ordinaires des marchés, et sera tenu le sergent signifier auparavant à la personne ou domicile du saisi, le jour et l'heure de la vente, à ce qu'il ait à faire trouver des enchérisseurs si bon lui semble.

(b) ORD. *août* 1681, *liv.* 1er, *tit.* XIV.

ART. 9. L'adjudication des barques, chaloupes et autres bâtimens, du port de dix tonneaux

C. 531. — Co. 207 s. — T. 1er, art. 41.

621. La vaisselle d'argent, les bagues et joyaux de la valeur de trois cents francs au moins, ne pourront être vendus qu'après placards apposés en la forme ci-dessus, et trois expositions, soit au marché, soit dans l'endroit où sont lesdits effets ; sans que néanmoins, dans aucun cas, lesdits objets puissent être vendus au-dessous de leur valeur réelle, s'il s'agit de vaisselle d'argent, ni au-dessous de l'estimation qui en aura été faite par des gens de l'art, s'il s'agit de bagues et joyaux. — Dans les villes où il s'imprime des journaux, les trois publications seront suppléées, comme il est dit en l'article précédent (*a*). — Pr. 589, 620. — T. 1er, art. 41.

622. Lorsque la valeur des effets saisis excédera le montant des causes de la saisie et des oppositions, il ne sera pro-cédé qu'à la vente des objets suffisant à fournir somme né-cessaire pour le paiement des créances et frais (*b*). — Pr. 130. — C. 2101 1o.

623. Le procès-verbal con-statera la présence ou le dé-faut de comparution de la par-tie saisie. — Pr. 586, 588 s., 595. — T. 1er, art. 40.

624. L'adjudication sera faite au plus offrant, en payant comptant : faute de paiement, l'effet sera revendu sur-le-champ à la folle enchère de l'adjudi-cataire (*c*). — Pr. 625, 740, 1031. — C. 1649. — P. 412.

625. Les commissaires-pri-seurs et huissiers seront per-sonnellement responsables du prix des adjudications, et fe-ront mention, dans leurs pro-cès-verbaux, des noms et do-miciles des adjudicataires : ils ne pourront recevoir d'eux au-cune somme au-dessus de l'en-chère, à peine de concus-sion (*d*). — Pr. 132, 624, 657. — C. 2060 7o. — P. 169 s.

---

et au-dessous, sera faite à l'au-dience, après trois publications seulement sur le quai à trois di-vers jours ouvrables consécutifs, pourvu qu'il y ait huit jours francs entre la saisie et la vente.

(*a*) Ord. *avril* 1667, *tit.* XXXIII. Art. 13. Les bagues, joyaux et vaisselle d'argent de la valeur de trois cents livres ou plus, ne pour-ront être vendus qu'après trois ex-positions à trois jours de marchés différens, si ce n'est que le sai-sissant et le saisi en conviennent par écrit, qui sera mis entre les mains du sergent pour sa décharge.

(*b*) Ord. *avril* 1667, *tit.* XXXIII. Art. 20. Incontinent après la vente, les deniers en provenant seront délivrés par le sergent ou huissier entre les mains du sai-sissant, jusqu'à la concurrence de son dû, le surplus délivré au saisi, et en cas d'opposition, à qui par justice sera ordonné, à peine, contre l'huissier ou ser-gent, d'interdiction, et de cent li-vres d'amende applicable moitié à nous, et moitié à celui qui de-vait recevoir les deniers.

(*c*) Ord. *avril* 1667, *tit.* XXXIII. Art. 17. Les choses saisies se-ront adjugées au plus offrant et dernier enchérisseur, en payant par lui sur-le-champ le prix de la vente.

(*d*) Ord. *avril* 1667, *tit.* XXXIII. Art. 18. Les huissiers ou ser-gens seront tenus de faire men-tion dans leurs procès-verbaux du nom et domicile des adjudica-taires, desquels ils ne pourront

TITRE NEUVIÈME.

DE LA SAISIE DES FRUITS PENDANS, PAR RACINE, OU DE LA SAISIE-BRANDON.

626. La saisie-brandon ne pourra être faite que dans les six semaines qui précéderont l'époque ordinaire de la maturité des fruits; elle sera précédée d'un commandement, avec un jour d'intervalle.—Pr. 49 7°, 68, 551, 583, 636, 673, 819, 821. — C. 520, 2244.—T. 1er, art. 29 § 37, 72.

627. Le procès-verbal de saisie contiendra l'indication de chaque pièce, sa contenance et sa situation, et deux au moins de ses tenans et aboutissans, et la nature des fruits. — Pr. 64, 675. — T. 1er, article 43.

628. Le garde champêtre sera établi gardien, à moins qu'il ne soit compris dans l'exclusion portée par l'article 598; s'il n'est présent, la saisie lui sera signifiée : il sera aussi laissé copie au maire de la commune de la situation, et l'original sera visé par lui.—Si les communes sur lesquelles les biens sont situés sont contiguës ou voisines, il sera établi un seul gardien, autre néanmoins qu'un garde champêtre : le visa sera donné par le maire de la commune du chef-lieu de l'exploitation; et s'il n'y en a pas, par le maire de la commune où est située la majeure partie des biens. — Pr. 598 n., 598. — C. 2060 4°. — T. 1er, art. 29 § 38, 72, art. 44, 45.

629. La vente sera annoncée par placards affichés, huitaine au moins avant la vente, à la porte du saisi, à celle de la maison commune, et s'il n'y en a pas, au lieu où s'apposent les actes de l'autorité publique; au principal marché du lieu, et s'il n'y en a pas, au marché le plus voisin, et à la porte de l'auditoire de la justice de paix. — Pr. 617 n., 630 n.

630. Les placards désigneront les jour, heure et lieu de la vente; les noms et demeures du saisi et du saisissant, la quantité d'hectares et la nature de chaque espèce de fruits, la commune où ils sont situés, sans autre désignation. — Pr. 618, 627.

631. L'apposition des placards sera constatée ainsi qu'il est dit au titre *des Saisies-exécutions*. — Pr. 619.

632. La vente sera faite un jour de dimanche ou de marché. — Pr. 617, 633.

633. Elle pourra être faite sur les lieux ou sur la place de la commune où est située la majeure partie des objets saisis.—La vente pourra aussi être faite sur le marché du lieu, et s'il n'y en a pas, sur le marché le plus voisin. — Pr. 617, 634.

634. Seront, au surplus, observées les formalités prescrites au titre *des Saisies-exécutions*. — Pr. 583, 625.

635. Il sera procédé à la

---

rien prendre ni recevoir directement ou indirectement outre le

prix de l'adjudication, à peine de concussion.

distribution du prix de la vente ainsi qu'il sera dit au titre de la | *Distribution par contribution.* — Pr. 656 s.

TITRE DIXIÈME (a).

DE LA SAISIE DES RENTES CONSTITUÉES SUR PARTICULIERS.

(Loi du 21 mai 1842.)

636. La saisie d'une rente constituée en perpétuel ou en viager, moyennant un capital déterminé, ou pour prix de la vente d'un immeuble, ou de la cession de fonds immobiliers, ou à tout autre titre onéreux ou gratuit, ne peut avoir lieu qu'en vertu d'un titre exécutoire. Elle sera précédée d'un commandement fait à la personne ou au domicile de la partie obligée ou condamnée, au moins un jour avant la saisie, et contenant notification du titre, si elle n'a déjà été faite. — Pr. 68, 146, 545, 551, 583, 626, 637 s., 673, 1033.— C. 529, 1317, 2244. — T. 1er, art. 29 § 39, 72, art. 128. — (A. Pr. 636.)

637. La rente sera saisie entre les mains de celui qui la doit, par exploit contenant, outre les formalités ordinaires, l'énonciation du titre constitutif de la rente, de sa quotité, de son capital, s'il y en a un, et du titre de la créance du saisissant; les noms, profession et demeure de la partie saisie; élection de domicile chez un avoué près le tribunal devant lequel la vente sera poursuivie, et assignation au tiers saisi en déclaration devant le même tribunal. — Pr. 49 7°, 61, 68, 69, 559, 570, 640, 655. — T. 1er, art. 46.—(A. Pr. 637.)

638. Les dispositions contenues aux articles 570, 571, 572, 573, 574, 575 et 576, relatives aux formalités que doit remplir le tiers saisi, seront observées par le débiteur de la rente. — Si ce débiteur ne fait pas sa déclaration, s'il la fait tardivement, ou s'il ne fait pas les justifications ordonnées, il pourra, selon les cas, être condamné à servir la rente faute d'avoir justifié de sa libération, ou à des dommages-intérêts résultant, soit de son silence, soit du retard apporté à faire sa déclaration, soit de la procédure à laquelle il aura donné lieu.—Pr. 126, 128, 577. — C. 1149. — (A. Pr. 638.)

639. La saisie entre les

---

mains de personnes non demeurant en France sur le continent sera signifiée à personne ou domicile; et seront observés, pour la citation, les délais prescrits par l'article 73. — **Pr.** 68, 560, 642, 655. — (A. **Pr.** 639.)

640. L'exploit de saisie vaudra toujours saisie-arrêt des arrérages échus et à échoir jusqu'à la distribution. — **Pr.** 557 s., 637. — (A. **Pr.** 640.)

641. Dans les trois jours de la saisie, outre un jour par cinq myriamètres de distance entre le domicile du débiteur de la rente et celui du saisissant, et pareil délai en raison de la distance entre le domicile de ce dernier et celui de la partie saisie, le saisissant sera tenu de la dénoncer à la partie saisie et de lui notifier le jour de la publication du cahier des charges. — Lorsque le débiteur de la rente sera domicilié hors du continent de la France, le délai pour la dénonciation ne courra que du jour de l'échéance de la citation au tiers saisi. — **Pr.** 69, 73, 563, 639, 642 s., 653, 677, 692, 1033.

— T. 1er, art. 29 § 40, 72. — (A. **Pr.** 641, 642.)

642. Dix jours au plus tôt, quinze jours au plus tard, après la dénonciation à la partie saisie, outre le délai des distances, tel qu'il est réglé par l'article 641, le saisissant déposera au greffe du tribunal devant lequel se poursuit la vente le cahier des charges contenant les noms, profession et demeure du saisissant, de la partie saisie et du débiteur de la rente, la nature de cette rente, sa quotité, celle du capital, s'il y en a un, la date et l'énonciation du titre en vertu duquel elle est constituée, l'énonciation de l'inscription, si le titre contient hypothèque et si cette hypothèque a été inscrite pour sûreté de la rente; les noms et demeure de l'avoué du poursuivant, les conditions de l'adjudication et la mise à prix, avec indication du jour de la publication du cahier des charges. — **Pr.** 644 s., 631, 655, 690, 1029. — (A. **Pr.** 642.)

643. Dix jours au plus tôt, vingt jours au plus tard, après

---

sont reproduits littéralement par les articles 638, 639 et 640 du nouveau texte.)

641. Dans les trois jours de la saisie, outre un jour pour trois myriamètres de distance entre le domicile du débiteur de la rente et celui du saisissant, et pareil délai en raison de la distance entre le domicile de ce dernier et celui de la partie saisie, le saisissant sera tenu, à peine de nullité de la saisie, de la dénoncer à la partie saisie, et de lui notifier le jour de la première publication.

642. Lorsque le débiteur de la

rente sera domicilié hors du continent du Royaume, le délai pour la dénonciation ne courra que du jour de l'échéance de la citation au saisi.

643. Quinzaine après la dénonciation à la partie saisie, le saisissant sera tenu de mettre au greffe du tribunal du domicile de la partie saisie le cahier des charges, contenant les noms, professions et demeures du saisissant, de la partie saisie et du débiteur de la rente; la nature de la rente, sa quotité, celle du capital, la date et l'énonciation du titre en vertu duquel elle est con-

le dépôt au greffe du cahier des charges, il sera fait, à l'audience et au jour indiqué, lecture et publication de ce cahier des charges; le tribunal en donnera acte au poursuivant.—Pr. 642, 652, 655, 1029.

644. Le tribunal statuera immédiatement sur les dires et observations qui auront été insérés au cahier des charges, et fixera les jour et heure où il procédera à l'adjudication; le délai entre la publication et l'adjudication sera de dix jours au moins et de vingt jours au plus. Le jugement sera porté à la suite de la mise à prix ou des dires des parties. — Pr. 642 s., 655, 1029.

645. Après la publication du cahier des charges, et huit jours au moins avant l'adjudication, un extrait de ce cahier, contenant, outre les renseignemens énoncés en l'article 642, l'indication du jour de l'adjudication, sera affiché, 1o à la porte du domicile du saisi;

2o à la porte du domicile du débiteur de la rente; 3o à la principale porte du tribunal; 4o à la principale place du lieu où la vente se poursuit.—Pr. 617, 685, 699, 1029.—(A. Pr. 645.)

646. Pareil extrait sera inséré, dans le même délai, au journal indiqué pour recevoir les annonces judiciaires, conformément à l'article 698. — Pr. 617, 620, 685, 1029. — (A. Pr. 646.)

647. Il sera justifié des affiches et de l'insertion au journal conformément aux articles 698 et 699, et il pourra être passé en taxe un plus grand nombre d'affiches et d'insertions aux journaux, dans les cas prévus par les articles 697 et 700. — (A. Pr. 647.)

648. Les règles et formalités prescrites, au titre de la *Saisie immobilière*, par les articles 701, 702, 703, 704, 705, 706, 707, 711, 712, 713, 714 et 741, seront observées pour l'adjudication des rentes. — (A. Pr. 652.)

---

stituée; l'énonciation de l'inscription, si le titre contient hypothèque, et si aucune a été prise pour la sûreté de la rente; les noms et demeure de l'avoué du poursuivant, les conditions de l'adjudication, et la mise à prix; la première publication se fera à l'audience.

644. Extrait du cahier des charges, contenant les renseignemens ci-dessus, sera remis au greffier huitaine avant la remise du cahier des charges au greffe, et par lui inséré dans un tableau placé à cet effet dans l'auditoire du tribunal devant lequel se poursuit la vente.

645. Huitaine avant la remise du cahier des charges au greffe, pareil extrait sera placardé, 1o à la porte de la maison de la par-

tie saisie; 2o à celle du débiteur de la rente; 3o à la principale porte du tribunal, 4o et à la principale place du lieu où se poursuit la vente.

646. Pareil extrait sera inséré dans l'un des journaux imprimés dans la ville où se poursuit la vente; et s'il n'y en a pas, dans l'un de ceux imprimés dans le département, s'il y en a.

647. Sera observé, relativement auxdits placards et annonces, ce qui est prescrit au titre de *la Saisie immobilière*.

648. La seconde publication se fera huitaine après la première; et la rente saisie pourra, lors de ladite publication, être adjugée, sauf le délai qui sera prescrit par le tribunal.

649. Faute par l'adjudicataire d'exécuter les clauses de l'adjudication, la rente sera vendue à sa folle enchère, et il sera procédé ainsi qu'il est dit aux articles 734, 735, 736, 738, 739 et 740. Néanmoins le délai entre les nouvelles affiches et l'adjudication sera de cinq jours au moins et de dix jours au plus, et la signification prescrite par l'article 736 précédera de cinq jours au moins le jour de la nouvelle adjudication. — (A. Pr. 652.)

650. La partie saisie sera tenue de proposer ses moyens de nullité, contre la procédure antérieure à la publication du cahier des charges, un jour au moins avant le jour fixé pour cette publication, et contre la procédure postérieure, un jour au moins avant l'adjudication : le tout à peine de déchéance. Il sera statué par le tribunal, sur un simple acte d'avoué, et si les moyens sont rejetés il sera immédiatement procédé, soit à la publication du cahier des charges, soit à l'adjudication. —Pr. 82, 728 s.—(A. Pr. 654.)

651. Aucun jugement ou arrêt par défaut, en matière de saisie de rentes constituées sur particuliers, ne sera sujet à opposition. L'appel des jugemens qui statueront sur les moyens de nullité, tant en la forme qu'au fond, ou sur d'autres incidens, et qui seront relatifs à la procédure antérieure à la publication du cahier des charges, sera considéré comme non avenu, s'il est interjeté après les huit jours, à compter de la signification à avoué, ou, s'il n'y a pas d'avoué, à compter de la signification à personne ou à domicile, soit réel, soit élu; et la partie saisie ne pourra, sur l'appel, proposer des moyens autres que ceux qui auront été présentés en première instance. — L'appel sera signifié au domicile de l'avoué, et, s'il n'y a pas d'avoué, au domicile réel ou élu de l'intimé. Il sera notifié en même temps au greffier du tribunal et visé par lui. L'acte d'appel énoncera les griefs. — Pr. 75, 147, 149, 443, 456, 642, 655, 731, 732, 739, 1029. — C. 102, 111.

652. Ne pourront être attaqués par la voie de l'appel, 1° les jugemens qui, sans statuer sur des incidens, donneront acte de la publication du cahier des charges, ou qui prononceront l'adjudication; 2° ceux qui statueront sur des nullités postérieures à la publication du cahier des charges. — Pr. 780.

653. Si la rente a été saisie par deux créanciers, la pour-

---

649. Il sera fait une troisième publication, lors de laquelle l'adjudication définitive sera faite au plus offrant et dernier enchérisseur.

650. Il sera affiché nouveaux placards et inséré nouvelles annonces dans les journaux, trois jours avant l'adjudication définitive.

651. Les enchères seront reçues par le ministère d'avoués.

652. Les formalités prescrites au titre de la *Saisie immobilière*, pour la rédaction du jugement d'adjudication, l'acquit des conditions et du prix, et la revente sur folle enchère, seront observées lors de l'adjudication des rentes.

653. — (Reproduit par l'article 653 du nouveau texte.)

suite appartiendra à celui qui, le premier, aura dénoncé; en cas de concurrence, au porteur du titre le plus ancien; et si les titres sont de même date, à l'avoué le plus ancien. — Pr. 719 s. — (A. Pr. 663.)

654. La distribution du prix sera faite ainsi qu'il sera prescrit au titre *de la Distribution par contribution*, sans préjudice néanmoins des hypothèques établies antérieurement à la loi du 11 brumaire an VII (1er novembre 1798). — Pr. 656 s. — (A. Pr. 655.)

655. Les formalités prescrites par les articles 636, 637, 639, 641, 642, 643, 644, 645, 646 et 651, seront observées à peine de nullité.

TITRE ONZIÈME.

DE LA DISTRIBUTION PAR CONTRIBUTION.

656. Si les deniers arrêtés ou le prix des ventes ne suffisent pas pour payer les créanciers, le saisi et les créanciers seront tenus, dans le mois, de convenir de la distribution par contribution.—Pr. 557 s., 579, 626 s., 635, 657 s., 749, 990.

657. Faute par le saisi et les créanciers de s'accorder dans ledit délai, l'officier qui aura fait la vente sera tenu de consigner, dans la huitaine suivante, et à la charge de toutes les oppositions, le montant de la vente, déduction faite de ses frais d'après la taxe qui aura été faite par le juge sur la minute du procès-verbal : il sera fait mention de cette taxe dans les expéditions. — Pr. 625, 658 s., 662, 814. — C. 1259, 2101 1°. — T. 1er, art. 42.

658. Il sera tenu au greffe un registre des contributions, sur lequel un juge sera commis par le président, sur la réquisition du saisissant, ou, à son défaut, de la partie la plus diligente; cette réquisition sera faite par simple note portée sur le registre. — Pr. 750 s. — T. 1er, art. 93.

659. Après l'expiration des délais portés aux articles 656 et 657, et en vertu de l'ordonnance du juge commis, les créanciers seront sommés de produire, et la partie saisie de prendre communication des pièces produites, et de contredire, s'il y échet. — Pr. 189, 752 s. — T. 1er, art. 29 § 41, 72, art. 96.

660. Dans le mois de la sommation, les créanciers opposans, soit entre les mains du saisissant, soit en celles de l'officier qui aura procédé à la vente, produiront, à peine de forclusion, leurs titres ès mains du juge commis, avec acte contenant demande en collocation et constitution d'avoué. — Pr. 75, 659, 661, 664, 754.—T. 1er, art. 29 § 41, 72, art. 97.

---

654. La partie saisie sera tenue de proposer ses moyens de nullité, si aucuns elle a, avant l'adjudication préparatoire, après laquelle elle ne pourra proposer que les moyens de nullité contre les procédures postérieures.

655. — (Reproduit par l'article 654 du nouveau texte.)

661. Le même acte contiendra la demande à fin de privilége : néanmoins le propriétaire pourra appeler la partie saisie et l'avoué plus ancien en référé devant le juge-commissaire, pour faire statuer préliminairement sur son privilége pour raison des loyers à lui dus. — Pr. 660, 806 s., 819. — C. 2095, 2102. — T. 1er, art. 29 § 42, 72, art. 97, 98.

662. Les frais de poursuite seront prélevés, par privilége, avant toute créance autre que celle pour loyers dus au propriétaire. — Pr. 657, 714.—C. 2101 1°, 2102.

663. Le délai ci-dessus fixé expiré, et même auparavant, si les créanciers ont produit, le commissaire dressera ensuite de son procès-verbal l'état de distribution sur les pièces produites; le poursuivant dénoncera, par acte d'avoué, la clôture du procès-verbal aux créanciers produisans et à la partie saisie, avec sommation d'en prendre communication, et de contredire sur le procès-verbal du commissaire dans la quinzaine. — Pr. 75, 189, 660, 666, 755.—T. 1er, art. 29 § 43, 72, art. 99, 100.

664. Faute par les créanciers et la partie saisie de prendre communication ès mains du juge-commissaire dans ledit délai, ils demeureront forclos, sans nouvelle sommation ni jugement; il ne sera fait aucun dire, s'il n'y a lieu à contester. — Pr. 660, 755 s. — Co. 803.

665. S'il n'y a point de contestation, le juge-commissaire clôra son procès-verbal, arrêtera la distribution des deniers, et ordonnera que le greffier délivrera mandement

aux créanciers, en affirmant par eux la sincérité de leurs créances. — Pr. 548, 666, 670, 789.—T. 1er, art. 101.

666. S'il s'élève des difficultés, le juge-commissaire renverra à l'audience; elle sera poursuivie par la partie la plus diligente, sur un simple acte d'avoué à avoué, sans autre procédure. — Pr. 75, 82, 405, 758, 761, 1031.

667. Le créancier contestant, celui contesté, la partie saisie, et l'avoué le plus ancien des opposans, seront seuls en cause; le poursuivant ne pourra être appelé en cette qualité.—Pr. 660, 668 s., 760, 1031.

668. Le jugement sera rendu sur le rapport du juge-commissaire et les conclusions du ministère public. — Pr. 83 s., 95, 112, 761, 862.

669. L'appel de ce jugement sera interjeté dans les dix jours de la signification à avoué : l'acte d'appel sera signifié au domicile de l'avoué; il contiendra citation et énonciation des griefs; il y sera statué comme en matière sommaire.—Ne pourront être intimées sur ledit appel que les parties indiquées par l'article 667. — Pr. 405 s., 443, 456 s., 670, 763 s.

670. Après l'expiration du délai fixé pour l'appel, et en cas d'appel, après la signification de l'arrêt au domicile de l'avoué, le juge-commissaire clôra son procès-verbal, ainsi qu'il est prescrit par l'article 665. — Pr. 669, 671, 767.

671. Huitaine après la clôture du procès-verbal, le greffier délivrera les mandemens aux créanciers, en affirmant par eux la sincérité de leur créance par-devant lui.—Pr. 665,

771. — T. 1er, article 101.

672. Les intérêts des sommes admises en distribution cesseront du jour de la clôture du procès-verbal de distribution, s'il ne s'élève pas de contestation; en cas de contestation, du jour de la signification du jugement qui aura statué; en cas d'appel, quinzaine après la signification du jugement sur appel. — **Pr. 665, 669 s., 767.**

TITRE DOUZIÈME (a).

DE LA SAISIE IMMOBILIÈRE (1).

(Loi du 2 juin 1841.)

673. La saisie immobilière sera précédée d'un commandement à personne ou domicile; en tête de cet acte, il sera donné copie entière du titre en vertu duquel elle est faite. Ce commandement contiendra élection de domicile dans le lieu où siége le tribunal qui devra connaître de la saisie, si le créancier n'y demeure pas; il énoncera que, faute de paiement, il sera procédé à la saisie des immeubles du débiteur; l'huissier ne se fera pas assister de témoins; il fera, dans le jour, viser l'original par le maire du lieu où le commandement sera signifié.--**Pr. 69,** 545, 551, 583, 626, 636, 674 s., 715, 1039. — **C. 111, 2204 s., 2217, 2244.—T. 8e, art. 3 § 1, art. 5, 13. — (A. Pr. 673.)**

674. La saisie immobilière ne pourra être faite que trente jours après le commandement; si le créancier laisse écouler plus de quatre-vingt-dix jours entre le commandement et la saisie, il sera tenu de le réitérer dans les formes et avec les délais ci-dessus.—**Pr. 673, 675, 715, 1029, 1033.—(A. Pr. 674.)**

675. Le procès-verbal de saisie contiendra, outre toutes les formalités communes à tous les exploits, — 1o L'énonciation du titre exécutoire en

(1) **L. 2 juin 1841.**

ART. 9. Les ventes judiciaires qui seront commencées antérieurement à la promulgation de la présente loi continueront à être réglées par les anciennes dispositions du Code de procédure ci-

vile, et du décret du 2 février 1811.--Les ventes seront censées commencées, savoir: pour la saisie immobilière, si le procès-verbal a été transcrit, et pour les autres ventes, si les placards ont été affichés.

---

vertu duquel la saisie est faite ; — 2° La mention du transport de l'huissier sur les biens saisis ; — 3° L'indication des biens saisis, savoir : — Si c'est une maison, l'arrondissement, la commune. la rue, le numéro s'il y en a et, dans le cas contraire, deux au moins des tenans et aboutissans ; — Si ce sont des biens ruraux, la désignation des bâtimens quand il y en aura, la nature et la contenance approximative de chaque pièce, le nom du fermier ou colon s'il y en a, l'arrondissement et la commune où les biens sont situés ; — 4° La copie littérale de la matrice du rôle de la contribution foncière pour les articles saisis ; — 5° L'indication du tribunal où la saisie sera portée ; — 6° Et enfin constitution d'avoué chez lequel le domicile du saisissant sera élu de droit. — **Pr.** 61 s., 64 s., 627, 676 s., 715. — T. 5e, art. 4 § 1, art. 5, 19. — (A. Pr. 675.)

676. Le procès-verbal de saisie sera visé, avant l'enregistrement, par le maire de la commune dans laquelle sera situé l'immeuble saisi ; et, si la saisie comprend des biens situés dans plusieurs communes, le visa sera donné successivement par chacun des maires à la suite de la partie du procès-verbal relative aux biens situés dans sa commune. — Pr. 673, 675, 715, 1039. — C. 2210. — T. 5e, art. 5 § 2. — (A. Pr. 676.)

677. La saisie immobilière sera dénoncée au saisi dans les quinze jours qui suivront celui de la clôture du procès-verbal, outre un jour par cinq myriamètres de distance entre le domicile du saisi et le lieu où siège le tri-

---

l'énonciation du jugement ou du titre exécutoire, le transport de l'huissier sur les biens saisis, la désignation de l'extérieur des objets saisis, si c'est une maison, et énoncera l'arrondissement la commune et la rue où elle est située, et les tenans et aboutissans ; si ce sont des biens ruraux. la désignation des bâtimens s'il y en a, la nature et la contenance ou moins approximative de chaque pièce, deux au moins de ses tenans et aboutissans, le nom du fermier ou colon s'il y en a, l'arrondissement et la commune où elle est située, quelle que soit la nature du bien ; le procès-verbal contiendra en outre l'extrait de la matrice de rôle de la contribution foncière pour tous les articles saisis, l'indication du tribunal où la saisie sera portée et constitution d'avoué chez lequel le domicile du saisissant sera élu de droit.

676. Copie entière du procès-verbal de saisie sera, avant l'enregistrement, laissée aux greffiers des juges de paix, et aux maires ou adjoints des communes de la situation de l'immeuble saisi, si c'est une maison ; si ce sont des biens ruraux, à ceux de la situation des bâtimens, s'il y en a, et s'il n'y en a pas, à ceux de la situation de la partie des biens à laquelle la matrice du rôle de la contribution foncière attribue le plus de revenus : les maires ou adjoints et greffiers viseront l'original du procès-verbal, lequel fera mention des copies qui auront été laissées.

677. La saisie immobilière sera transcrite dans un registre à ce destiné au bureau des hypothèques de la situation des biens,

bunal qui doit connaître de la saisie. L'original sera visé, dans le jour, par le maire du lieu où l'acte de dénonciation aura été signifié. — Pr. 673, 676, 678, 715, 1033, 1039. — T. 5e, art. 2 § 1, art. 4 § 2, art. 5 § 2. — (A. Pr. 681.)

678. La saisie immobilière et l'exploit de dénonciation seront transcrits, au plus tard, dans les quinze jours qui suivront celui de la dénonciation, sur le registre à ce destiné au bureau des hypothèques de la situation des biens, pour la partie des objets saisis qui se trouvent dans l'arrondissement. — Pr. 677, 679 s., 693, 715, 719 s., 1029. — C. 2200. — T. 5e, art. 2 § 1. — (A. Pr. 67l.)

679. Si le conservateur ne peut procéder à la transcription de la saisie à l'instant où elle lui est présentée, il fera mention, sur l'original qui lui sera laissé, des heure, jour, mois et an auxquels il aura été remis, et, en cas de concurrence, le premier présenté sera transcrit. — Pr. 678, 680, 719 s. — C. 2200. — (A. Pr. 678.)

680. S'il y a eu précédente saisie, le conservateur consta-

tera son refus en marge de la seconde ; il énoncera la date de la précédente saisie, les noms, demeurés et professions du saisissant et du saisi, l'indication du tribunal où la saisie est portée, le nom de l'avoué du saisissant et la date de la transcription. — Pr. 679, 719 s. — T. 5e, art. 2 § 2. — (A. Pr. 679.)

681. Si les immeubles saisis ne sont pas loués ou affermés, le saisi restera en possession jusqu'à la vente, comme séquestre judiciaire, à moins que, sur la demande d'un ou plusieurs créanciers, il n'en soit autrement ordonné par le président du tribunal, dans la forme des ordonnances sur référé. — Les créanciers pourront néanmoins, après y avoir été autorisés par ordonnance du président rendue dans la même forme, faire procéder à la coupe et à la vente, en tout ou en partie, des fruits pendans par les racines. — Les fruits seront vendus aux enchères ou de toute autre manière autorisée par le président, dans le délai qu'il aura fixé, et le prix sera déposé à

---

pour la partie des objets saisis qui se trouve dans l'arrondissement.

678, 679. — (Les articles 679 et 680 du nouveau texte reproduisent littéralement ces deux articles.)

680. La saisie immobilière sera, en outre, transcrite au greffe du tribunal où doit se faire la vente, et ce, dans la quinzaine du jour de la transcription au bureau des hypothèques, outre un jour pour trois myriamètres de distance entre le lieu de la situation des biens et le tribunal.

681. La saisie immobilière, enregistrée comme il est dit aux articles 677 et 680, sera dénoncée au saisi dans la quinzaine du jour du dernier enregistrement, outre un jour pour trois myriamètres de distance entre le domicile du saisi et la situation des biens : elle contiendra la date de la première publication. L'original de cette dénonciation sera visé dans les vingt-quatre heures par le maire du domicile du saisi, et enregistré dans la huitaine, outre un jour pour trois myriamètres, au bureau de la conservation des

la caisse des dépôts et consignations. — Pr. 682, 683 s., 806 s. — C. 1961 s. — T. 5e, art. 3 § 2, 18. — (A. Pr. 688.)

682. Les fruits naturels et industriels recueillis postérieurement à la transcription, ou le prix qui en proviendra, seront immobilisés pour être distribués avec le prix de l'immeuble par ordre d'hypothèque. — Pr. 678, 681, 683-685. —C. 520, 583 s.—(A. Pr. 689.)

683. Le saisi ne pourra faire aucune coupe de bois ni dégradation, à peine de dommages-intérêts auxquels il sera contraint par corps, sans préjudice, s'il y a lieu, des peines portées dans les articles 400 et 434 du Code pénal. — Pr. 126, 128, 681 s., 684, 687, 718.—C. 2061.— (A. Pr. 690.)

684. Les baux qui n'auront pas acquis date certaine avant le commandement pourront être annulés, si les créanciers ou l'adjudicataire le deman-

---

hypothèques de la situation des biens ; et mention en sera faite en marge de l'enregistrement de la saisie réelle.

682. Le greffier du tribunal sera tenu, dans les trois jours de l'enregistrement mentionné en l'article 680, d'insérer dans un tableau placé à cet effet dans l'auditoire, un extrait contenant, — 1° La date de la saisie et des enregistremens ; — 2° Les noms, professions et demeures du saisi et du saisissant, et de l'avoué de ce dernier ; — 3° Les noms de l'arrondissement, de la commune, de la rue, des maisons saisies ; — 4° L'indication sommaire des biens ruraux en autant d'articles qu'il y a de communes, lesquelles seront indiquées, ainsi que les arrondissemens : chaque article contiendra seulement la nature et la quantité des objets, et les noms des fermiers ou colons. s'il y en a ; et néanmoins les biens situés dans la même commune sont exploités par plusieurs personnes, ils seront divisés en autant d'articles qu'il y aura d'exploitans ; — 5° L'indication du jour de la première publication ; — 6° Les noms des maires, et greffiers des juges de paix, auxquels copies de la saisie auront été laissées.

683. L'extrait prescrit par l'article précédent sera inséré, sur la poursuite du saisissant, dans un des journaux imprimés dans le lieu où siège le tribunal devant lequel la saisie se poursuit ; et s'il n'y en a pas, dans l'un de ceux imprimés dans le département, s'il y en a : il sera justifié de cette insertion par la feuille contenant ledit extrait, avec la signature de l'imprimeur légalisée par le maire.

684. Extrait pareil à celui prescrit par l'article précédent, imprimé en forme de placard, sera affiché, — 1° A la porte du domicile du saisi ;—2° A la principale porte des édifices saisis ; —3° A la principale place de la commune où le saisi est domicilié, de celle de la situation des biens, et de celle du tribunal où la vente se poursuit ; — 4° Au principal marché desdites communes, et lorsqu'il n'y en a pas, aux deux marchés les plus voisins ; — 5° A la porte de l'auditoire du juge de paix de la situation des bâtimens, et s'il n'y a pas de bâtimens, à la porte de l'auditoire de la justice de paix où se trouve la majeure partie des biens saisis ; — 6° Aux portes extérieures des tribunaux du domicile du saisi, de la situation des biens, et de la vente.

dent. — **Pr.** 681 s., 685, 718. — **C.** 1328, 1743 s. — **T.** 5e, art. 3 § 3, 18. — (**A. Pr.** 691.)

685. Les loyers et fermages seront immobilisés à partir de la transcription de la saisie, pour être distribués avec le prix de l'immeuble par ordre d'hypothèque. Un simple acte d'opposition à la requête du poursuivant ou de tout autre créancier vaudra saisie arrêt entre les mains des fermiers et locataires, qui ne pourront se libérer qu'en exécution de mandemens de collocation, ou par le versement de loyers ou fermages à la caisse des consignations; ce versement aura lieu à leur réquisition, ou sur la simple sommation des créanciers. A défaut d'opposition, les paiemens faits au débiteur seront valables, et celui-ci sera comptable, comme séquestre judiciaire, des sommes qu'il aura reçues. — **Pr.** 657, 681-684. —**T.** 5e, art. 3 § 4, 18.

686. La partie saisie ne peut, à compter du jour de la transcription de la saisie, aliéner les immeubles saisis, à peine de nullité, et sans qu'il soit besoin de la faire prononcer.—**Pr.** 678, 687 s.—**C.** 1594, 1599, 1652. — (**A. Pr.** 692.)

687. Néanmoins l'aliénation ainsi faite aura son exécution si, avant le jour fixé pour l'adjudication, l'acquéreur consigne somme suffisante pour acquitter en principal, intérêts et frais, ce qui est dû aux créanciers inscrits, ainsi qu'au saisissant, et s'il leur signifie l'acte de consignation. — **Pr.** 686, 718. — **C.** 1257 s., 1599. — **T.** 5e, art. 3 § 5, 18. — (**A. Pr.** 693.)

688. Si les deniers ainsi déposés ont été empruntés, les prêteurs n'auront d'hypothèques que postérieurement aux créanciers inscrits lors de l'aliénation. — **Pr.** 687, 2103 2°. — (**A. Pr.** 693.)

689. A défaut de consignation avant l'adjudication, il ne pourra être accordé, sous aucun prétexte, de délai pour l'effectuer.—**Pr.** 687, 725, 727. — **C.** 2212. — (**A. Pr.** 694.)

690. Dans les vingt jours,

---

685. L'opposition des placards sera constatée par un acte auquel sera annexé un exemplaire du placard : par cet acte, l'huissier attestera que l'apposition a été faite aux lieux désignés par la loi, sans les détailler.

686. Les originaux du placard, et le procès-verbal d'opposition, ne pourront être grossoyés sous aucun prétexte.

687. L'original dudit procès-verbal sera visé par le maire de chacune des communes dans lesquelles l'apposition aura été faite, et il sera notifié à la partie saisie, avec copie du placard.

688. Si les immeubles saisis ne sont pas loués ou affermés, le saisi en restera en possession jusqu'à la vente, comme séquestre judiciaire ; à moins qu'il ne soit autrement ordonné par le juge, sur la réclamation d'un ou plusieurs créanciers. Les créanciers pourront néanmoins faire faire la coupe et la vente, en tout ou en partie, des fruits pendans par les racines.

689. Les fruits échus depuis la dénonciation au saisi seront immobilisés, pour être distribués avec le prix de l'immeuble par ordre d'hypothèques.

690. Le saisi ne pourra faire aucune coupe de bois ni dégra-

au plus tard, après la trans-cription, le poursuivant dé-posera au greffe du tribunal le cahier des charges, contenant: — 1° L'énonciation du titre exécutoire en vertu duquel la saisie a été faite, du comman-dement, du procès-verbal de saisie, ainsi que des autres ac-tes et jugemens intervenus pos-térieurement; — 2° La dési-gnation des immeubles, telle qu'elle a été insérée dans le procès-verbal; — 3° Les con-ditions de la vente; — 4° Une mise à prix de la part du pour-suivant. — Pr. 673, 675, 691-695, 712. — T. 5e, art. 1, 11 § 1, art. 18. — (A. Pr. 697.)

691. Dans les huit jours, au plus tard, après le dépôt au greffe, outre un jour par cinq myriamètres de distance en-tre le domicile du saisi et le lieu où siège le tribunal, som-mation sera faite au saisi, à personne ou domicile, de pren-dre communication du cahier des charges, de fournir ses di-res et observations, et d'assis-ter à la lecture et publication qui en sera faite, ainsi qu'à la fixation du jour de l'adjudica-

tion. Cette sommation indi-quera les jour, lieu et heure de la publication. — Pr. 690, 692 s., 715, 1029, 1033. — T. 5e, art. 2 § 4, art. 3 § 6, 18. — (A. Pr. 687.)

692. Pareille sommation sera faite, dans le même délai de huitaine, aux créanciers in-scrits sur les biens saisis, aux domiciles élus dans les inscrip-tions. — Si parmi les créan-ciers inscrits se trouve le ven-deur de l'immeuble saisi, la sommation à ce créancier por-tera, qu'à défaut de former sa demande en résolution et de la notifier au greffe avant l'ad-judication, il sera définitive-ment déchu, à l'égard de l'ad-judicataire, du droit de la faire prononcer. — Pr. 691, 693, 715, 717. — T. 5e, art. 2 § 3, 4, art. 3 § 6, 18, art. 7 § 2, 3, 7. — (A. Pr. 695.)

693. Mention de la notifi-cation prescrite par les deux articles précédens sera faite dans les huit jours de la date du dernier exploit de notifica-tion, en marge de la transcrip-tion de la saisie au bureau des hypothèques. — Du jour de cette

---

dation, à peine de dommages et intérêts, auxquels il sera con-damné par corps; il pourra mê-me être poursuivi par la voie cri-minelle, suivant la gravité des circonstances.

691. Si les immeubles sont loués par bail dont la date ne soit pas certaine, avant le com-mandement, la nullité pourra en être prononcée, si les créanciers ou l'adjudicataire le demandent. — Si le bail a une date certai-ne, les créanciers pourront saisir et arrêter les loyers ou fermages, et dans ce cas il en sera des loyers ou fermages échus depuis la dé-

nonciation faite au saisi, comme des fruits mentionnés en l'arti-cle 689.

692. La partie saisie ne peut, à compter du jour de la dénon-ciation à elle faite de la saisie, aliéner les immeubles, à peine de nullité, et sans qu'il soit besoin de la faire prononcer.

693. Néanmoins l'aliénation ainsi faite aura son exécution, si avant l'adjudication l'acquéreur consigne somme suffisante pour acquitter, en principal, intérêts et frais, les créances inscrites, et signifie l'acte de consignation aux créanciers inscrits. — Si les dé-

mention, la saisie ne pourra plus être rayée que du consentement des créanciers inscrits, où en vertu de jugemens rendus contre eux. — Pr. 678, 690 s., 694, 695, 715. — T. 5e, art. 2 § 4, 5, art. 7 § 4, 7. — (A. Pr. 696.)

694. Trente jours au plus tôt et quarante jours au plus tard après le dépôt du cahier des charges, il sera fait à l'audience, et au jour indiqué, publication et lecture du cahier des charges. — Trois jours au plus tard avant la publication, le poursuivant, la partie saisie et les créanciers inscrits seront tenus de faire insérer, à la suite de la mise à prix, leurs dires et observations ayant pour objet d'introduire des modifications dans ledit cahier. Passé ce délai, ils ne seront plus recevables à proposer de changemens, dires ou observations. — Pr. 690 s., 695, 715. — T. 5e, art. 6 § 1. — (A. Pr. 699-702.)

695. Au jour indiqué par la sommation faite au saisi et aux créanciers, le tribunal donnera acte au poursuivant des lecture et publication du cahier des charges, statuera sur les dires et observations qui y auront été insérés, et fixera les jour et heure où il procédera à l'adjudication. Le délai entre la publication et l'adjudication sera de trente jours au moins et de soixante au plus. — Le jugement sera porté sur le cahier des charges à la suite de la mise à prix ou des dires des parties. — Pr. 691 s., 715. — T. 5e, art. 7 § 8. — (A. Pr. 708.)

696. Quarante jours au plus tôt et vingt jours au plus tard avant l'adjudication, l'avoué du poursuivant fera insérer, dans un journal publié dans le département où sont situés les biens, un extrait signé de lui et contenant : — 1o La date de la saisie et de sa transcription ; — 2o Les noms, professions, demeures du saisi, du saisissant et de l'avoué de ce dernier ; — 3o La désignation des immeubles, telle qu'elle a été insérée dans le procès-verbal ; — 4o La mise à prix ; — 5o L'indication du tribunal où la saisie se poursuit, et des jour, lieu et heure de l'adjudication. — A cet effet, les cours royales, chambres réunies, après un avis motivé des tribunaux de première instance respectifs, et sur les réquisitions écrites du ministère public, désigneront chaque année, dans la première quinzaine de décembre,

---

...niers ainsi déposés ont été empruntés, les prêteurs n'auront d'hypothèque que postérieurement aux créanciers inscrits lors de l'aliénation.

693. Faute d'avoir fait la consignation avant l'adjudication, il ne pourra y être sursis sous aucun prétexte.

694. Un exemplaire du placard imprimé prescrit par l'article 684 sera notifié aux créanciers inscrits, aux domiciles élus par leurs inscriptions, huit jours au moins avant la première publication de l'enchère, outre un jour pour trois myriamètres de distance entre la commune du bureau de la conservation et celle où se fait la vente.

695. La notification prescrite par l'article précédent sera enregistrée en marge de la saisie, au bureau de la conservation : du

pour chaque arrondissement de leur ressort, parmi les journaux qui se publient dans le département, un ou plusieurs journaux où devront être insérées les annonces judiciaires. Les cours royales régleront en même temps le tarif de l'impression de ces annonces. Néanmoins toutes les annonces judiciaires relatives à la même saisie seront insérées dans le même journal (1). — Pr. 697, 698, 704, 705 *note*, 709, 718, 741. — T. 5e, art. 11 § 2. — (A. Pr. 683, 703, 704.)

697. Lorsque, indépendamment des insertions prescrites par l'article précédent, le poursuivant, le saisi, ou l'un des créanciers inscrits, estimera qu'il y aurait lieu de faire d'autres annonces de l'adjudication par la voie des journaux, le président du tribunal devant lequel se poursuit la vente pourra, si l'importance des biens paraît l'exiger, autoriser cette insertion extraordinaire. Les frais n'entreront en taxe que dans le cas où cette autorisation aurait été accordée. L'ordonnance du président ne sera soumise à aucun recours. — Pr. 696, 700. — T. 5e, art. 11 § 3.

698. Il sera justifié de l'insertion aux journaux par un exemplaire de la feuille, contenant l'extrait énoncé en l'article précédent; cet exemplaire portera la signature de l'imprimeur, légalisée par le maire. — Pr. 696, 715. — T. 5e, art. 11 § 4. — (A. Pr. 681, 705.)

699. Extrait pareil à celui qui est prescrit par l'article 696 sera imprimé en forme de placard et affiché, dans le même délai, — 1° A la porte du domicile du saisi; — 2° A la porte principale des édifices saisis; — 3° A la principale place de la commune où le saisi est domicilié, ainsi qu'à la principale

(1) DÉCRET *du 8 mars* 1818.

ART. 1er. Le dernier paragraphe de l'article 696 du Code de procédure civile, rectifié par la loi du 2 juin 1811, est abrogé.

2. Dans le cas prévu par l'article 696 du Code de procédure civile, les annonces pourront être insérées au choix des parties, dans l'un des journaux publiés dans le département où sont situés les biens. Néanmoins, toutes les annonces judiciaires relatives à la même saisie seront insérées dans le même journal

---

jour de cet enregistrement, la saisie ne pourra plus être rayée que du consentement des créanciers, ou en vertu de jugemens rendus contre eux.

697. Quinzaine au moins avant la première publication, le poursuivant déposera au greffe le cahier des charges, contenant, 1° l'énonciation du titre en vertu duquel la saisie a été faite, du commandement, de l'exploit de saisie, et des actes et jugemens qui auront pu être faits ou rendus; 2° la désignation des objets saisis, telle qu'elle a été insérée dans le procès-verbal; 3° les conditions de la vente; 4° et une mise à prix par le poursuivant.

698. Le poursuivant demeurera adjudicataire pour la mise à prix, s'il ne se présente pas de surenchérisseur.

699. Les dites publications et adjudications, seront mis sur le cahier des charges, à la suite de la mise à prix.

place de la commune où les biens sont situés, et de celle où siége le tribunal devant lequel se poursuit la vente; — 4° A la porte extérieure des mairies du domicile du saisi et des communes de la situation des biens; — 5° Au lieu où se tient le principal marché de chacune de ces communes, et, lorsqu'il n'y en a pas, au lieu où se tient le principal marché de chacune des deux communes les plus voisines dans l'arrondissement; — 6° A la porte de l'auditoire du juge de paix de la situation des bâtimens, et, s'il n'y a pas de bâtimens, à la porte de l'auditoire de la justice de paix où se trouve la majeure partie des biens saisis; — 7° Aux portes extérieures des tribunaux du domicile du saisi, de la situation des biens et de la vente. — L'huissier attestera, par un procès-verbal rédigé sur un exemplaire du placard, que l'apposition a été faite aux lieux déterminés par la loi, sans les détailler. — Le procès-verbal sera visé par le maire de chacune des communes dans lesquelles l'apposition aura été faite. — Pr. 645 s., 696 s., 700, 704, 709, 715, 741. — T. 5e, art. 4 § 4, art. 11 § 5. — (A. Pr. 684, 685, 687.)

700. Selon la nature et l'importance des biens, il pourra être passé en taxe jusqu'à cinq cents exemplaires des placards, non compris le nombre d'affiches prescrit par l'article 699. — Pr. 697. — T. 5e, art. 11 § 5.

701. Les frais de la poursuite seront taxés par le juge, et il ne pourra être rien exigé au-delà du montant de la taxe. Toute stipulation contraire, quelle qu'en soit la forme, sera nulle de droit. — Le montant de la taxe sera publiquement annoncé avant l'ouverture des enchères, et il en sera fait mention dans le jugement d'adjudication. — Pr. 713 s., 1029. — C. 6.

702. Au jour indiqué pour l'adjudication, il y sera procédé sur la demande du poursuivant, et, à son défaut, sur celle de l'un des créanciers inscrits. — Pr. 695, 703 s., 706. — T. 5e, art. 11 § 6, 7. — (A. Pr. 706.)

703. Néanmoins l'adjudication pourra être remise sur la demande du poursuivant, ou de l'un des créanciers inscrits, ou de la partie saisie, mais seulement pour causes graves et dûment justifiées. — Le jugement qui prononcera la remise fixera de nouveau le jour de

---

700. Le cahier des charges sera publié, pour la première fois, un mois au moins après la notification du procès-verbal d'affiches à la partie saisie.

701. Il ne pourra y avoir moins d'un mois ni plus de six semaines de délai entre ladite notification et la première publication.

702. Le cahier des charges sera publié à l'audience successivement de quinzaine en quinzaine,

trois fois au moins avant l'adjudication préparatoire.

703. Huit jours au moins avant cette adjudication, outre un jour pour trois myriamètres de distance entre le lieu de la situation de la majeure partie des biens saisis et celui où siége le tribunal, il sera inséré dans un journal, ainsi qu'il est dit en l'article 683, de nouvelles annonces; les mêmes placards seront

l'adjudication, qui ne pourra être éloigné de moins de quinze jours, ni de plus de soixante. — Ce jugement ne sera susceptible d'aucun recours. — Pr. 705 s., 706. — T. 5e, art. 11 § 8.

704. Dans ce cas, l'adjudication sera annoncée huit jours au moins à l'avance par des insertions et des placards, conformément aux articles 696 et 699. — Pr. 715, 741, 1029. — T. 5e, art. 4 § 4.

705. Les enchères sont faites par le ministère d'avoués et à l'audience. Aussitôt que les enchères seront ouvertes, il sera allumé successivement des bougies préparées de manière que chacune ait une durée d'environ une minute (1). — L'enchérisseur cesse d'être obligé si son enchère est couverte par une autre, lors même

(1) **L. 2 juin 1841.**
Art. 10. L'emploi des bougies, dans les adjudications publiques, pourra être remplacé par un autre moyen, en vertu d'une ordonnance royale rendue suivant la forme des réglemens d'administration publique.

que cette dernière serait déclarée nulle. — Pr. 706, 711, 715, 739. — T. 5e, art. 6 § 2. — (A. Pr. 707.)

706. L'adjudication ne pourra être faite qu'après l'extinction de trois bougies allumées successivement. — S'il ne survient pas d'enchères pendant la durée de ces bougies, le poursuivant sera déclaré adjudicataire pour la mise à prix. — Si, pendant la durée d'une des trois premières bougies, il survient des enchères, l'adjudication ne pourra être faite qu'après l'extinction de deux bougies sans nouvelle enchère survenue pendant leur durée. — Pr. 705, 707, 711, 715, 739. — P. 412. — T. 5e, art. 6 § 2, art. 11 § 9, 12. — (A. Pr. 698, 708.)

707. L'avoué dernier enchérisseur sera tenu, dans les

Dans les six mois de la promulgation de la présente loi, il sera pourvu de la même manière, 1° au tarif des frais et dépens relatifs aux ventes judiciaires des biens immeubles (voyez T. 5e); 2° au mode de conservation des affiches.

---

opposés aux endroits désignés en l'article 684; ils contiendront, en outre, la mise à prix et l'indication du jour où se fera l'adjudication préparatoire. — Cette addition sera manuscrite; et si elle donnait lieu à une réimpression de placard, les frais n'entreront pas en taxe.

704. Dans les quinze jours de cette adjudication, nouvelles annonces seront insérées dans les journaux, et nouveaux placards affichés dans la forme ci-dessus, contenant, en outre, la mention de l'adjudication préparatoire, du

prix moyennant lequel elle a été faite, et indication du jour de l'adjudication définitive.

705. L'insertion aux journaux, des seconde et troisième annonces, et les seconde et troisième appositions de placards, seront justifiées dans la même forme que les premières.

706. Il sera procédé à l'adjudication définitive, au jour indiqué lors de l'adjudication préparatoire : le délai entre les deux adjudications ne pourra être moindre de six semaines.

707. — (Reproduit littéralement

trois jours de l'adjudication, de déclarer l'adjudicataire et de fournir son acceptation, sinon de représenter son pouvoir, lequel demeurera annexé à la minute de sa déclaration; faute de ce faire, il sera réputé adjudicataire en son nom, sans préjudice des dispositions de l'article 711. — Pr. 706, 733 s., 739. — C. 1596 s., 1987. — T. 5e, art. 11 § 10-12. — (A. Pr. 709.)

708. Toute personne pourra, dans les huit jours qui suivront l'adjudication, faire, par le ministère d'un avoué, une surenchère, pourvu qu'elle soit du sixième au moins du prix principal de la vente. — Pr. 709-711, 743, 965, 973. — C. 1596 s. — T. 5e, art. 12 § 1. — (A. Pr. 710.)

709. La surenchère sera faite au greffe du tribunal qui a prononcé l'adjudication : elle contiendra constitution d'avoué et ne pourra être rétractée; elle devra être dénoncée par le surenchérisseur, dans les trois jours, aux avoués de l'adjudicataire, du poursuivant, et de la partie saisie, si elle a constitué avoué, sans néanmoins qu'il soit nécessaire de faire cette dénonciation à la personne ou au domicile de la partie saisie qui n'aurait pas d'avoué. — La dénonciation sera faite par un simple acte, contenant avenir pour l'audience qui suivra l'expiration de la quinzaine, sans autre procédure. — L'indication du jour de cette adjudication sera faite de la manière prescrite par les articles 696 et 699. — Si le surenchérisseur ne dénonce pas la surenchère dans le délai ci-dessus fixé, le poursuivant ou tout créancier inscrit, ou le saisi, pourra le faire dans les trois jours qui suivront l'expiration de ce délai; faute de quoi la surenchère sera nulle de droit, et sans qu'il soit besoin de faire prononcer la nullité. — Pr. 75, 82, 696 s., 708, 710 s., 715, 739, 743, 965, 1029. — T. 5e, art. 4 § 4, art. 12 § 2. — (A. Pr. 711.)

710. Au jour indiqué il sera ouvert de nouvelles enchères, auxquelles toute personne pourra concourir; s'il ne se présente pas d'enchérisseurs, le surenchérisseur sera déclaré adjudicataire : en cas de folle

---

par l'art. 703 du nouveau texte.)

708 Aucune adjudication ne pourra être faite qu'après l'extinction de trois bougies allumées successivement. — S'il y a eu enchérisseur lors de l'adjudication préparatoire, l'adjudication ne deviendra définitive qu'après l'extinction des trois feux sans nouvelle enchère. — Si, pendant la durée d'une des trois premières bougies, il survient des enchères, l'adjudication ne pourra être faite qu'après l'extinction de deux feux sans enchère survenue pendant leur durée.

709. L'avoué dernier enchérisseur sera tenu, dans les trois jours de l'adjudication, de déclarer l'adjudicataire, et de fournir son acceptation; sinon, de représenter son pouvoir, lequel demeurera annexé à la minute de sa déclaration; faute de ce faire, il sera réputé adjudicataire en son nom.

710. Toute personne pourra, dans la huitaine du jour où l'adjudication aura été prononcée, faire au greffe du tribunal, par elle-même ou par un fondé de procuration spéciale, une suren-

enchère, il sera tenu par corps de la différence entre son prix et celui de la vente. — Lorsqu'une seconde adjudication aura eu lieu, après la surenchère ci-dessus, aucune autre surenchère des mêmes biens ne pourra être reçue. — Pr. 708 s., 711, 733 s., 739, 743, 965. — T. 5e, art. 12 § 4. — (A. Pr. 712.)

711. Les avoués ne pourront enchérir pour les membres du tribunal devant lequel se poursuit la vente, à peine de nullité de l'adjudication ou de la surenchère, et de dommages-intérêts. — Ils ne pourront, sous les mêmes peines, enchérir pour le saisi ni pour les personnes notoirement insolvables. L'avoué poursuivant ne pourra se rendre personnellement adjudicataire ni surenchérisseur, à peine de nullité de l'adjudication ou de la surenchère, et de dommages-intérêts envers toutes les parties. — Pr. 128, 142, 702, 705, 739, 743, 964, 1029, 1031. — C. 1149, 1596 s. — (A. Pr. 713.)

712. Le jugement d'adjudication ne sera autre que la copie du cahier des charges rédigé ainsi qu'il est dit en l'article 690; il sera revêtu de l'intitulé des jugemens et du mandement qui les termine, avec injonction à la partie saisie de délaisser la possession aussitôt après la signification du jugement, sous peine d'y être contrainte même par corps. — Pr. 146, 545 note, 652, 690 s., 701 s., 713. — C. 2061 s. — (A. Pr. 715.)

713. Le jugement d'adjudication ne sera délivré à l'adjudicataire qu'à la charge, par lui, de rapporter au greffier quittance des frais ordinaires de poursuite, et la preuve qu'il a satisfait aux conditions du cahier des charges qui doivent être exécutées avant cette délivrance. La quittance et les pièces justificatives demeureront annexées à la minute du jugement, et seront copiées à la suite de l'adjudication. Faute par l'adjudicataire de faire ces justifications dans les vingt jours de l'adjudication, il y sera contraint par la voie de

---

chère, pourvu qu'elle soit du quart au moins du prix principal de la vente.

711. La surenchère permise par l'article précédent ne sera reçue qu'à la charge, par le surenchérisseur, d'en faire, à peine de nullité, la dénonciation, dans les vingt-quatre heures, aux avoués de l'adjudicataire, du poursuivant, et de la partie saisie, si elle a avoué constitué, sans néanmoins qu'il soit nécessaire de faire cette dénonciation à la personne ou au domicile de la partie saisie qui n'auroit pas d'avoué. — La dénonciation sera faite par un simple acte conte-

nant avenir à la prochaine audience, sans autre procédure.

712. Au jour indiqué, ne pourront être admis à concourir que l'adjudicataire et celui qui aura enchéri du quart, lequel, en cas de folle enchère, sera tenu par corps de la différence de son prix d'avec celui de la vente.

713. Les avoués ne pourront se rendre adjudicataires pour le saisi, les personnes notoirement insolvables, les juges, juges suppléans, procureurs généraux, avocats généraux, procureurs du Roi, substituts des procureurs généraux et du Roi, et greffiers du tribunal où se poursuit et se fait

la folle enchère, ainsi qu'il sera dit ci-après, sans préjudice des autres voies de droit. — Pr. 702, 712, 733 *., 964.— (A. Pr. 715.)

714. Les frais extraordinaires de poursuite seront payés par privilége sur le prix, lorsqu'il en aura été ainsi ordonné par jugement. — Pr. 662, 701, 712 *., 733. — C. 2101 1°. — (A. Pr. 716.)

715. Les formalités et délais prescrits par les articles 673, 674, 675, 676, 677, 678, 690, 691, 692, 693, 694, 696, 698, 699, 705, 703, 708, 709, paragraphes 1 et 3, seront observés à peine de nullité. — La nullité prononcée pour défaut de désignation de l'un ou de plusieurs des immeubles compris dans la saisie n'entraînera pas nécessairement la nullité de la poursuite en ce qui concerne les autres immeubles.— Les nullités prononcées par le présent article pourront être proposées par tous ceux qui y auront intérêt. — Pr. 728 *., 1029. — (A. Pr. 717.)

716. Le jugement d'adjudication ne sera signifié qu'à la personne ou au domicile de la partie saisie. — Mention sommaire du jugement d'adjudication sera faite en marge de la transcription de la saisie, à la diligence de l'adjudicataire. — Pr. 68, 678, 693, 702, 712. — T. 5e, art. 2 § 6, art. 3 § 7, 18, art. 7 § 5, 7.

717. L'adjudication ne transmet à l'adjudicataire d'autres droits à la propriété que ceux appartenant au saisi. — Néanmoins l'adjudicataire ne pourra être troublé dans sa propriété par aucune demande en résolution fondée sur le défaut de paiement du prix des anciennes aliénations, à moins qu'avant l'adjudication la demande n'ait été notifiée au greffe du tribunal où se poursuit la vente. —Si la demande a été notifiée en temps utile, il sera sursis à l'adjudication, et le tribunal, sur la réclamation du poursuivant ou de tout créancier inscrit, fixera le délai dans lequel le vendeur sera tenu de mettre à fin l'instance en résolution. — Le poursuivant pourra intervenir dans cette instance.— Ce délai expiré sans que la demande en résolution ait été définitivement jugée, il sera

la vente, à peine de nullité de l'adjudication, et de tous dommages et intérêts.

714. — (Reproduit par l'article 712 du nouveau texte, à l'exception de ces mots : *dans l'article* 697, qui ont été remplacés par ceux-ci : *en l'article* 690).

715. Le jugement d'adjudication ne sera délivré à l'adjudicataire qu'en rapportant par lui au greffier quittance des frais ordinaires de poursuite, et la preuve qu'il a satisfait aux conditions de l'enchère, qui doivent être exécutées avant ladite délivrance ; lesquelles quittances demeureront annexées à la minute du jugement, et seront copiées ensuite de l'adjudication... (le reste comme la fin du nouvel article 713).

716. — (Reproduit par l'article 714 du nouveau texte.)

717. Les formalités prescrites par les articles 673, 674, 675, 676, 677, 680, 681, 682, 683, 684, 685, 687, 695, 696, 697, 699, 700, 701, 702, 1er alinéa de 703, 704, 705, 706, 707, 708, seront observées à peine de nullité.

passé outre à l'adjudication, à moins que, pour des causes graves et dûment justifiées, le tribunal n'ait accordé un nouveau délai pour le jugement de l'action en résolution. — Si, faute par le vendeur de se conformer aux prescriptions du tribunal, l'adjudication avait eu lieu avant le jugement de la demande en résolution, l'adjudicataire ne pourrait pas être poursuivi à raison des droits des anciens vendeurs, sauf à ceux-ci à faire valoir, s'il y avait lieu, leurs titres de créances, dans l'ordre et distribution du prix de l'adjudication. — Pr. 339 s., 692, 702. — T. 5e, art. 8 § 8, 18. — (A. Pr. 731.)

TITRE TREIZIÈME (a).

DES INCIDENS DE LA SAISIE IMMOBILIÈRE.

(Suite de la loi du 2 juin 1841.)

718. Toute demande incidente à une poursuite en saisie immobilière sera formée par un simple acte d'avoué à avoué, contenant les moyens et conclusions. Cette demande sera formée contre toute partie n'ayant pas d'avoué en cause, par exploit d'ajournement à huit jours, sans augmentation de délai à raison des distances, si ce n'est dans le cas de l'article 726, et sans préliminaire de conciliation. Ces demandes seront instruites et jugées comme affaires sommaires. Tout jugement qui interviendra ne pourra être rendu que sur les conclusions du ministère public. — Pr. 49, 61, 75, 82, 83 s., 387, 405 s., 722, 725, 733, 743. — T. 5e, art. 3 § 9, 18, art. 12 § 5, art. 17. — (A. Pr. 718.)

719. Si deux saisissans ont fait transcrire deux saisies de biens différens, poursuivies devant le même tribunal, elles seront réunies sur la requête de la partie la plus diligente, et seront continuées par le premier saisissant. La jonction sera ordonnée, encore que l'une des saisies soit plus ample que l'autre ; mais elle ne pourra, en aucun cas, être demandée après le dépôt du cahier des charges : en cas de concurrence, la poursuite appartiendra à l'avoué porteur du titre plus ancien, et, si les titres sont de la même date, à l'avoué le plus ancien. — Pr. 653, 678 s., 718, 720 s. — T.

1er, art. 117. — (A. Pr. 719.)

720. Si une seconde saisie, présentée à la transcription, est plus ample que la première, elle sera transcrite pour les objets non compris dans la première saisie, et le second saisissant sera tenu de dénoncer la saisie au premier saisissant, qui poursuivra sur les deux, si elles sont au même état; sinon, il surseoira à la première et suivra sur la deuxième jusqu'à ce qu'elle soit au même degré: elles seront alors réunies en une seule poursuite, qui sera portée devant le tribunal de la première saisie. — Pr. 678 s., 718 s., 721. — T. 5e, art. 7 § 9. — (A. Pr. 720.)

721. Faute par le premier saisissant d'avoir poursuivi sur la seconde saisie à lui dénoncée, conformément à l'article ci-dessus, le second saisissant pourra, par un simple acte, demander la subrogation. — Pr. 75, 82, 720, 722 s. — (A. Pr. 721.)

722. La subrogation pourra être également demandée s'il y a collusion, fraude ou négligence, sous la réserve, en cas de collusion ou fraude, des dommages-intérêts envers qui il appartiendra. — Il y a négligence lorsque le poursuivant n'a pas rempli une formalité ou n'a pas fait un acte de procédure dans les délais prescrits. — Pr. 128, 721, 723, 730. — C. 1149 s. — (A. Pr. 722.)

723. La partie qui succombera sur la demande en subrogation sera condamnée personnellement aux dépens. — Le poursuivant contre lequel la subrogation aura été prononcée sera tenu de remettre les pièces de la poursuite au subrogé sur son récépissé; il ne sera payé de ses frais de poursuite qu'après l'adjudication, soit sur le prix, soit par l'adjudicataire. — Pr. 130, 714, 721 s. — (A. Pr. 724.)

724. Lorsqu'une saisie immobilière aura été rayée, le plus diligent des saisissans postérieurs pourra poursuivre sur sa saisie, encore qu'il ne se soit

---

720. Si une seconde saisie présentée à l'enregistrement est plus ample que la première, elle sera enregistrée pour les objets compris en la première saisie... (le reste comme la fin de l'article 720 du nouveau texte).

721. — (Reproduit littéralement par l'article 721 du nouveau texte).

722. Elle pourra être également demandée en cas de collusion, fraude ou négligence de la part du poursuivant. — Il y a négligence, lorsque le poursuivant n'a pas rempli une formalité, ou n'a pas fait un acte de procédure, dans les délais prescrits; sauf, dans le cas de collusion ou fraude, les dommages-intérêts envers qui il appartiendra.

723. L'appel d'un jugement qui aura statué sur cette contestation incidente ne sera recevable que dans la quinzaine du jour de la signification à avoué.

724. Le poursuivant contre qui la subrogation aura été prononcée sera tenu de remettre les pièces de la poursuite au subrogé, sur son récépissé; et il ne sera payé de ses frais qu'après l'adjudication, soit sur le prix, soit par l'adjudicataire. — Si le poursuivant a contesté la subrogation, les frais de la contestation seront à sa charge, et ne pourront, en aucun cas, être employés en

pas présenté le premier à la transcription. — **Pr. 678 s., 719 s.** — (A. Pr. 725.)

725. La demande en distraction de tout ou partie des objets saisis sera formée, tant contre le saisissant que contre la partie saisie; elle sera formée aussi contre le créancier premier inscrit et au domicile élu dans l'inscription. — Si le saisi n'a pas constitué avoué durant la poursuite, le délai prescrit pour la comparution sera augmenté d'un jour par cinq myriamètres de distance entre son domicile et le lieu où siége le tribunal, sans que ce délai puisse être augmenté à l'égard de la partie qui serait domiciliée hors du territoire continental du Royaume. — **Pr. 608, 717, 726 s.** — **T. 5e,** art. 3 § 10, 18. — (A. Pr. 727.)

726. La demande en distraction contiendra l'énonciation des titres justificatifs qui seront déposés au greffe, et la copie de l'acte de dépôt.—**Pr. 725, 727, 826 s.** — **T. 5e,** art. 7 § 10. — (A. Pr. 728.)

727. Si la distraction de-mandée n'est que d'une partie des objets saisis, il sera passé outre, nonobstant cette demande, à l'adjudication du surplus des objets saisis. Pourront néanmoins les juges, sur la demande des parties intéressées, ordonner le sursis pour le tout. —Si la distraction partielle est ordonnée, le poursuivant sera admis à changer la mise à prix portée au cahier des charges. — **Pr. 725 s., 741.** — (A. Pr. 729.)

728. Les moyens de nullité, tant en la forme qu'au fond, contre la procédure qui précède la publication du cahier des charges, devront être proposés, à peine de déchéance, trois jours au plus tard avant cette publication. — S'ils sont admis, la poursuite pourra être reprise à partir du dernier acte valable, et les délais pour accomplir les actes suivans courront à dater du jugement ou arrêt qui aura définitivement prononcé sur la nullité.—S'ils sont rejetés, il sera donné acte, par le même jugement, de la lecture et publication du cahier des charges,

---

frais de poursuite et payés sur le prix.

725. — (Reproduit par l'article 725 du nouveau texte; à l'exception que ces mots *à la transcription*, ont remplacé ceux-ci : *à l'enregistrement.*)

726. Si le débiteur interjette appel du jugement en vertu duquel on procède à la saisie, il sera tenu d'intimer sur cet appel, et de dénoncer et faire viser l'intimation au greffier du tribunal devant lequel se poursuit la vente; et ce, trois jours au moins avant la mise du cahier des charges au greffe; sinon l'appel ne sera pas reçu, et il sera passé outre à l'adjudication.

727. La demande en distraction de tout ou de partie de l'objet saisi sera formée par requête d'avoué, tant contre le saisissant que contre la partie saisie, le créancier premier inscrit et l'avoué adjudicataire provisoire. Cette action sera formée par exploit contre celle des parties qui n'aura pas avoué en cause; et, dans ce cas, contre le créancier au domicile élu par l'inscription.

728. — (Reproduit littéralement par l'article 726 du nouveau texte.)

conformément à l'article 695. — Pr. 673 n., 690 n., 729 n., 1029. — (A. Pr. 733.)

729. Les moyens de nullité contre la procédure postérieure à la publication du cahier des charges seront proposés, sous la même peine de déchéance, au plus tard, trois jours avant l'adjudication. — Au jour fixé pour l'adjudication, et immédiatement avant l'ouverture des enchères, il sera statué sur les moyens de nullité. — S'ils sont admis, le tribunal annulera la poursuite, à partir du jugement de publication, en autorisera la reprise à partir de ce jugement, et fixera de nouveau le jour de l'adjudication. — S'ils sont rejetés, il sera passé outre aux enchères et à l'adjudication.— Pr. 173, 728, 730 3°, 739. — (A. Pr. 735.)

730. Ne pourront être attaqués par la voie de l'appel, 1° les jugemens qui statueront sur la demande en subrogation contre le poursuivant, à moins qu'elle n'ait été intentée pour collusion ou fraude ; 2° ceux qui, sans statuer sur des incidens, donneront acte de la publication du cahier des charges ou prononceront l'adjudication, soit avant, soit après surenchère; 3° ceux qui statueront sur des nullités postérieures à la publication du cahier des charges.— Pr. 695, 706, 710, 712, 721, 722 n., 729. — (A. Pr. 723, 726.)

731. L'appel de tous autres jugemens sera considéré comme non avenu, s'il est interjeté après les dix jours à compter de la signification à avoué, ou, s'il n'y a point d'avoué, à compter de la signification à personne ou au domicile soit réel, soit élu.—Ce délai sera augmenté d'un jour par cinq myriamètres de distance, conformément à l'article 725, dans le cas où le jugement aura été rendu sur une demande en distraction. — Dans les cas où il y aura lieu à l'appel, la cour royale statuera dans la quinzaine. Les arrêts rendus par défaut ne seront pas susceptibles d'opposition.—Pr. 68, 147, 149, 157 n., 443, 456, 732, 1033. — (A. Pr. 730, 734, 736.)

732. L'appel sera signifié au domicile de l'avoué, et, s'il n'y a pas d'avoué, au domicile réel ou élu de l'intimé ; il sera

---

729. Si la distraction demandée n'est que d'une partie des objets saisis, il sera passé outre, nonobstant cette demande, à la vente du surplus des objets saisis : pourront néanmoins les juges, sur la demande des parties intéressées, ordonner le sursis pour le tout; l'adjudicataire provisoire peut, dans ce cas, demander la décharge de son adjudication.

730. L'appel du jugement rendu sur la demande en distraction sera interjeté avec assignation, dans la quinzaine du jour de la signification à personne ou domicile, outre un jour par trois myriamètres en raison de la distance du domicile réel des parties : ce délai passé, l'appel ne sera plus reçu.

731. L'adjudication définitive ne transmet à l'adjudicataire d'autres droits à la propriété que ceux qu'avait le saisi.

732. Lorsque l'une des publications de l'enchère aura été retardée par un incident, il ne pourra y être procédé qu'après

notifié en même temps au greffier du tribunal et visé par lui. La partie saisie ne pourra, sur l'appel, proposer des moyens autres que ceux qui auront été présentés en première instance. L'acte d'appel énoncera les griefs : le tout à peine de nullité. — Pr. 147, 456, 464, 731, 1029, 1039. — T. 5e, art. 3 § 11, 18. — (A. Pr. 726, 734, 738.)

733. Faute par l'adjudicataire d'exécuter les clauses de l'adjudication, l'immeuble sera vendu à sa folle enchère. — Pr. 652, 710, 734-740. — (A. Pr. 737.)

734. Si la folle enchère est poursuivie avant la délivrance du jugement d'adjudication, celui qui poursuivra la folle enchère se fera délivrer par le greffier un certificat constatant que l'adjudicataire n'a point justifié de l'acquit des conditions exigibles de l'adjudication. — S'il y a eu opposition à la délivrance du certificat, il sera statué, à la requête de la partie la plus diligente, par le président du tribunal, en état de référé.—Pr. 713, 733, 735-

740, 806 м. — T. 5e, art. 12 § 3. — (A. Pr. 738.)

735. Sur ce certificat, et sans autre procédure ni jugement, ou si la folle enchère est poursuivie après la délivrance du jugement d'adjudication, trois jours après la signification du bordereau de collocation avec commandement, il sera apposé de nouveaux placards et inséré de nouvelles annonces dans la forme ci-dessus prescrite. — Ces placards et annonces indiqueront, en outre, les noms et demeure du fol enchérisseur, le montant de l'adjudication, une mise à prix par le poursuivant, et le jour auquel aura lieu, sur l'ancien cahier des charges, la nouvelle adjudication. — Le délai entre les nouvelles affiches et annonces et l'adjudication sera de quinze jours au moins, et de trente jours au plus. — Pr. 690, 696 м., 699, 739.—T. 5e, art. 3 § 12, 18, art. 4 § 4. — (A. Pr. 739.)

736. Quinze jours au moins avant l'adjudication, signification sera faite des jour et heure

---

une nouvelle apposition de placards et insertion de nouvelles annonces en la forme ci-dessus prescrite.

733. Les moyens de nullité contre la procédure qui précède l'adjudication préparatoire ne pourront être proposés après ladite adjudication ; ils seront jugés avant ladite adjudication ; et si les moyens de nullité sont rejetés, l'adjudication préparatoire sera prononcée par le même jugement.

734. L'appel du jugement qui aura statué sur ces nullités ne sera pas reçu, s'il n'a été interjeté avec intimation dans la quin-

zaine de la signification du jugement à avoué ; l'appel sera notifié au greffier et visé par lui.

735. La partie saisie sera tenue de proposer par requête, avec avenir à jour indiqué, ses moyens de nullité, si aucuns elle a, contre les procédures postérieures à l'adjudication provisoire, vingt jours au moins avant celui indiqué pour l'adjudication définitive : les juges seront tenus de statuer sur les moyens de nullité, dix jours au moins avant ladite adjudication définitive.

736. L'appel de ce jugement ne sera pas recevable après la huitaine de la prononciation ; il

de cette adjudication à l'avoué de l'adjudicataire, et à la partie saisie au domicile de son avoué, et, si elle n'en a pas, à son domicile. — **Pr.** 68, 75, 739. — **C.** 102. — **T.** 5e, art. 3 § 13, 18. — (A. **Pr.** 740.)

737. L'adjudication pourra être remise, conformément à l'article 703, mais seulement sur la demande du poursuivant. — **Pr.** 703 s., 739.

738. Si le fol encherisseur justifiait de l'acquit des conditions de l'adjudication et de la consignation d'une somme réglée par le président du tribunal pour les frais de folle enchère, il ne serait pas procédé à l'adjudication. — **Pr.** 687, 733 s., 737. — **C.** 1257 s., 2101 1o. — (A. **Pr.** 743.)

739. Les formalités et délais prescrits par les articles 734, 735, 736, 737, seront observés à peine de nullité. — Les moyens de nullité seront proposés et jugés comme il est dit en l'article 729. — Aucune opposition ne sera reçue contre les jugemens par défaut en matière de folle enchère, et les jugemens qui statueront sur les nullités pourront seuls être attaqués par la voie de l'appel dans les délais et suivant les formes prescrites par les articles 731 et 732. — Seront observés, lors de l'adjudication sur folle enchère, les articles 705, 706, 707 et 711. — **Pr.** 715, 964, 988, 1029. — **T.** 5e, art. 12 § 4.

740. Le fol enchérisseur est tenu, par corps, de la différence entre son prix et celui de la revente sur folle enchère, sans pouvoir réclamer l'excédant, s'il y en a : cet excédant sera payé aux créanciers, ou, si les créanciers sont désintéressés, à la partie saisie. — **Pr.** 126, 710, 733 s. — **C.** 2063, 2191. — **T.** 5e, art. 12 § 4. — (A. **Pr.** 744.)

741. Lorsque, à raison d'un incident ou pour tout autre motif légal, l'adjudication aura été retardée, il sera apposé de nouvelles affiches et fait de nouvelles annonces, dans les délais fixés par l'article 704. — **Pr.** 696, 699, 704, 719. — **T.** 5e, art. 4 § 4. — (A. **Pr.** 732.)

742. Toute convention por-

---

sera notifié au greffier, et visé par lui : la partie saisie ne pourra, sur l'appel, proposer autres moyens de nullité que ceux présentés en première instance.

737. — (Reproduit littéralement par le nouvel article 733.)

738. Le poursuivant la vente sur folle enchère se fera délivrer par le greffier un certificat constatant que l'adjudicataire n'a point justifié de l'acquit des conditions exigibles de l'adjudication.

739. Sur ce certificat, et sans autre procédure ni jugement, il sera apposé nouveaux placards et inséré nouvelles annonces, dans la forme ci-dessus prescrite, lesquelles porteront que l'enchère sera publiée de nouveau au jour indiqué ; cette publication ne pourra avoir lieu que quinzaine au moins après l'apposition des placards.

740. Le placard sera signifié à l'avoué de l'adjudicataire, et à la partie saisie, au domicile de son avoué, et si elle n'en a pas, à son domicile, au moins huit jours avant la publication.

741. L'adjudication préparatoire pourra être faite à la seconde publication, qui aura lieu quinzaine après la première.

742. À la quinzaine suivante, ou au jour plus éloigné qui aura

tant qu'à défaut d'exécution des engagemens pris envers lui, le créancier aura le droit de faire vendre les immeubles de son débiteur sans remplir les formalités prescrites pour la saisie immobilière, est nulle et non avenue. — Pr. 964. — C. 6.

743. Les immeubles appartenant à des majeurs maîtres de disposer de leurs droits ne pourront, à peine de nullité, être mis aux enchères en justice lorsqu'il ne s'agira que de ventes volontaires. — Néanmoins, lorsqu'un immeuble aura été saisi réellement, et lorsque la saisie aura été transcrite, il sera libre aux intéressés, s'ils sont tous majeurs et maîtres de leurs droits, de demander que l'adjudication soit faite aux enchères, devant notaire ou en justice, sans autres formalités et conditions que celles qui sont prescrites aux articles 958, 959, 960, 961, 962, 964 et 965, pour la vente des biens immeubles appartenant à des mineurs. — Seront regardés comme seuls intéressés, avant la sommation aux créanciers prescrite par l'article 692, le poursuivant et le saisi, et après cette sommation, ces

derniers et tous les créanciers inscrits. — Si une partie seulement des biens dépendans d'une même exploitation avait été saisie, le débiteur pourra demander que le surplus soit compris dans la même adjudication. — Pr. 744-748, 985, 1029. — C. 819, 2146, 2211.— T. 5e, art. 4 § 4, art. 14.—(A. Pr. 746, 747.)

744. Pourront former les mêmes demandes ou s'y adjoindre, — Le tuteur du mineur ou interdit, spécialement autorisé par un avis de parens; — Le mineur émancipé, assisté de son curateur;—Et généralement tous les administrateurs légaux des biens d'autrui. — Pr. 743, 745-748, 882 s., 968. — C. 406 s., 457-460, 465, 476 s., 484, 499, 509, 513, 537, 2206. — (A. Pr. 748.)

745. Les demandes autorisées par les articles 743, paragraphe 2, et 744, seront formées par une simple requête présentée au tribunal saisi de la poursuite : cette requête sera signée par les avoués de toutes les parties.—Elle contiendra une mise à prix qui servira d'estimation.—Pr. 718, 748 s. — T. 5e, art. 7 § 11.

746. Le jugement sera

été fixé par le tribunal, il sera procédé à une troisième publication, lors de laquelle les objets saisis pourront être vendus définitivement : chaque desdites publications sera précédée de placards et annonces, ainsi qu'il est dit ci-dessus; et seront observées, lors de l'adjudication, les formalités prescrites par les articles 707, 708 et 709.

743. Si néanmoins l'adjudicataire justifiait de l'acquit des conditions de l'adjudication, et

consignait la somme réglée par le tribunal pour le paiement des frais de folle enchère, il ne serait pas procédé à l'adjudication définitive, et l'adjudicataire éventuel serait déchargé.

744. — (Reproduit littéralement par l'article 740 du nouveau texte.)

745. Les articles relatifs aux nullités et aux délais et formalités de l'appel sont communs à la poursuite de la folle enchère.

746. Les immeubles apparte-

rendu sur le rapport d'un juge et sur les conclusions du ministère public.—Si la demande est admise, le tribunal fixera le jour de la vente et renverra, pour procéder à l'adjudication, soit devant un notaire, soit devant un juge du siége ou devant un juge de tout autre tribunal. — Le jugement ne sera pas signifié, et ne sera susceptible ni d'opposition ni d'appel. — Pr. 83, 93, 730, 747 s.

747. Si, après le jugement, il survient un changement dans l'état des parties, soit par décès ou faillite, soit autrement, ou si les parties sont représentées par des mineurs, des héritiers bénéficiaires ou autres incapables, le jugement continuera à recevoir sa pleine et entière exécution. — Pr. 352 s., 743-746, 748. — C. 793 s., 1124. — Co. 437 s.

748. Dans la huitaine du jugement de conversion, mention sommaire en sera faite, à la diligence du poursuivant, en marge de la transcription de la saisie. — Les fruits immobilisés en exécution des dispositions de l'article 682 conserveront ce caractère, sans préjudice du droit qui appartient au poursuivant de se conformer, pour les loyers et fermages, à l'article 685.—Sera également maintenue la prohibition d'aliéner faite par l'article 686.— Pr. 678, 743-747. — T. 5e, art. 2 § 7.

TITRE QUATORZIÈME.

DE L'ORDRE.

749. Dans le mois de la signification du jugement d'adjudication, s'il n'est pas attaqué ; en cas d'appel, dans le mois de la signification du jugement confirmatif, les créanciers et la partie saisie seront tenus de se régler entre eux sur la distribution du prix. — Pr. 656, 712, 750 s., 991. — C. 2193 s.

750. Le mois expiré, faute par les créanciers et la partie saisie de s'être réglés entre eux, le saisissant, dans la huitaine, et à son défaut, après

nant à des majeurs maîtres de disposer de leurs droits ne pourront, à peine de nullité, être mis aux enchères en justice, lorsqu'il ne s'agira que de ventes volontaires.

747. Néanmoins, lorsqu'un immeuble aura été saisi réellement, il sera libre aux intéressés, s'ils sont tous majeurs et maîtres de leurs droits, de demander que l'adjudication soit faite aux enchères, devant notaires ou en justice, sans autres formalités que celles prescrites aux articles 957, 958, 959, 960, 961, 962, 964, *sur la Vente des biens immeubles.*

748. Dans le cas de l'article précédent, si un mineur ou interdit est créancier, le tuteur pourra, sur un avis de parents, se joindre aux autres parties intéressées pour la même demande. — Si le mineur ou interdit est débiteur, les autres parties intéressées ne pourront faire cette demande qu'en se soumettant à observer toutes les formalités pour la vente des biens des mineurs.

ce délai, le créancier le plus diligent ou l'adjudicataire, requerra la nomination d'un juge-commissaire, devant lequel il sera procédé à l'ordre (a).— Pr. 657 s., 718, 751, 775, 779. — T. 1er, art. 130.

751. Il sera tenu au greffe, à cet effet, un registre des adjudications, sur lequel le requérant l'ordre fera son réquisitoire, à la suite duquel le président du tribunal nommera un juge-commissaire.— Pr. 658, 750 *note*, 752 s.

752. Le poursuivant prendra l'ordonnance du juge commis, qui ouvrira le procès-verbal d'ordre, auquel sera annexé un extrait, délivré par le conservateur, de toutes les inscriptions existantes.—Pr. 659, 750 *note*, 753 s. — T. 1er, art. 131.

753. En vertu de l'ordonnance du commissaire, les créanciers seront sommés de produire, par acte signifié aux domiciles élus par leurs inscriptions, ou à celui de leurs avoués, s'il y en a de constitués.—Pr. 75, 659, 752, 754 s. —T. 1er, art. 29 § 50, 72, art. 132.

754. Dans le mois de cette sommation, chaque créancier sera tenu de produire ses titres avec acte de produit, signé de son avoué, et contenant demande en collocation. Le commissaire fera mention de la remise sur son procès-verbal (b). — Pr. 660, 753, 757. — T. 1er, art. 133.

755. Le mois expiré, et même auparavant, si les créanciers ont produit, le commissaire dressera, ensuite de son procès-verbal, un état de collocation sur les pièces produi-

---

(a) L. 11 *brum. an VII.*
Art. 31. L'ordre et la distribution du prix des immeubles seront faits devant le tribunal civil qui aura procédé à leur adjudication. — Si l'aliénation n'a point été faite en justice, il sera procédé à l'ordre et distribution devant le tribunal civil de la situation des immeubles; et, en cas d'aliénation, par un même acte, de biens situés dans plusieurs départemens, devant le tribunal dans l'arrondissement duquel se trouvera située la partie des biens à laquelle la matrice du rôle de la contribution foncière attribue le plus de revenus — A cet effet, il sera ouvert au greffe du tribunal un procès-verbal, sur la première réquisition d'un des créanciers, et sur la remise qu'il sera tenu de faire, en même temps, d'un état certifié par le conservateur des hypothè-

ques, de toutes les inscriptions existant sur les biens aliénés.
(b) L. 11 *brum. an VII.*
Art. 32. Le procès-verbal d'ordre ne pourra être clos que trente jours après que son ouverture aura été notifiée tant aux créanciers inscrits qu'à la partie saisie.—Pendant cet intervalle, les créanciers privilégiés qui ne sont point assujettis à l'inscription de leurs droits, seront tenus, à peine de déchéance de leurs privilèges, d'en produire les titres et pièces au greffe.— Quant aux privilégiés et aux créanciers inscrits, l'état mentionné en l'article précédent tient lieu pour eux de production; néanmoins ils sont tenus, sur la réquisition soit d'un créancier, soit de la partie saisie, de justifier des titres de leurs créances, et de les déposer et produire au greffe du tribunal.

33

tes. Le poursuivant dénoncera, par acte d'avoué à avoué, aux créanciers produisans et à la partie saisie, la confection de l'état de collocation, avec sommation d'en prendre communication, et de contredire, s'il y échet, sur le procès-verbal du commissaire, dans le délai d'un mois. — Pr. 75, 663, 734 *et la note*, 756. — T. 1er, art. 134, 135.

756. Faute par les créanciers produisans de prendre communication des productions ès mains du commissaire dans ledit délai, ils demeureront forclos, sans nouvelle sommation ni jugement ; il ne sera fait aucun dire, s'il n'y a contestation. — Pr. 660, 664, 755, 758, 778. — Co. 513.

757. Les créanciers qui n'auront produit qu'après le délai fixé supporteront sans répétition, et sans pouvoir les employer dans aucun cas, les frais auxquels leur production tardive, et la déclaration d'icelle aux créanciers à l'effet d'en prendre connaissance, auront donné lieu. Ils seront garans des intérêts qui auront couru, à compter du jour où ils auraient cessé si la production eût été faite dans le délai fixe. — Pr. 754 *note*, 756, 758 x., 767, 770, 774. — T. 1er, art. 136.

758. En cas de contestation, le commissaire renverra les contestans à l'audience, et néanmoins arrêtera l'ordre pour les créances antérieures à celles contestées, et ordonnera la délivrance des bordereaux de collocation de ces créanciers, qui ne seront tenus à aucun rapport à l'égard de ceux qui produiraient postérieurement (*a*). — Pr. 666 x., 759, 767, 771 x.

759. S'il ne s'élève aucune contestation, le juge-commissaire fera la clôture de l'ordre ; il liquidera les frais de radiation et de poursuite d'ordre, qui seront colloqués par préférence à toutes autres créances ; il prononcera la dé-

---

(*a*) L. 11 *brum. an VII.*

Art. 31. L'homologation de l'ordre sera portée à la première audience qui suivra l'expiration du délai de trente jours, fixé par l'article 32, pour y être statué par le tribunal, ainsi que sur les contestations qui auraient été élevées, sans qu'il soit besoin d'assignation à la partie saisie ni aux créanciers, et sauf l'appel, nonobstant lequel les collocations qui n'auraient pas été contestées recevront leur exécution. — Les frais pour parvenir à la confection de l'ordre, seront prélevés de préférence à toute créance, et colloqués au profit du poursuivant.

33. Le jugement d'homologation ordonne la délivrance, par le greffier, des bordereaux de collocation, à ceux qui viennent en ordre utile, pour le montant en être acquitté par l'adjudicataire, s'il n'existe aucune saisie ni opposition sur le créancier colloqué. — Ces bordereaux énoncent la nature et la quotité de la créance et de ses accessoires ayant le même rang d'hypothèque, ainsi que l'époque d'exigibilité tant du capital que des intérêts ou arrérages. — Le même jugement détermine celles des inscriptions qui ne viennent point en ordre utile sur le prix, et ordonne que la radiation en sera faite par le conservateur des hypothèques, en ce qu'elles frapperaient sur l'immeuble aliéné.

chéance des créanciers non produisans, ordonnera la délivrance des bordereaux de collocation aux créanciers utilement colloqués, et la radiation des inscriptions de ceux non utilement colloqués. Il sera fait distraction en faveur de l'adjudicataire, sur le montant de chaque bordereau, des frais de radiation de l'inscription. — **Pr.** 665, 758 *et la note,* 767, 772, 777, 1029. — **T.** 1er, art. 137.

760. Les créanciers postérieurs en ordre d'hypothèque aux collocations contestées seront tenus, dans la huitaine du mois accordé pour contredire, de s'accorder entre eux sur le choix d'un avoué; sinon ils seront représentés par l'avoué du dernier créancier colloqué. Le créancier qui contestera individuellement supportera les frais auxquels sa contestation particulière aura donné lieu, sans pouvoir les répéter ni employer en aucun cas. L'avoué poursuivant ne pourra en cette qualité être appelé dans la contestation. — **Pr.** 130, 758, 761.

761. L'audience sera poursuivie par la partie la plus diligente, sur un simple acte d'avoué à avoué, sans autre procédure. — **Pr.** 82, 408, 668, 760, 762 n., 765.

762. Le jugement sera rendu sur le rapport du juge-commissaire et les conclusions du ministère public; il contiendra liquidation des frais. — **Pr.** 83, 543 n., 686, 668, 760 n.

763. L'appel de ce jugement ne sera reçu, s'il n'est interjeté dans les dix jours de sa signification à avoué, outre un jour par trois myriamètres de distance du domicile réel de chaque partie; il contiendra assignation, et l'énoncia-

tion des griefs. — **Pr.** 443 n., 669, 762, 764 n., 1033.

764. L'avoué du créancier dernier colloqué pourra être intimé s'il y a lieu. — **Pr.** 667, 669, 760, 763.

765. Il ne sera signifié sur l'appel que des conclusions motivées de la part des intimés; et l'audience sera poursuivie ainsi qu'il est dit en l'article 761.

766. L'arrêt contiendra liquidation des frais; les parties qui succomberont sur l'appel seront condamnées aux dépens, sans pouvoir les répéter. — **Pr.** 130, 543 n., 768, 770.

767. Quinzaine après le jugement des contestations, et, en cas d'appel, quinzaine après la signification de l'arrêt qui y aura statué, le commissaire arrêtera définitivement l'ordre des créances contestées et de celles postérieures, et ce, conformément à ce qui est prescrit par l'article 759: les intérêts et arrérages des créanciers utilement colloqués cesseront. — **Pr.** 670, 672, 750, 757, 768, 770, 774.

768. Les frais de l'avoué qui aura représenté les créanciers contestans seront colloqués, par préférence à toutes autres créances, sur ce qui restera de deniers à distribuer, déduction faite de ceux qui auront été employés à acquitter les créances antérieures à celles contestées. — **Pr.** 759, 767, 769, 777. — **C.** 2101 1o

769. L'arrêt qui autorisera l'emploi des frais prononcera la subrogation au profit du créancier sur lequel les fonds manqueront, ou de la partie saisie. L'exécutoire énoncera cette disposition, et indiquera la partie qui devra en profiter. — **Pr.** 766, 768. — **C.** 1251, 2101 1o.

770. La partie saisie et le créancier sur lequel les fonds manqueront auront leur recours contre ceux qui auront succombé dans la contestation, pour les intérêts et arrérages qui auront couru pendant le cours desdites contestations.— **Pr.** 757, 766 N., 769.

771. Dans les dix jours après l'ordonnance du juge-commissaire, le greffier délivrera à chaque créancier utilement colloqué le bordereau de collocation, qui sera exécutoire contre l'acquéreur. — **Pr.** 671, 758, 767, 772 N.

772. Le créancier colloqué, en donnant quittance du montant de sa collocation, consentira la radiation de son inscription. — **Pr.** 759, 771, 773 N. — **C.** 2158.

773. Au fur et à mesure du paiement des collocations, le conservateur des hypothèques, sur la représentation du bordereau et de la quittance du créancier, déchargera d'office l'inscription, jusqu'à concurrence de la somme acquittée. — **Pr.** 759, 772, 774. — **C.** 2108, 2158.

774. L'inscription d'office sera rayée définitivement, en justifiant, par l'adjudicataire, du paiement de la totalité de son prix, soit aux créanciers utilement colloqués, soit à la partie saisie, et de l'ordonnance du juge - commissaire qui prononce la radiation des inscriptions des créanciers non colloqués.—**Pr.** 670, 772, 773. — **C.** 2108, 2157 N.

775. En cas d'aliénation autre que celle par expropriation, l'ordre ne pourra être provoqué s'il n'y a plus de trois créanciers inscrits ; et il le sera par le créancier le plus diligent ou l'acquéreur après l'expiration des trente jours qui suivront les délais prescrits par les articles 2183 et 2194 du Code civil. — **Pr.** 953 N., 966 N. — **C.** 2218.

776. L'ordre sera introduit et réglé dans les formes prescrites par le présent titre. — **Pr.** 750 N.

777. L'acquéreur sera employé par préférence pour le coût de l'extrait des inscriptions et dénonciations aux créanciers inscrits. — **Pr.** 759, 768. — **C.** 2101 1o, 2183.

778. Tout créancier pourra prendre inscription pour conserver les droits de son débiteur; mais le montant de la collocation du débiteur sera distribué, comme chose mobilière, entre tous les créanciers inscrits ou opposans avant la clôture de l'ordre. — **Pr.** 650 N. — **C.** 1166, 2093, 2193 N.

779. En cas de retard ou de négligence dans la poursuite d'ordre, la subrogation pourra être demandée. La demande en sera formée par requête insérée au procès-verbal d'ordre, communiquée au poursuivant par acte d'avoué, jugée sommairement en la chambre du conseil, sur le rapport du juge-commissaire. — **Pr.** 721-723, 750. — **T.** 1er, art. 138, 139.

TITRE QUINZIÈME.

DE L'EMPRISONNEMENT (1).

780. Aucune contrainte par corps ne pourra être mise à exécution qu'un jour après la signification, avec commandement, du jugement qui l'a prononcée. — Cette signification sera faite par un huissier commis par ledit jugement ou par le président du tribunal de première instance du lieu où se trouve le débiteur. — La signification contiendra aussi élection de domicile dans la commune où siége le tribunal qui a rendu ce jugement, si le créancier n'y demeure pas. — Pr. 126, 127, 166 s., 552, 784, 790, 794, 1033. — C. 16, 111, 2059-2070. — P. 341-344. — T. 1er, art. 51, 76 § 13, 21.

781. Le débiteur ne pourra être arrêté, 1º avant le lever et après le coucher du soleil; — 2º Les jours de fête légale; — 3º Dans les édifices consacrés au culte, et pendant les exercices religieux seulement; — 4º Dans le lieu et pendant la tenue des séances des autorités constituées; — 5º Dans une maison quelconque, même dans son domicile, à moins qu'il n'eût été ainsi ordonné par le juge de paix du lieu, lequel juge de paix devra, dans ce cas, se transporter dans la maison avec l'officier ministériel. — Pr. 63, 556, 793, 794, 1037. — Co. 625. — P. 184. — T. 1er, art. 52.

782. Le débiteur ne pourra non plus être arrêté, lorsqu'appelé comme témoin devant un *juge d'instruction* (2) ou devant un tribunal de première instance, ou une cour royale ou d'assises, il sera porteur d'un sauf-conduit. — Le sauf-conduit pourra être accordé par le *juge d'instruction*, par le président du tribunal ou de la cour où les témoins devront être entendus. Les conclusions du ministère public seront nécessaires. — Le sauf-conduit réglera la durée de son effet, à peine de nullité. — En vertu du sauf-conduit, le débiteur ne pourra

---

(1) Décr. 9 *mars* 1848.

Dans tous les cas où la loi autorise la contrainte par corps, comme moyen pour le créancier d'obtenir le paiement d'une dette pécuniaire, cette mesure cessera d'être appliquée jusqu'à ce que l'Assemblée nationale ait définitivement statué sur la contrainte par corps.

Décr. 12 *mars* 1848.

Tous les détenus pour dettes civiles ou commerciales seront immédiatement et provisoirement mis en liberté, en vertu du décret rendu le 9 mars 1848 par le Gouvernement provisoire.

(2) Ces mots ont remplacé ceux-ci : *directeur du jury*, qui se trouvaient dans les éditions de 1810 et de 1811. Le Code d'instruction criminelle, en supprimant le jury d'accusation, a attribué (art. 71) au juge d'instruction le droit d'appeler des témoins, droit qui appartenait au directeur du jury par l'article 9 de la loi du 7 pluviôse an IX.

être arrêté, ni le jour fixé pour sa comparution, ni pendant le temps nécessaire pour aller et pour revenir. — Pr. 30, 85, 266, 432, 781, 794.

783. Le procès-verbal d'emprisonnement contiendra, outre les formalités ordinaires des exploits, 1° itératif commandement; 2° élection de domicile dans la commune où le débiteur sera détenu, si le créancier n'y demeure pas: l'huissier sera assisté de deux recors. — Pr. 61, 787, 789, 794. — C. 111. — T. 1er, art. 83, 77 § 4, 16.

784. S'il s'est écoulé une année entière depuis le commandement, il sera fait un nouveau commandement par un huissier commis à cet effet. — Pr. 780, 794, 804.

785. En cas de rébellion, l'huissier pourra établir garnison aux portes pour empêcher l'évasion et requérir la force armée; et le débiteur sera poursuivi conformément aux dispositions du Code d'instruction criminelle. — Pr. 555, 786 s. — I. Cr. 63 s. — P. 209 s.

786. Si le débiteur requiert qu'il en soit référé, il sera conduit sur-le-champ devant le président du tribunal de première instance du lieu où l'arrestation aura été faite, lequel statuera en état de référé: si l'arrestation est faite hors des heures de l'audience, le débiteur sera conduit chez le président. — Pr. 794, 806 s. — T. 1er, art. 54.

787. L'ordonnance sur référé sera consignée sur le procès-verbal de l'huissier, et sera exécutée sur-le-champ. — Pr. 786, 794, 811.

788. Si le débiteur ne requiert pas qu'il en soit référé, ou si, en cas de référé, le président ordonne qu'il soit passé outre, le débiteur sera conduit dans la prison du lieu; et s'il n'y en a pas, dans celle du lieu le plus voisin: l'huissier et tous autres qui conduiraient, recevraient ou retiendraient le débiteur dans un lieu de détention non légalement désigné comme tel, seront poursuivis comme coupables du crime de détention arbitraire. — Pr. 786 s. — I. Cr. 615 s. — P. 119 s., 122, 341 s.

789. L'écrou du débiteur énoncera, 1° le jugement; 2° les noms et domicile du créancier; 3° l'élection de domicile, s'il ne demeure pas dans la commune; 4° les noms, demeure et profession du débiteur; 5° la consignation d'un mois d'alimens au moins; 6° enfin, mention de la copie qui sera laissée au débiteur, parlant à sa personne, tant du procès-verbal d'emprisonnement que de l'écrou. Il sera signé de l'huissier. — Pr. 783, 790, 791, 794. — T. 1er, art. 54, 55.

790. Le gardien ou geôlier transcrira sur son registre le jugement qui autorise l'arrestation: faute par l'huissier de représenter ce jugement, le geôlier refusera de recevoir le débiteur et de l'écrouer. — Pr. 780, 788 s., 794. — T. 1er, art. 56.

791. Le créancier sera tenu de consigner les alimens d'avance. Les alimens ne pourront être retirés, lorsqu'il y aura recommandation, si ce n'est du consentement du recommandant. — Pr. 789 5°, 791 s., 794, 800 4°, 803 s.

792. Le débiteur pourra être recommandé par ceux qui auraient le droit d'exercer contre lui la contrainte par corps. Celui qui est arrêté com-

...nie prévenu d'un délit peut aussi être recommandé; et il sera retenu par l'effet de la recommandation, encore que son élargissement ait été prononcé et qu'il ait été acquitté du délit. — **Pr.** 126 s., 552, 791, 793 s., 798. — **C.** 2059 s. — **T.** 1er, art. 57. — **T.** 3e.

793. Seront observées, pour les recommandations, les formalités ci-dessus prescrites pour l'emprisonnement: néanmoins l'huissier ne sera pas assisté de recors, et le recommandant sera dispensé de consigner les alimens, s'ils ont été consignés. — Le créancier qui a fait emprisonner pourra se pourvoir contre le recommandant devant le tribunal du lieu où le débiteur est détenu, à l'effet de le faire contribuer au paiement des alimens par portion égale. — **Pr.** 780 s., 789, 791, 794, 796, 800 4°. — **T.** 1er, art. 57. — **T.** 3e.

794. A défaut d'observation des formalités ci-dessus prescrites, le débiteur pourra demander la nullité de l'emprisonnement, et la demande sera portée au tribunal du lieu où il est détenu : si la demande en nullité est fondée sur des moyens du fond, elle sera portée devant le tribunal de l'exécution du jugement. — **Pr.** 40 5°, 472, 554, 780 s., 793 s., 805.

795. Dans tous les cas, la demande pourra être formée à bref délai, en vertu de permission de juge, et l'assignation donnée par huissier commis au domicile élu par l'écrou : la cause sera jugée sommairement, sur les conclusions du ministère public. — **Pr.** 72, 76, 83, 404 s., 789, 794, 797, 789, 802, 805. — **T.** 1er, art. 77 § 5, 16.

796. La nullité de l'emprisonnement, pour quelque cause qu'elle soit prononcée, n'emporte point la nullité des recommandations. — **Pr.** 792. — **T.** 1er, art. 58.

797. Le débiteur dont l'emprisonnement est déclaré nul ne peut être arrêté pour la même dette qu'un jour au moins après sa sortie. — **Pr.** 799, 804, 1033.

798. Le débiteur sera mis en liberté, en consignant entre les mains du geôlier de la prison les causes de son emprisonnement et les frais de la capture. — **Pr.** 800 2°, 802. — **C.** 1258.

799. Si l'emprisonnement est déclaré nul, le créancier pourra être condamné en des dommages-intérêts envers le débiteur. — **Pr.** 128, 794, 797, 1031. — **C.** 1149, 1382.

800. Le débiteur légalement incarcéré obtiendra son élargissement, — 1° Par le consentement du créancier qui l'a fait incarcérer, et des recommandans, s'il y en a; — 2° Par le paiement ou la consignation des sommes dues tant au créancier qui a fait emprisonner qu'au recommandant, des intérêts échus, des frais liquidés, de ceux d'emprisonnement, et de la restitution des alimens consignés; — 3° Par le bénéfice de cession; — 4° A défaut par les créanciers d'avoir consigné d'avance les alimens; — 5° Et enfin, si le débiteur a commencé sa soixante et dixième année, et si, dans ce dernier cas, il n'est pas stellionataire. — **Pr.** 791, 798, 801, 802, 803 s., 898 s. — **C.** 1109, 1235, 1257, 1268, 1270, 2066. — **Co.** 511, 612. — **T.** 1er, art. 77 § 6, 16.

801. Le consentement à la

sortie du débiteur pourra être donné, soit devant notaire, soit sur le registre d'écrou. — **Pr.** 800 1º.

802. La consignation de la dette sera faite entre les mains du geôlier, sans qu'il soit besoin de la faire ordonner; si le geôlier refuse, il sera assigné à bref délai devant le tribunal du lieu, en vertu de permission : l'assignation sera donnée par huissier-commis. — **Pr.** 72, 554, 798, 800 2º, 805. — **T.** 1er, art. 77 § 7, 16.

803. L'élargissement, faute de consignation d'alimens, sera ordonné sur le certificat de non-consignation, délivré par le geôlier, et annexé à la requête présentée au président du tribunal, sans sommation préalable. — Si cependant le créancier en retard de consigner les alimens, fait la consignation avant que le débiteur ait formé sa demande en élargissement, cette demande ne sera plus recevable.—**Pr.** 789 5º, 791, 800 4º, 805 n.—**T.** 1er, art. 77 § 8, 16.

804. Lorsque l'élargissement aura été ordonné faute de consignation d'alimens, le créancier ne pourra de nouveau faire emprisonner le débiteur, qu'en lui remboursant les frais par lui faits pour obtenir son élargissement, ou les consignant, à son refus, ès mains du greffier, et en consignant aussi d'avance six mois d'alimens : on ne sera point tenu de recommencer les formalités préalables à l'emprisonnement, s'il a lieu dans l'année du commandement. — **Pr.** 794, 803.

805. Les demandes en élargissement seront portées au tribunal dans le ressort duquel le débiteur est détenu. Elles seront formées à bref délai, au domicile élu par l'écrou, en vertu de permission du juge, sur requête présentée à cet effet : elles seront communiquées au ministère public, et jugées, sans instruction, à la première audience, préférablement à toutes autres causes, sans remise ni tour de rôle.—**Pr.** 72, 554, 786, 794 n., 800, 802.

TITRE SEIZIÈME.

DES RÉFÉRÉS.

806. Dans tous les cas d'urgence, ou lorsqu'il s'agira de statuer provisoirement sur les difficultés relatives à l'exécution d'un titre exécutoire ou d'un jugement, il sera procédé ainsi qu'il va être réglé ci-après (a). — **Pr.** 72, 76, 417,

---

(a) ÉDIT *de janvier* 1685.

ART. 6. Quand il s'agira de la liberté de personnes qualifiées ou constituées en charge; de celle des marchands et négocians emprisonnés à la veille de plusieurs fêtes consécutives, ou des jours auxquels on n'entre pas au Châtelet; lorsque l'on demandera la main-levée de marchandises prêtes à être envoyées, et dont les voituriers seront chargés, ou qui peuvent dépérir; du paiement que des hôteliers ou des ouvriers demandent à des étrangers pour des nourritures et fournitures d'habits, ou autres choses nécessaires; lorsque l'on réclamera des

606 s., 661, 829, 843, 845, 852, 921, 944, 948. — **T. 1er, art. 93.**

807. La demande sera portée à une audience tenue à cet effet par le président du tribunal de première instance, ou par le juge qui le remplace, aux jour et heure indiqués par le tribunal. — **Pr. 553, 806.** — **T. 1er, art. 29 § 51, 72.**

808. Si néanmoins le cas requiert célérité, le président, ou celui qui le représentera, pourra permettre d'assigner, soit à l'audience, soit à son hôtel, à heure indiquée, même les jours de fêtes ; et, dans ce cas, l'assignation ne pourra être donnée qu'en vertu de l'ordonnance du juge, qui commettra un huissier à cet effet. — **Pr. 49 2º, 72, 554. 807.** — **T. 1er, art. 76 § 14, 21.**

809. Les ordonnances sur référés ne feront aucun préjudice au principal ; elles seront exécutoires par provision, sans caution, si le juge n'a pas ordonné qu'il en serait fourni une. — Elles ne seront pas susceptibles d'opposition. — Dans les cas où la loi autorise l'appel, cet appel pourra être interjeté même avant le délai de huitaine, à dater du jugement ; et il ne sera point recevable s'il a été interjeté après la quinzaine, à dater du jour de la signification du jugement. — L'appel sera jugé sommairement et sans procédure. — **Pr. 135 s., 443, 449, 455, 456, 811, 1033.** — **T. 1er, art. 29 § 52, 72, art. 149.**

810. Les minutes des ordonnances sur référés seront déposées au greffe. — **Pr. 787, 922, 944.**

811. Dans les cas d'absolue nécessité, le juge pourra ordonner l'exécution de son ordonnance sur la minute. — **Pr. 545 et la note, 554, 809.**

---

dépôts, gages, papiers ou autres effets divertis : si le lieutenant civil le juge ainsi à propos pour le bien de la justice, il pourra ordonner que les parties comparaîtront le jour même dans son hôtel pour y être entendues, et être par lui ordonné par provision ce qu'il estimera juste, sans autres vacations ni frais à son égard.

9. Lorsque dans les appositions ou levées de scellés, et dans les confections d'inventaires, les parties formeront des contestations, les commissaires, notaires et procureurs qui y assisteront, pourront, si les parties le requièrent, se transporter en la maison du lieutenant civil, pour y être pourvu ainsi qu'il avisera l'on être, sans aucuns frais ni vacations pour lui, quand même il se transporterait dans les lieux où les scellés sont apposés, et où l'on travaille aux inventaires, et sans que lesdits officiers en puissent prétendre pour eux, lorsque ledit lieutenant civil n'estimera pas nécessaire de rendre aucune ordonnance sur les rapports qu'ils lui auront faits. Et sera tenu notre procureur audit siège de comparoir auxdits scellés ès cas où il sera nécessaire, par l'un de ses substituts.

DEUXIÈME PARTIE.
PROCÉDURES DIVERSES.

LIVRE PREMIER.

(Décret du 22 avril 1806, promulgué le 2 mai suivant.)

TITRE PREMIER.
DES OFFRES DE PAIEMENT ET DE LA CONSIGNATION

812. Tout procès-verbal d'offres désignera l'objet offert, de manière qu'on ne puisse y en substituer un autre ; et si ce sont des espèces, il en contiendra l'énumération et la qualité. —Pr. 832, 813 s.—C. 1257 s.

813. Le procès-verbal fera mention de la réponse, du refus ou de l'acceptation du créancier, et s'il a signé, refusé ou déclaré ne pouvoir signer. —Pr. 812. — C. 1257 s. — T. 1er, art. 59.

814. Si le créancier refuse les offres, le débiteur peut, pour se libérer, consigner la somme ou la chose offerte, en observant les formalités prescrites par l'article 1259 du Code civil.—Pr. 301, 813.—C. 1264. —Co. 209.

815. La demande qui pourra être intentée, soit en validité, soit en nullité des offres ou de la consignation, sera formée d'après les règles établies pour les demandes principales ; si elle est incidente, elle le sera par requête. — Pr. 49 7°, 59, 61, 68, 69, 337 s.—T. 1er, art. 78 § 20, 24.

816. Le jugement qui déclarera les offres valables ordonnera, dans le cas où la consignation n'aurait pas encore eu lieu, que, faute par le créancier d'avoir reçu la somme ou la chose offerte, elle sera consignée ; il prononcera la cessation des intérêts, du jour de la réalisation. — C. 1257, 1259 s.

817. La consignation volontaire ou ordonnée sera toujours à la charge des oppositions, s'il en existe, et en les dénonçant au créancier.—Pr. 557 s., 573 s.

818. Le surplus est réglé par les dispositions du Code civil relatives aux offres de paiement et à la consignation. — C. 1257-1264.

TITRE DEUXIÈME.

DU DROIT DES PROPRIÉTAIRES SUR LES MEUBLES,
EFFETS ET FRUITS DE LEURS LOCATAIRES ET FERMIERS,
OU DE LA SAISIE-GAGERIE ET DE LA SAISIE-ARRÊT SUR DÉBITEURS FORAINS.

819. Les propriétaires et principaux locataires de maisons ou biens ruraux, soit qu'il y ait bail, soit qu'il n'y en ait pas, peuvent, un jour après le commandement, et sans permission du juge, faire saisir-gager, pour loyers et fermages échus, les effets et fruits étant dans lesdites maisons ou bâtimens ruraux, et sur les terres. — Ils peuvent même faire saisir-gager à l'instant, en vertu de la permission qu'ils en auront obtenue, sur requête, du président du tribunal de première instance. — Ils peuvent aussi saisir les meubles qui garnissaient la maison ou la ferme, lorsqu'ils ont été déplacés sans leur consentement; et ils conservent sur eux leur privilége, pourvu qu'ils en aient fait la revendication, conformément à l'article 2102 du Code civil. — Pr. 551, 588 s., 593, 608, 609, 820 s., 826 s. — C. 1728 s., 2102. — T. 1er, art. 29 § 55, 72, art. 61, 76 § 15, 21. — Supp. *Compétence*, L. 25 mai 1838, art. 3, 10.

820. Peuvent les effets des sous-fermiers et sous-locataires, garnissant les lieux par eux occupés, et les fruits des terres qu'ils sous-louent, être saisis-gagés pour les loyers et fermages dus par le locataire ou fermier de qui ils tiennent; mais ils obtiendront main-levée en justifiant qu'ils ont payé sans fraude, et sans qu'ils puissent opposer des paiemens faits par anticipation (a). — C. 1717, 1753, 2102 1°.

821. La saisie-gagerie sera faite en la même forme que la saisie-exécution; le saisi pourra être constitué gardien; et s'il y a des fruits, elle sera faite dans la forme établie par le titre IX du livre précédent. — Pr. 583 s., 598, 626 s., 823, 830. — Supp. *Compétence*, L. 25 mai 1838, art. 3, 10.

822. Tout créancier, même sans titre, peut, sans commandement préalable, mais avec permission du président du tribunal de première instance et même du juge de paix, faire saisir les effets trouvés en la commune qu'il habite, appartenant à son débiteur forain (b). — Pr. 823 s. — T. 1er, art. 61, 76 § 16, 21.

823. Le saisissant sera gardien des effets, s'ils sont en ses

---

(a) COUTUME DE PARIS. ART. 162. — (V. C. 2102 note a)

(b) COUTUME DE PARIS. ART. 173. Par privilége usité, quiconque est bourgeois demeurant et habitant à Paris, et par an et par jour y a demeuré, il peut procéder par voye d'arrest sur les biens de ses debteurs forains trouvés en icelle ville, posé qu'il n'y eust obligation ni cédule, et non sur autres debteurs que forains.

mains; sinon il sera établi un gardien. — **Pr.** 598, 821, 824. — **T.** 1er, art. 61.

824. Il ne pourra être procédé à la vente sur les saisies énoncées au présent titre, qu'après qu'elles auront été déclarées valables : le saisi, dans le cas de l'article 821, le saisissant, dans le cas de l'article 823, ou le gardien, s'il en a été établi, seront condamnés par corps à la représentation des effets. — **Pr.** 126 s., 613 s., 617 s., 780 s., 825. — **C.** 2059, 2060 4°.

825. Seront, au surplus, observées les règles ci-devant prescrites pour la saisie-exécution, la vente et la distribution des deniers. — **Pr.** 583 s., 617 s., 656 s., 821, 824. — **T.** 1er, art. 61.

TITRE TROISIÈME.

DE LA SAISIE-REVENDICATION.

826. Il ne pourra être procédé à aucune saisie-revendication qu'en vertu d'ordonnance du président du tribunal de première instance rendue sur requête; et ce, à peine de dommages-intérêts, tant contre la partie que contre l'huissier qui aura procédé à la saisie. — **Pr.** 558, 608, 822, 827 s. — **C.** 1926, 2102 1° 4°, 2279. — **Co.** 574 s. — **T.** 1er, art. 77 § 9, 16.

827. Toute requête à fin de saisie-revendication désignera sommairement les effets. — **Pr.** 828. — **T.** 1er, art. 77 § 9, 16.

828. Le juge pourra permettre la saisie-revendication, même les jours de fête légale. — **Pr.** 63, 819, 1037.

829. Si celui chez lequel sont les effets qu'on veut revendiquer refuse les portes ou s'oppose à la saisie, il en sera référé au juge; et cependant il sera sursis à la saisie, sauf au requérant à établir garnison aux portes. — **Pr.** 587, 806 s. — **T.** 1er, art. 62.

830. La saisie-revendication sera faite en la même forme que la saisie-exécution, si ce n'est que celui chez qui elle est faite pourra être constitué gardien. — **Pr.** 588 s., 598, 806 s., 821, 823.

831. La demande en validité de la saisie sera portée devant le tribunal du domicile de celui sur qui elle est faite; et si elle est connexe à une instance déjà pendante, elle le sera au tribunal saisi de cette instance. — **Pr.** 49 7°, 59, 171.

TITRE QUATRIÈME.

DE LA SURENCHÈRE SUR ALIÉNATION VOLONTAIRE.

832. (*Loi du 2 juin 1841.*) Les notifications et réquisitions prescrites par les articles 2183 et 2185 du Code civil seront faites par un huissier commis à cet effet, sur simple requête, par le président du tribunal de première instance de l'arrondissement où elles auront lieu; elles contiendront constitution d'avoué près le tribunal où la surenchère et l'ordre devront être portés.—L'acte de réquisition de mise aux enchères contiendra, avec l'offre et l'indication de la caution, assignation à trois jours devant le tribunal, pour la réception de cette caution, à laquelle il sera procédé comme en matière sommaire. Cette assignation sera notifiée au domicile de l'avoué constitué; il sera donné copie, en même temps, de l'acte de soumission de la caution et du dépôt au greffe des titres qui constatent sa solvabilité.— Dans le cas où le surenchérisseur donnerait un nantissement en argent ou en rentes sur l'Etat, à défaut de caution, conformément à l'article 2041 du Code civil, il sera notifier avec son assignation copie de l'acte constatant la réalisation de ce nantissement. — Si la caution est rejetée, la surenchère sera déclarée nulle et l'acquéreur maintenu, à moins qu'il n'ait été fait d'autres surenchères par d'autres créanciers (a).—Pr. 59, 61, 617 N., 833, 838.—C. 2041, 2183, 2185 et la note 1.—T. 5e, art. 4 § 3, art. 8.

833. (*Loi du 2 juin 1841.*) Lorsqu'une surenchère aura été notifiée avec assignation dans les termes de l'article 832 ci-dessus, chacun des créanciers inscrits aura le droit de se faire subroger à la poursuite, si le surenchérisseur ou le nouveau propriétaire ne donne pas suite à l'action dans le mois de la surenchère. — La subrogation sera demandée par simple requête en intervention, et signifiée par acte d'avoué à avoué. — Le même droit de subrogation reste ouvert au profit des créanciers inscrits, lorsque, dans le cours de la poursuite, il y a collusion, fraude ou négligence de la part du poursuivant. — Dans tous les cas ci-dessus, la subrogation aura lieu aux risques et périls du surenchérisseur, sa caution continuant à être obligée (b). — Pr. 75, 339, 721 N., 838.

834. Les créanciers qui, ayant une hypothèque aux termes des articles 2123, 2127 et 2128 du Code civil, n'auront pas fait inscrire leurs titres antérieurement aux aliénations qui seront faites à l'avenir des immeubles hypothéqués, ne seront reçus à requérir la mise aux enchères, conformément aux dispositions du chapitre VIII, titre XVIII du livre III

(a) ANCIEN ART. 832. Les notifications et réquisitions prescrites par les articles 2183 et 2185 du Code civil seront faites par un huissier commis à cet effet, sur simple requête, par le président du tribunal de première instance de l'arrondissement où elles auront lieu; elles contiendront constitution d'avoué près le tribunal où la surenchère et l'ordre devront être portés. — L'acte de réquisition de mise aux enchères contiendra, à peine de nullité de la surenchère, l'offre de la caution, avec assignation à trois jours devant le même tribunal pour la réception de ladite caution, à laquelle il sera procédé sommairement.

(b) ANCIEN ART. 833. Si la caution est rejetée, la surenchère sera déclarée nulle et l'acquéreur maintenu, à moins qu'il n'ait été fait d'autres surenchères par d'autres créanciers.

du Code civil, qu'en justifiant de l'inscription qu'ils auront prise depuis l'acte translatif de propriété, et au plus tard dans la quinzaine de la transcription de cet acte. — Il en sera de même à l'égard des créanciers ayant privilége sur des immeubles, sans préjudice des autres droits résultant au vendeur et aux héritiers, des articles 2108 et 2109 du Code civil. — C. 2146, 2166, 2181-2192.

835. Dans le cas de l'article précédent, le nouveau propriétaire n'est pas tenu de faire aux créanciers dont l'inscription n'est pas antérieure à la transcription de l'acte, les significations prescrites par les articles 2183 et 2184 du Code civil; et dans tous les cas, faute par les créanciers d'avoir requis la mise aux enchères dans le délai et les formes prescrits, le nouveau propriétaire n'est tenu que du paiement du prix, conformément à l'article 2186 du Code civil. — Pr. 834.

836. (*Loi du 2 juin 1841.*) Pour parvenir à la revente sur enchère prévue par l'article 2187 du Code civil, le poursuivant fera imprimer des placards qui contiendront, — 1º La date et la nature de l'acte d'aliénation sur lequel la surenchère a été faite, le nom du notaire qui l'aura reçu ou de toute autorité appelée à sa confection; — 2º Le prix énoncé dans l'acte, s'il s'agit d'une vente, ou l'évaluation donnée aux immeubles dans la notification aux créanciers inscrits, s'il s'agit d'un échange ou d'une donation; — 3º Le montant de la surenchère; — 4º Les noms, professions, domiciles du précédent propriétaire, de l'acquéreur ou donataire, du surenchérisseur, ainsi que du créancier qui lui est subrogé dans le cas de l'article 833; — 5º L'indication sommaire de la nature et de la situation des biens aliénés; — 6º Le nom et la demeure de l'avoué constitué pour le poursuivant; — 7º L'indication du tribunal où la surenchère se poursuit, ainsi que des jour, lieu et heure de l'adjudication. — Ces placards seront apposés, quinze jours au moins et trente jours au plus avant l'adjudication, à la porte du domicile de l'ancien propriétaire et aux lieux désignés dans l'article 699 du présent Code. — Dans le même délai, l'insertion des énonciations qui précèdent sera faite dans le journal désigné en exécution de l'article 696, et le tout sera constaté comme il est dit dans les articles 698 et 699 (*a*). — Pr. 838. — Co. 573. — T. 5e, art. 4 § 4.

837. (*Loi du 2 juin 1841.*) Quinze jours au moins et trente jours au plus avant l'adjudication, sommation sera faite à l'ancien et au nouveau propriétaire d'assister à cette adjudication, aux lieu, jour et heure indiqués. Pareille sommation sera faite au créancier surenchérisseur, si c'est le nouveau propriétaire ou un autre créancier subrogé qui poursuit. — Dans le même délai,

---

(*a*) ANCIEN ART. 830. Pour parvenir à la revente sur enchère, prévue par l'article 2187 du Code civil, le poursuivant fera apposer des placards indicatifs de la première publication, laquelle sera faite quinzaine après cette apposition.

l'acte d'aliénation sera déposé au greffe et tiendra lieu de minute d'enchère. — Le prix porté dans l'acte ou la valeur déclarée et le montant de la surenchère tiendront lieu d'enchère (a). — Pr. 69, 690, 833, 836, 838. — T. 5e, art. 3 § 14, 18.

838. (*Loi du 2 juin 1841.*) Le surenchérisseur, même au cas de subrogation à la poursuite, sera déclaré adjudicataire, si, au jour fixé pour l'adjudication, il ne se présente pas d'autre enchérisseur. — Sont applicables au cas de surenchère les articles 701, 702, 705, 706, 707, 711, 712, 713, 717, 731, 732, 733 du présent Code, ainsi que les articles 734 et suivans relatifs à la folle-enchère. — Les formalités prescrites par les articles 705 et 706, 834, 836 et 837, seront observées à peine de nullité. — Les nullités devront être proposées, à peine de déchéance, savoir : celles qui concerneront la déclaration de surenchère et l'assignation, avant le jugement qui doit statuer sur la réception de la caution; celles qui seront relatives aux formalités de la mise en vente, trois jours au moins avant l'adjudication; il sera statué sur les premières par le jugement de réception de la caution, et sur les autres avant l'adjudication, et, autant que possible, par le jugement même de cette adjudication. — Aucun jugement ou arrêt par défaut en matière de surenchère, sur aliénation volontaire, ne sera susceptible d'opposition. — Les jugemens qui statueront sur les nullités antérieures à la réception de la caution, ou sur la réception même de cette caution, et ceux qui prononceront sur la demande en subrogation intentée pour collusion ou fraude, seront seuls susceptibles d'être attaqués par la voie de l'appel. — L'adjudication par suite de surenchère sur aliénation volontaire ne pourra être frappée d'aucune autre surenchère. — Les effets de l'adjudication à la suite de surenchère sur aliénation volontaire seront réglés, à l'égard du vendeur et de l'adjudicataire, par les dispositions de l'article 717 ci-dessus (b). — Pr. 149, 173, 728-730, 833, 1029.

TITRE CINQUIÈME.

DES VOIES A PRENDRE POUR AVOIR EXPÉDITION OU COPIE D'UN ACTE, OU POUR LE FAIRE RÉFORMER.

839. Le notaire ou autre dépositaire qui refusera de délivrer expédition ou copie d'un acte aux parties intéressées en nom direct, héritiers ou ayant-droit, y sera condamné, et par

---

(a) ANCIEN ART. 837. Le procès-verbal d'opposition de placards sera notifié au nouveau propriétaire, si c'est le créancier qui poursuit; et au créancier surenchérisseur, si c'est l'acquéreur.

(b) ANCIEN ART. 838. L'acte d'aliénation tiendra lieu de minute d'enchère. — Le prix porté dans l'acte, et la somme de la surenchère tiendront lieu d'enchère.

corps, sur assignation à bref délai, donnée en vertu de permission du président du tribunal de première instance, sans préliminaire de conciliation. — Pr. 49 7°, 72, 126, 780 s., 806 s., 840-848. — C. 724, 1122, 2060 6° 7°. — T. 1er, art. 29 § 57, 72, art. 78 § 3, 19.

840. L'affaire sera jugée sommairement, et le jugement exécuté nonobstant opposition ou appel. — Pr. 135, 404 s., 839, 847 s.

841. La partie qui voudra obtenir copie d'un acte non enregistré ou même resté imparfait présentera sa requête au président du tribunal de première instance, sauf l'exécution des lois et réglemens relatifs à l'enregistrement. — Pr. 839, 844. — T. 1er, art. 29 § 58, 72, art. 78 § 3, 19. — Supp. *Enregistrement*, L. 22 frim. an VII, art. 20, 29, 30, 33-36. — Supp. *Notaire*, L. 25 vent. an XI, art. 54, 68.

842. La délivrance sera faite, s'il y a lieu, en exécution de l'ordonnance mise ensuite de la requête; et il en sera fait mention au bas de la copie délivrée. — Pr. 841, 843.

843. En cas de refus de la part du notaire ou dépositaire, il en sera référé au président du tribunal de première instance. — Pr. 806 s., 841 s.

844. La partie qui voudra se faire délivrer une seconde grosse, soit d'une minute d'acte, soit par forme d'ampliation sur une grosse déposée, présentera, à cet effet, requête au président du tribunal de première instance : en vertu de l'ordonnance qui interviendra, elle fera sommation au notaire pour faire la délivrance à jour et heure indiqués, et aux parties intéressées pour y être présentes; mention sera faite de cette ordonnance au bas de la seconde grosse, ainsi que de la somme pour laquelle on pourra exécuter, si la créance est acquittée ou cédée en partie (a). — Pr. 830, 854. — C. 45. — T. 1er, art. 29 § 59, 72, art. 78 § 3, 19. — Supp. *Notaire*, L. 25 vent. an XI, art. 28.

845. En cas de contestation, les parties se pourvoiront en référé. — Pr. 806 s., 844.

846. Celui qui, dans le cours d'une instance, voudra se faire délivrer expédition ou extrait d'un acte dans lequel il n'aura pas été partie, se pourvoira ainsi qu'il va être réglé. — Pr. 847 s., 853. — C. 43. — Supp. *Notaire*, L. 25 vent. an XI, art. 23.

847. La demande à fin de compulsoire sera formée par requête d'avoué à avoué : elle sera portée à l'audience sur un simple acte, et jugée sommairement sans aucune procédure (b). — Pr. 75, 82, 40

<hr>

(a) Ord. de Villers-Cotterets, août 1539.

Art. 118. Et que depuis qu'ils (les notaires et tabellions) auront une fois délivré à chacune des parties, la grosse des testamens et contrats, ils ne la pourront bailler, sinon qu'il soit ordonné par justice, parties ouïes.

(b) Ord. avril 1667, tit. XII.

Art. 1er Les assignations pour assister aux compulsoires, extraits ou collations des pièces, ne seront plus données aux portes des églises ou autres lieux publics, pour de là se transporter ailleurs, mais seront données à comparoir au domicile d'un

§., 848 s. — T. 1er, art. 75 § 21, 24. — Supp. *Notaire*, L. 25 vent. an XI, art. 23.

848. Le jugement sera exécutoire, nonobstant appel ou opposition. — Pr. 135 s., 139, 850.

849. Les procès-verbaux de compulsoire ou collation seront dressés et l'expédition ou copie délivrée par le notaire ou dépositaire, à moins que le tribunal qui l'aura ordonnée n'ait commis un de ses membres, ou tout autre juge de tribunal de première instance, ou un autre notaire. — Pr. 850, 1038, 1040. — T. 1er, art. 168 § 1, 10. — Supp. *Notaire*, L. 25 vent. an XI, art. 24.

850. Dans tous les cas, les parties pourront assister au procès-verbal, et y insérer tels dires qu'elles aviseront (a). — Pr. 849. — T. 1er, art. 91 § 23, 24.

851. Si les frais et débours de la minute de l'acte sont dus au dépositaire, il pourra refuser expédition tant qu'il ne sera pas payé desdits frais, outre ceux d'expédition.

852. Les parties pourront collationner l'expédition ou copie à la minute, dont lecture sera faite par le dépositaire : si elles prétendent qu'elles ne sont pas conformes, il en sera référé à jour indiqué par le procès-verbal, au président du tribunal, lequel fera la collation ; à cet effet, le dépositaire sera tenu d'apporter la minute. — Les frais du procès-verbal, ainsi que ceux du transport du dépositaire, seront avancés par le requérant. — Pr. 801, 819. — T. 1er, art. 168 § 2, 10.

853. Les greffiers et dépositaires des registres publics en délivreront, sans ordonnance de justice, expédition, copie ou extrait à tous requérans, à la charge de leurs droits, à peine de dépens, dommages et intérêts. — Pr. 128, 130. — C. 45 *et la note*, 1149, 1382, 2060 6°.

854. Une seconde expédition exécutoire d'un jugement ne sera délivrée à la même partie qu'en vertu d'ordonnance du président du tribunal où il aura été rendu. — Seront observées les formalités prescrites pour la délivrance des secondes grosses des actes devant notaires (1). — Pr. 844,

---

greffier ou notaire, soit que les pièces qui doivent être compulsées soient en leur possession, ou entre les mains d'autres personnes.

4. Les assignations données aux personnes ou domiciles des procureurs, auront pareil effet pour les compulsoires, extraits ou collations des pièces, et pour les autres procédures, que si elles avaient été faites au domicile des parties.

(a) Ord. *avril* 1667, *tit.* XII.

Art. 3. Si la partie qui requiert le compulsoire ne compare, ou procureur pour lui à l'assignation, il paiera à la partie qui aura comparu, pour ses dépens, dommages et intérêts, la somme de vingt livres et les frais de son voyage, s'il en échoit, qui seront payés comme frais préjudiciaux.

2. Le procès-verbal de compulsoire et de collation ne pourra être commencé qu'une heure après l'échéance de l'assignation, dont mention sera faite dans le procès-verbal.

(1) Av. C. d'Ét. l. 18 août 1807.

Le conseil d'État est d'avis,
33

845. — T. 1er, art. 78 § 3, 19.

855. Celui qui voudra faire ordonner la rectification d'un acte de l'état civil présentera requête au président du tribunal de première instance. — **Pr.** 856 n. — **C.** 99, 100. — **T.** 1er, art. 78 § 4, 19.

856. Il y sera statué sur rapport, et sur les conclusions du ministère public. Les juges ordonneront, s'ils l'estiment convenable, que les parties intéressées seront appelées, et que le conseil de famille sera préalablement convoqué. — S'il y a lieu d'appeler les parties intéressées, la demande sera formée par exploit, sans préliminaire de conciliation. — Elle le sera par acte d'avoué, si les parties sont en instance. — **Pr.** 49, 61, 75, 83 n., 93, 855, 857 n., 881 n. — **C.** 55, 403 n. — **T.** 1er, art. 29 § 61, 72, art. 71 § 16 n.

857. Aucune rectification, aucun changement, ne pourront être faits sur l'acte; mais les jugemens de rectification seront inscrits sur les registres par l'officier de l'état civil, aussitôt qu'ils lui auront été remis : mention en sera faite en marge de l'acte réformé; et l'acte ne sera plus délivré qu'avec les rectifications ordonnées, à peine de tous dommages-intérêts contre l'officier qui l'aurait délivré (a). — **Pr.** 128. — **C.** 40, 99 et la note, 101 et la note, 1149, 1382.

858. Dans le cas où il n'y aurait d'autre partie que le demandeur en rectification, et où il croirait avoir à se plaindre du jugement, il pourra, dans les trois mois depuis la date de ce jugement, se pourvoir à la cour royale, en présentant au président une requête, sur laquelle sera indiqué un jour auquel il sera statué à l'audience sur les conclusions du ministère public. — **Pr.** 83 n., 443 n., 857, 1033. — **C.** 55, 99. — **T.** 1er, art. 150.

1º que toutes les premières expéditions des décisions des autorités administratives de préfectures, de sous-préfectures ou de municipalités, doivent être, aux termes des lois, délivrées gratuitement; — 2º Que les secondes ou ultérieures expéditions desdites décisions, ou les expéditions de titres, pièces ou renseignemens déposés dans les bureaux des administrations, doivent être payées au taux fixé par l'article 37 de la loi du 7 mess. an 11. — (*quinze sous par rôle*).

(a) Décl. 9 avril 1736.
Art. 30. En cas que par nos cours ou par autres juges compétens, il soit ordonné quelque réforme sur les actes qui se trouveront dans les registres des baptêmes, mariages et sépultures, vêtures, noviciats ou professions, ladite réforme sera faite sur les deux registres, et ce en marge de l'acte qu'il s'agira de réformer, sur laquelle le jugement sera transcrit en entier ou par extrait; enjoignons à tous curés, vicaires, supérieurs, ou autres dépositaires desdits registres, de faire ladite réforme sur lesdits deux registres, s'ils les ont encore en leur possession, sinon sur celui qui sera resté entre leurs mains; et aux greffiers de la faire pareillement sur celui qui aura été déposé au greffe.

TITRE SIXIÈME.

DE QUELQUES DISPOSITIONS RELATIVES A L'ENVOI EN POSSESSION DES BIENS D'UN ABSENT.

859. Dans le cas prévu par l'article 112 du Code civil, et pour y faire statuer, il sera présenté requête au président du tribunal. Sur cette requête, à laquelle seront joints les pièces et documens, le président commettra un juge pour faire le rapport au jour indiqué; et le jugement sera prononcé après avoir entendu le procureur du Roi. — **Pr.** 83 s., 93, 111, 860. — **C.** 115. — **T.** 1er, art. 78 § 5, 19.

860. Il sera procédé de même dans le cas où il s'agirait de l'envoi en possession provisoire autorisé par l'article 120 du Code civil. — **Pr.** 859. — **T.** 1er, art. 78 § 7, 19.

TITRE SEPTIÈME.

AUTORISATION DE LA FEMME MARIÉE.

861. La femme qui voudra se faire autoriser à la poursuite de ses droits, après avoir fait une sommation à son mari, et sur le refus par lui fait, présentera requête au président, qui rendra ordonnance portant permission de citer le mari, à jour indiqué, à la chambre du conseil, pour déduire les causes de son refus. — **Pr.** 862 s., 875 s., 878. — **C.** 215 s., 218 s., 1427, 1535, 1538, 1555 s., 1576. — **T.** 1er, art. 29 § 60, 72, art. 78 § 8, 19.

862. Le mari entendu, ou faute par lui de se présenter, il sera rendu, sur les conclusions du ministère public, jugement qui statuera sur la demande de la femme. — **Pr.** 83, 861.

863. Dans le cas de l'absence présumée du mari, ou lorsqu'elle aura été déclarée, la femme qui voudra se faire autoriser à la poursuite de ses droits présentera également requête au président du tribunal, qui ordonnera la communication au ministère public, et commettra un juge pour faire son rapport à jour indiqué. — **Pr.** 83, 93, 861, 865. — **C.** 112, 115, 222. — **T.** 1er, art. 78 § 9, 19.

864. La femme de l'interdit se fera autoriser en la forme prescrite par l'article précédent; elle joindra à sa requête le jugement d'interdiction. — **Pr.** 83, 863. — **C.** 222, 224, 489. — **T.** 1er, art. 78 § 9, 19.

TITRE HUITIÈME.

DES SÉPARATIONS DE BIENS.

865. Aucune demande en séparation de biens ne pourra être formée sans une autorisation préalable, que le président du tribunal devra donner sur la requête qui lui sera présentée à cet effet. Pourra néanmoins le président, avant de donner l'autorisation, faire les observations qui lui paraîtront convenab'es. — Pr. 49 7°, 806 s., 869, 873. — C. 311, 1443 v. — Co. 65 s. — T. 1er, art. 78 § 10, 19.

866. Le greffier du tribunal inscrira, sans délai, dans un tableau placé à cet effet dans l'auditoire, un extrait de la demande en séparation, lequel contiendra, — 1º La date de la demande; — 2º Les noms, prénoms, profession et demeure des époux; — 3º Les noms et demeure de l'avoué constitué, qui sera tenu de remettre, à cet effet, ledit extrait au greffier, dans les trois jours de la demande. — Pr. 867 s., 869. — Co. 65 s. — T. 1er, art. 92 § 21, 34.

867. Pareil extrait sera inséré dans des tableaux placés, à cet effet, dans l'auditoire du tribunal de commerce, dans les chambres d'avoués de première instance et dans celles de notaires, le tout dans les lieux où il y en a; lesdites insertions seront certifiées par les greffiers et par les secrétaires des chambres. — Pr. 866, 868 s. — Co. 65. — T. 1er, art. 92 § 21, 34.

868. Le même extrait sera inséré, à la poursuite de la femme, dans l'un des journaux qui s'impriment dans le lieu où siége le tribunal; et s'il n'y en a pas, dans l'un de ceux établis dans le département, s'il y en a. — Ladite insertion sera justifiée ainsi qu'il est dit au titre *de la Saisie immobilière*, article 696. — Pr. 698, 866 s., 869. — Co. 65. — T. 1er, art. 92 § 21, 34.

869. Il ne pourra être, sauf les actes conservatoires, prononcé, sur la demande en séparation, aucun jugement qu'un mois après l'observation des formalités ci-dessus prescrites, et qui seront observées à peine de nullité, laquelle pourra être opposée par le mari ou par ses créanciers. — Pr. 865 s., 871, 1029. — C. 1447. — Co. 65.

870. L'aveu du mari ne fera pas preuve, lors même qu'il n'y aurait pas de créanciers. — C. 1355 s., 1443, 1447. — Co. 65.

871. Les créanciers du mari pourront, jusqu'au jugement définitif, sommer l'avoué de la femme, par acte d'avoué à avoué, de leur communiquer la demande en séparation et les pièces justificatives, même intervenir pour la conservation de leurs droits, sans préliminaires de conciliation. — Pr. 49, 75, 189, 339 s., 872, 873. — C. 1166 s., 1447. — Co. 65. — T. 1er, art. 70 § 36, 39, art. 75 § 22, 24.

872. Le jugement de séparation sera lu publiquement, l'audience tenante, au tribunal de commerce du lieu, s'il y en a; extrait de ce jugement, contenant la date, la désignation du tribunal où il a été rendu, les noms, prénoms, profession et demeure des époux, sera inséré sur un tableau à ce destiné et exposé pendant un an, dans l'auditoire des tribunaux de première instance et de commerce du domicile du mari, même lorsqu'il ne sera pas négociant; et s'il n'y a pas de tribunal de commerce, dans la principale salle de la maison commune du domicile du mari. Pareil extrait sera inséré au tableau exposé en la chambre des avoués et notaires, s'il y en a. La femme ne pourra commencer l'exécution du jugement que du jour où les formalités ci-dessus auront été remplies, sans que néanmoins il soit nécessaire d'attendre l'expiration du susdit délai d'un an. — Le tout sans préjudice des dispositions portées en l'article 1445 du Code civil (a). — Pr. 866, 880. — C. 1443 N. — Co. 65-67. — T. 1er, art. 62 § 25, 34.

873. Si les formalités prescrites au présent titre ont été observées, les créanciers du mari ne seront plus reçus, après l'expiration du délai dont il s'agit dans l'article précédent, à se pourvoir par tierce opposition contre le jugement de séparation. — Pr. 473 N., 872, 1029. — C. 1167, 1447. — Co. 65, 67.

874. La renonciation de la femme à la communauté sera faite au greffe du tribunal saisi de la demande en séparation. — Pr. 997. — C. 784, 1453 N., 1457, 1459. — Co. 65, 67. — T. 1er, art. 91 § 18, 20.

TITRE NEUVIÈME.

DE LA SÉPARATION DE CORPS ET DU DIVORCE (1).

875. L'époux qui voudra se pourvoir en séparation de corps sera tenu de présenter au président du tribunal de son domicile, requête contenant sommairement les faits; il y joindra les pièces à l'appui, s'il y en a. — Pr. 49, 83 N., 868, 870 N. — C. 236, 306 N., 311. — T. 1er, art. 79 § 2, 5.

876. La requête sera répondue d'une ordonnance portant que les parties comparaîtront devant le président au jour qui sera indiqué par ladite ordonnance. — Pr. 877 N. — C. 238. — T. 1er, art. 29 § 62, 72.

877. Les parties seront tenues de comparaître en personne, sans pouvoir se faire assister d'avoués ni de conseils. — C. 238.

878. Le président fera aux deux époux les représentations qu'il croira propres à opérer un rapprochement; s'il ne peut y parvenir, il rendra ensuite de la première ordonnance, une seconde portant qu'attendu qu'il n'a pu concilier les parties, il les renvoie à se pourvoir, sans citation préalable au bureau de conciliation; il autorisera par la même ordonnance la femme à procéder sur la demande, et à se retirer provisoirement dans telle maison dont les parties seront convenues, ou qu'il indiquera d'office; il ordonnera que les effets

---

(a) Ord. janv. 1629.
Art. 143. Seront mis et affichés tableaux aux greffes des juridictions ordinaires, contenant les noms des personnes mariées qui sont séparées de biens, de ceux qui auront fait cession, et de ceux auxquels l'administration de leurs biens et la liberté de contracter est interdite. Et outre seront lesdites cessions, séparations et interdictions publiées en jugement sans préjudice des coutumes où il est requis plus grande solennité: le tout à peine de nullité desdites séparations, cessions et interdictions pour le regard des créanciers.

(1) L. 8 mai 1816, art. 1er. « Le divorce est aboli. »

À l'usage journalier de la femme lui seront remis. Les demandes en provision seront portées à l'audience. — Pr. 49, 879 n. — C. 239, 259, 268.

879. La cause sera instruite dans les formes établies pour les autres demandes, et jugée sur les conclusions du ministère public. — Pr. 75 n., 83. — C. 307.

880. Extrait du jugement qui prononcera la séparation sera inséré aux tableaux exposés tant dans l'auditoire des tribunaux que dans les chambres d'avoués et notaires, ainsi qu'il est dit article 872. — C. 311. — Co. 66. — T. 1er, art. 93 § 26, 34.

881. A l'égard du *divorce* (1), il sera procédé comme il est prescrit au Code civil. — C. 229, 234 n.

TITRE DIXIÈME.

DES AVIS DE PARENS.

882. Lorsque la nomination d'un tuteur n'aura pas été faite en sa présence, elle lui sera notifiée, à la diligence du membre de l'assemblée qui aura été désigné par elle : ladite notification sera faite dans les trois jours de la délibération, outre un jour par trois myriamètres de distance entre le lieu où s'est tenue l'assemblée et le domicile du tuteur. — Pr. 68, 883 n., 893, 1033. — C. 102, 406 n., 438 n.

883. Toutes les fois que les délibérations du conseil de famille ne seront pas unanimes, l'avis de chacun des membres qui la composent sera mentionné dans le procès-verbal. — Les tuteur, subrogé tuteur ou curateur, même les membres de l'assemblée, pourront se pourvoir contre la délibération ; ils formeront leur demande contre les membres qui auront été d'avis de la délibération, sans qu'il soit nécessaire d'appeler en conciliation. — Pr. 49 7°, 884, 888. — C. 415 n. — T. 1er, art. 20 § 64, 72.

884. La cause sera jugée sommairement. — Pr. 404 n., 883.

885. Dans tous les cas où il s'agit d'une délibération sujette à homologation, une expédition de la délibération sera présentée au président, lequel, par ordonnance au bas de ladite délibération, ordonnera la communication au ministère public, et commettra un juge pour en faire le rapport à jour indiqué. — Pr. 83, 93, 886 n. — C. 458, 467. — T. 1er, art. 78 § 11, 19.

886. Le procureur du Roi donnera ses conclusions au bas de ladite ordonnance ; la minute du jugement d'homologation sera mise à la suite desdites conclusions, sur le même cahier. — Pr. 141, 883. — C. 418, 457, 458, 483.

887. Si le tuteur, ou autre chargé de poursuivre l'homologation, ne le fait dans le délai fixé par la délibération, ou, à défaut de fixation, dans le délai de quinzaine, un des membres de l'assemblée pourra poursuivre l'homologation con-

____

(1) L. 8 mai 1816, art. 1er, « Le divorce est aboli. »

tre le tuteur, et aux frais de celui-ci, sans répétition.

888. Ceux des membres de l'assemblée qui croiront devoir s'opposer à l'homologation, le déclareront, par acte extrajudiciaire, à celui qui est chargé de la poursuivre; et s'ils n'ont pas été appelés, ils pourront former opposition au jugement. — Pr. 158 N., 883, 889. — T. 1er, art. 29 § 65, 72.

889. Les jugemens rendus sur délibération du conseil de famille seront sujets à l'appel. — Pr. 443 N. — C. 448.

TITRE ONZIÈME.

DE L'INTERDICTION.

890. Dans toute poursuite d'interdiction, les faits d'imbécillité, de démence ou de fureur, seront énoncés en la requête présentée au président du tribunal; on y joindra les pièces justificatives, et l'on indiquera les témoins. — Pr. 49 1°, 252 N. — C. 489-494. — T. 1er, art. 79 § 4, 5. — T. Cr. 1er, art. 117 N.

891. Le président du tribunal ordonnera la communication de la requête au ministère public, et commettra un juge pour faire rapport à jour indiqué. — Pr. 83, 93, 891 N. — C. 518.

892. Sur le rapport du juge et les conclusions du procureur du Roi, le tribunal ordonnera que le conseil de famille, formé selon le mode déterminé par le Code civil, section IV du chapitre II, au titre *de la Minorité, de la Tutelle et de l'Emancipation*, donnera son avis sur l'état de la personne dont l'interdiction est demandée. — Pr. 883 N., 893 N. — C. 494 N. — T. 1er, art. 91 § 28, 34.

893. La requête et l'avis du conseil de famille seront signifiés au défendeur avant qu'il soit procédé à son interrogatoire. — Si l'interrogatoire et les pièces produites sont insuffisans, et si les faits peuvent être justifiés par témoins, le tribunal ordonnera, s'il y a lieu, l'enquête, qui se fera en la forme ordinaire. — Il pourra ordonner, si les circonstances l'exigent, que l'enquête sera faite hors de la présence du défendeur; mais, dans ce cas, son conseil pourra le représenter. — Pr. 252 N., 890 N. — C. 496.

894. L'appel interjeté par celui dont l'interdiction aura été prononcée sera dirigé contre le provoquant. — L'appel interjeté par le provoquant, ou par un des membres de l'assemblée, le sera contre celui dont l'interdiction aura été provoquée. — En cas de nomination de conseil, l'appel de celui auquel il aura été donné sera dirigé contre le provoquant. — Pr. 443 N. — C. 489-491, 499, 500, 513.

895. S'il n'y a pas d'appel du jugement d'interdiction, ou s'il est confirmé sur l'appel, il sera pourvu à la nomination d'un tuteur et d'un subrogé tuteur à l'interdit, suivant les règles prescrites au titre *des Avis de parens*. — L'administrateur provisoire nommé en exécution de l'article 497 du Code civil cessera ses fonctions, et rendra compte au tuteur, s'il ne l'est pas lui-même. — Pr. 537 N., 882 x., 894. — C. 408 x., 420 x., 505.

896. La demande en mainlevée d'interdiction sera instruite et jugée dans la même forme que l'interdiction. — Pr. 890-894. — C. 512.

897. Le jugement qui prononcera défenses de plaider, transiger, emprunter, recevoir un capital mobilier, en donner décharge, aliéner ou hypothéquer sans assistance de conseil, sera affiché dans la forme prescrite par l'article 501 du Code civil). — C. 499, 513. — T. 1er, art. 92 § 29, 84.

TITRE DOUZIÈME.

DU BÉNÉFICE DE CESSION.

898. Les débiteurs qui seront dans le cas de réclamer la cession judiciaire accordée par l'article 1268 du Code civil seront tenus, à cet effet, de déposer au greffe du tribunal où la demande sera portée, leur bilan, leurs livres, s'ils en ont, et leurs titres actifs. — Pr. 800 3o, 899 x. — C. 1265 x., 1945. — Co. 541. — T. 1er, art. 92 § 30, 34.

899. Le débiteur se pourvoira devant le tribunal de son domicile. — Pr. 59, 61, 900. — O. 102.

900. La demande sera communiquée au ministère public; elle ne suspendra l'effet d'aucune poursuite, sauf aux juges à ordonner, parties appelées, qu'il sera sursis provisoirement. — Pr. 83 x.

901. Le débiteur admis au bénéfice de cession sera tenu de réitérer sa cession en personne, et non par procureur, ses créanciers appelés, à l'audience du tribunal de commerce de son domicile; et s'il n'y en a pas, à la maison commune, un jour de séance : la déclaration du débiteur sera constatée, dans ce dernier cas, par procès-verbal de l'huissier, qui sera signé par le maire (a). — Pr. 903, 903, 1039. — T. 1er, art. 64.

902. Si le débiteur est détenu, le jugement qui l'admettra au bénéfice de cession ordonnera son extraction, avec les précautions en tel cas requises et accoutumées, à l'effet de faire sa déclaration conformément à l'article précédent. — Pr. 800 3o, 901. — O. 1270. — T. 1er, art. 65.

903. Les nom, prénom, profession et demeure du débiteur, seront insérés dans un tableau public à ce destiné, placé dans l'auditoire du tribunal de commerce de son do-

---

(a) Ord. mars 1673, tit. X.

Art. 1er. Outre les formalités ordinairement observées pour recevoir au bénéfice de cession de biens les négocians et marchands en gros et en détail, et les banquiers, les impétrans seront tenus de comparoir en personne à l'audience de la juridiction consulaire, s'il y en a, sinon en l'assemblée de l'hôtel commun des villes, pour y déclarer leurs nom, surnom, qualité et demeure, et qu'ils ont été reçus à faire cession de biens; et sera leur déclaration tenue et publiée par le greffier, et insérée dans un tableau public.

micile, ou du tribunal de première instance qui en fait les fonctions, et dans le lieu des séances de la maison commune. — Pr. 901 *et la note.* — T. 1er, art. 92 § 31, 34.

004. Le jugement qui admettra au bénéfice de cession vaudra pouvoir aux créanciers, à l'effet de faire vendre les biens meubles et immeubles du débiteur; et il sera procédé à cette vente dans les formes prescrites pour les héritiers sous bénéfice d'inventaire. — Pr. 617 s., 945 s., 953 s. — C. 1269, 1987 s.

005. Ne pourront être admis au bénéfice de cession, les étrangers, les stellionataires, les banqueroutiers frauduleux, les personnes condamnées pour cause de vol ou d'escroquerie, ni les personnes comptables, tuteurs, administrateurs et dépositaires (*a*). — C. 11, 13, 450, 1268, 1945, 2059. — Co. 541, 591, 612. — P. 379, 405.

006. Il n'est au surplus rien préjugé, par les dispositions du présent titre, à l'égard du commerce, aux usages duquel il n'est, quant à présent, rien innové. — Co. 541.

LIVRE DEUXIÈME.

PROCÉDURES RELATIVES A L'OUVERTURE D'UNE SUCCESSION.

(Décret du 28 avril 1806, promulgué le 8 mai suivant.)

TITRE PREMIER.

DE L'APPOSITION DES SCELLÉS APRÈS DÉCÈS.

007. Lorsqu'il y aura lieu à l'apposition des scellés après décès, elle sera faite par les juges de paix, et à leur défaut, par leurs suppléans (*b*). — Pr 135 1°, 591, 908 s. — C. 114, 270, 451, 769, 773, 810, 819, 820, 1031-1034. — Co. 455 s. — P. 249 (1).

008. Les juges de paix et

(*a*) ORD. *mars* 1673, tit. X.

ART. 2. Les étrangers qui n'auront obtenu nos lettres de naturalité, ou de déclaration de naturalité, ne seront reçus à faire cession.

(*b*) DÉCR. 16-24 *août* 1790, tit. III.

ART. 11. Lorsqu'il y aura lieu à l'apposition des scellés, elle sera faite par le juge de paix, qui procédera aussi à leur reconnais-

sance et levée, mais sans qu'il puisse connaître des contestations qui pourront s'élever à l'occasion de cette reconnaissance.

(1) DÉCR. 13 *niv. an* X.

ART. 1er. Aussitôt après le décès d'un officier général ou officier supérieur de toute arme, d'un commissaire ordonnateur, inspecteur aux revues, officier de santé en chef des armées, retirés ou en activité de service, les scellés se-

leurs suppléans se serviront d'un sceau particulier, qui restera entre leurs mains, et dont l'empreinte sera déposée au greffe du tribunal de première instance.

909. L'apposition des scellés pourra être requise, — 1º Par tous ceux qui prétendront droit dans la succession ou dans la communauté; — 2º Par tous créanciers fondés en titre exécutoire, ou autorisés par une permission soit du président du tribunal de première instance, soit du juge de paix du canton où le scellé doit être apposé; — 3º Et en cas d'absence, soit du conjoint, soit des héritiers ou de l'un d'eux, par les personnes qui demeuraient avec le défunt, et par ses serviteurs et domestiques. — **Pr.** 907, 930. — **C.** 819, 820, 1166. — **T.** 1er, art. 16 § 2, 6 s., art. 78 § 13, 19, art. 95 § 1, 8. — **T.** 7e.

910. Les prétendans-droit et les créanciers mineurs émancipés pourront requérir l'apposition des scellés sans l'assistance de leur curateur. — S'ils sont mineurs non émancipés, et s'ils n'ont pas de tuteur, ou s'il est absent, elle pourra être requise par un de leurs parens. — **Pr.** 909, 930. — **C.** 388, 476 s., 481, 490, 882, 1166.

911. Le scellé sera apposé, soit à la diligence du ministère public, soit sur la déclaration du maire ou adjoint de la com-

ront apposés sur les papiers, cartes, plans et mémoires militaires autres que ceux dont le décédé est l'auteur, par le juge de paix du lieu du décès, en présence du maire de la commune ou de son adjoint, lesquels sont respectivement tenus d'en instruire, de suite, le général commandant la division militaire et le ministre de la guerre.

2. Le général commandant la division nommera, dans les dix jours qui suivront, un officier pour être témoin à la levée des scellés et à l'inventaire des objets ci-dessus mentionnés.

3. Lors de l'inventaire de ces objets, ceux qui seront reconnus appartenir au gouvernement, ou que l'officier nommé par le général commandant la division jugera devoir l'intéresser, seront inventoriés séparément et remis audit officier, sur son reçu. Il sera rendu compte au ministre de la guerre, de ceux de ces objets qui appartiendront en propre ou

décédé. L'estimation en sera faite, et la valeur en sera acquittée à qui de droit, sur les fonds affectés au dépôt de la guerre. Le surplus desdits objets provenant du défunt sera délivré de suite, et sans frais, à ses héritiers ou ayans-droit : copies de l'inventaire et du reçu de l'officier seront adressées au ministre de la guerre, qui veillera à ce que les objets ainsi recouvrés ou acquis soient remis, sans délai, dans les dépôts respectifs qui les concernent.

4. A l'égard des officiers décédés en campagne ou sur le champ de bataille, les commissaires des guerres exerceront les fonctions attribuées aux juges de paix par l'article 1er; et les chefs de l'état-major sont autorisés à commettre un adjoint à l'état-major, ou un officier particulier, pour remplir les formalités énoncées aux articles 2 et 3 du présent arrêté : ils en informeront de suite le ministre de la guerre.

mune, et même d'office par le juge de paix, — 1° Si le mineur est sans tuteur, et que le scellé ne soit pas requis par un parent; — 2° Si le conjoint, ou si les héritiers ou l'un d'eux, sont absens; — Supp. *Absence*, L. 11 vent. an 11 et 16 fruct. an 11. — 3° Si le défunt était dépositaire public; auquel cas le scellé ne sera apposé que pour raison de ce dépôt et sur les objets qui le composent (a). — Pr. 83, 907, 912, 914, 930. — C. 451, 819. — T. 1er, art. 94 § 2, 8.

912. Le scellé ne pourra être apposé que par le juge de paix des lieux ou par ses suppléans. — Pr. 907, 911 *note*.

913. Si le scellé n'a pas été apposé avant l'inhumation, le juge constatera, par son procès-verbal, le moment où il a été requis de l'apposer, et les causes qui ont retardé soit la réquisition soit l'opposition.— Pr. 914.

914. Le procès-verbal d'apposition contiendra, — 1° La date des an, mois, jour et heure; — 2° Les motifs de l'apposition; — 3° Les noms, profession et demeure du requérant, s'il y en a, et son élection de domicile dans la commune où le scellé est apposé, s'il n'y demeure; — Pr. 910. — C. 102, 111. — 4° S'il n'y a pas de partie requérante, le procès-verbal énoncera que le scellé a été apposé d'office ou sur le réquisitoire ou sur la déclaration de l'un des fonctionnaires dénommés dans l'article 911; — 5° L'ordonnance qui permet le scellé, s'il en a été rendu; — 6° Les comparution et dires des parties; — 7° La désignation des lieux, bureaux, coffres, armoires, sur les ouvertures desquels le scellé a été apposé; — 8° Une description sommaire des effets qui ne sont pas mis sous les scellés; — Pr. 924.—9° Le serment, lors de la clôture de l'apposition, par ceux qui demeurent dans le lieu, qu'ils n'ont rien détourné, vu ni su qu'il ait été rien détourné directement ni indirectement;— Pr. 943 8°. — 10° L'établissement du gardien présenté, s'il a les qualités requises; sauf, s'il ne les a pas, ou s'il n'en est pas présenté, à en établir un d'office par le juge de paix (1).

(a) Décr. 6-27 *mars* 1791.

Art. 7. Les juges de paix procéderont d'office à l'opposition des scellés, après l'ouverture des successions, lorsque les héritiers seront absens et non représentés, ou mineurs non émancipés, ou n'ayant pas de tuteurs; et ils passeront outre, nonobstant les oppositions, dont ils renverront le jugement au tribunal de district. Chaque juge de paix apposera les scellés dans l'étendue de son territoire, et ne pourra pas, par suite, les apposer dans un autre territoire.

(1) Décr. 8 *vend.* an III.

La Convention nationale décrète qu'à l'avenir aucune femme ne pourra être établie gardienne des scellés.

Décr. 21 *vend.* an III.

Art. 1er. Les dispositions du 8 du présent, portant que les femmes ne peuvent être gardiennes des scellés, ne s'appliquent qu'aux scellés mis sur les effets et meubles appartenant à la Nation.

Décr. 10 *brum.* an XII.

Art. 1er. Tous officiers ayant droit d'apposer des scellés, de les

— Pr. 596 s., 615 s.—C. 2060 4o. — T. 1er, art. 26. — T. Cr. 1er, art. 39.

915. Les clefs des serrures sur lesquelles le scellé a été apposé resteront, jusqu'à sa levée, entre les mains du greffier de la justice de paix, lequel fera mention, sur le procès-verbal, de la remise qui lui en aura été faite; et ne pourront le juge ni le greffier aller, jusqu'à la levée, dans la maison où est le scellé, à peine d'interdiction, à moins qu'ils n'en soient requis, ou que leur transport n'ait été précédé d'une ordonnance motivée. — Pr. 914, 1029.

916. Si, lors de l'apposition, il est trouvé un testament ou autres papiers cachetés, le juge de paix en constatera la forme extérieure, le sceau et la suscription s'il y en a, paraphera l'enveloppe avec les parties présentes, si elles le savent ou le peuvent, et indiquera les jour et heure où le paquet sera par lui présenté au président du tribunal de première instance : il fera mention du tout sur son procès-verbal, lequel sera signé des parties, sinon mention sera faite de leur refus. — Pr. 914, 917 s., 920. — C. 970, 976, 1007. — T. 1er, art. 94 § 3, 8. — T. 7e.

917. Sur la réquisition de toute partie intéressée, le juge de paix fera, avant l'apposition du scellé, la perquisition du testament dont l'existence sera annoncée; et s'il le trouve, il procédera ainsi qu'il est dit ci-dessus. — Pr. 916, 920.

918. Aux jour et heure indiqués, sans qu'il soit besoin d'aucune assignation, les paquets trouvés cachetés seront présentés par le juge de paix au président du tribunal de première instance, lequel en fera l'ouverture, en constatera l'état, et en ordonnera le dépôt si le contenu concerne la succession. — Pr. 916. — C. 1007. — T. 1er, art. 94 § 3, 8.

919. Si les paquets cachetés paraissent, par leur suscription, ou par quelque autre preuve écrite, appartenir à des tiers, le président du tribunal ordonnera que ces tiers seront appelés dans un délai qu'il fixera, pour qu'ils puissent assister à l'ouverture : il la fera au jour indiqué, en leur présence ou à leur défaut; et si les paquets sont étrangers à la succession, il les leur remettra sans en faire connaître le contenu, ou les cachettera de nouveau pour leur être remis à leur première réquisition. — Pr. 930.

920. Si un testament est

---

reconnaître et de les lever, de rédiger des inventaires, de faire des ventes ou autres actes dont la confection peut exiger plusieurs séances, sont tenus d'indiquer à chaque séance, l'heure du commencement et celle de la fin.

2. Toutes les fois qu'il y a interruption dans l'opération, avec renvoi à un autre jour ou à une autre heure de la même journée, il en sera fait mention dans l'acte, que les parties et les officiers signeront sur-le-champ, pour constater cette interruption.

3. Le procès-verbal est sujet à l'enregistrement dans le délai fixé par la loi.

4. Le droit d'enregistrement, fixé à deux francs par vacation, est exigible par vacation, dont aucune ne peut excéder quatre heures.

trouvé ouvert, le juge de paix en constatera l'état, et observera ce qui est prescrit en l'article 916. — T. 1er, art. 94 § 3, 8.

921. Si les portes sont fermées, s'il se rencontre des obstacles à l'apposition des scellés, s'il s'élève, soit avant, soit pendant le scellé, des difficultés, il y sera statué en référé par le président du tribunal. A cet effet, il sera sursis, et établi par le juge de paix garnison extérieure, même intérieure, si le cas y échet; et il en référera sur-le-champ au président du tribunal.—Pourra néanmoins le juge de paix, s'il y a péril dans le retard, statuer par provision, sauf à en référer ensuite au président du tribunal. — Pr. 587, 806 n., 923.—T. 1er, art. 16 § 4, art. 94 § 3, 8.

922. Dans tous les cas où il sera référé par le juge de paix au président du tribunal, soit en matière de scellé, soit en autre matière, ce qui sera fait et ordonné sera constaté sur le procès-verbal dressé par le juge de paix; le président signera ses ordonnances sur ledit procès-verbal. — Pr. 188 1o, 809, 811, 914, 916. — T. 1er, art. 94 § 3, 8.

923. Lorsque l'inventaire sera parachevé, les scellés ne pourront être apposés, à moins que l'inventaire ne soit attaqué, et qu'il ne soit ainsi ordonné par le président du tribunal. — Si l'apposition des scellés est requise pendant le cours de l'inventaire, les scellés ne seront apposés que sur les objets non inventoriés.

924. S'il n'y a aucun effet mobilier, le juge de paix dressera un procès-verbal de carence.—S'il y a des effets mobiliers qui soient nécessaires à l'usage des personnes qui restent dans la maison, ou sur lesquels le scellé ne puisse être mis, le juge de paix fera un procès-verbal contenant description sommaire desdits effets (a). — Pr. 914 8o.

925. Dans les communes où la population est de vingt mille âmes et au-dessus, il sera tenu, au greffe du tribunal de première instance, un registre d'ordre pour les scellés, sur lequel seront inscrits, d'après la déclaration que les juges de paix de l'arrondissement seront tenus d'y faire parvenir dans les vingt-quatre heures de l'apposition, 1o les noms et demeures des personnes sur les effets desquelles le scellé aura été apposé, 2o le nom et la demeure du juge qui a fait l'apposition, 3o le jour où elle a été faite. — T. 1er, art. 17.

(a) DÉCRET du 6-27 mars 1791.

ART. 10. La confection des inventaires, procès-verbaux de description et de carence à l'ouverture des successions, n'appartiendra point au juge de paix, mais aux notaires, même dans les lieux où elle était attribuée aux juges ou aux greffiers.

TITRE DEUXIÈME.

DES OPPOSITIONS AUX SCELLÉS.

926. Les oppositions aux scellés pourront être faites, soit par une déclaration sur le procès-verbal de scellé, soit par exploit signifié au greffier du juge de paix.—**Pr.** 68, 914, 927, 931 s., 1039. — **C.** 821. — **T.** 1er, art. 18, 20, 21 § 11, 13.

927. Toutes oppositions à scellé contiendront, à peine de nullité, outre les formalités communes à tout exploit, — 1o Election de domicile dans la commune ou dans l'arrondissement de la justice de paix où le scellé est apposé, si l'opposant n'y demeure pas; — 2o L'énonciation précise de la cause de l'opposition. — **Pr.** 61, 68, 926, 1029.

TITRE TROISIÈME.

DE LA LEVÉE DU SCELLÉ.

928. Le scellé ne pourra être levé et l'inventaire fait que trois jours après l'inhumation s'il a été apposé auparavant, et trois jours après l'apposition si elle a été faite depuis l'inhumation, à peine de nullité des procès-verbaux de levée de scellés et inventaire, et des dommages et intérêts contre ceux qui les auront faits et requis : le tout, à moins que, pour des causes urgentes et dont il sera fait mention dans son ordonnance, il n'en soit autrement ordonné par le président du tribunal de première instance. Dans ce cas, si les parties qui ont droit d'assister à la levée ne sont pas présentes, il sera appelé pour elles, tant à la levée qu'à l'inventaire, un notaire nommé d'office par le président.—**Pr.** 128, 135 1o, 806 s., 936, 940, 1029. — **C.** 1149, 1382.—**T.** 1er, art. 77 § 10, 16.

929. Si les héritiers ou quelques-uns d'eux sont mineurs non émancipés, il ne sera pas procédé à la levée des scellés, qu'ils n'aient été, ou préalablement pourvus de tuteurs, ou émancipés. — **Pr.** 882 s., 911, 928. — **C.** 405, 476 s.

930. Tous ceux qui ont droit de faire apposer les scellés pourront en requérir la levée, excepté ceux qui ne les ont fait apposer qu'en exécution de l'article 909, no 3 ci-dessus. — **Pr.** 909-911. — **Co.** 479.

931. Les formalités pour parvenir à la levée des scellés seront, — 1o Une réquisition à cet effet consignée sur le procès-verbal du juge de paix; — 2o Une ordonnance du juge, indicative des jour et heure où la levée sera faite; — 3o Une sommation d'assister à cette levée, faite au conjoint survivant, aux présomptifs héritiers, à l'exécuteur testamentaire, aux légataires universels et à titre universel s'ils sont connus, et aux opposans. — **T.** 1er, art. 21 § 12 s. — Il ne sera pas besoin d'appeler les intéressés demeurant hors de la distance de cinq myria-mètres; mais on appellera pour eux, à la levée et à l'inventaire, un notaire nommé d'office par le président du tribunal de première instance.— C. 113.— Les opposans seront appelés aux domiciles par eux élus. — Pr. 928, 932 s., 936, 942.—C. 111, 724, 1003, 1010, 1025. — T. 1er, art. 77 § 10, 16, art. 94 § 4, 8.

932. Le conjoint, l'exécuteur testamentaire, les héritiers, les légataires universels et ceux à titre universel, pourront assister à toutes les vacations de la levée du scellé et de l'inventaire, en personne ou par un mandataire.—Les opposans ne pourront assister, soit en personne, soit par un mandataire, qu'à la première vacation : ils seront tenus de se faire représenter, aux vacations suivantes, par un seul mandataire pour tous, dont ils conviendront; sinon il sera nommé d'office par le juge.— Si parmi ces mandataires se trouvent des avoués du tribunal de première instance du ressort, ils justifieront de leurs pouvoirs par la représentation du titre de leur partie ; et l'avoué le plus ancien, suivant l'ordre du tableau, des créanciers fondés en titre authentique, assistera de droit pour tous les opposans : si aucun des créanciers n'est fondé en titre authentique, l'avoué le plus ancien des opposans fondés en titre privé assistera. L'ancienneté sera définitivement réglée à la première vacation. — Pr. 529, 536, 933 s. — C. 1317 s., 1322, 1328. — T. 1er, art. 16 § 3, 6 s., art. 94 § 5, 8

933. Si l'un des opposans avait des intérêts différens de ceux des autres, ou des intérêts contraires, il pourra assister en personne, ou par un mandataire particulier, à ses frais. — T. 1er, art. 94 § 5, 8.

934. Les opposans pour la conservation des droits de leur débiteur ne pourront assister à la première vacation, ni concourir au choix d'un mandataire commun pour les autres vacations. — Pr. 778, 931 8°, 932. — C. 1166 s.

935. Le conjoint commun en biens, les héritiers, l'exécuteur testamentaire, et les légataires universels ou à titre universel, pourront convenir du choix d'un ou deux notaires, et d'un ou deux commissaires-priseurs ou experts; s'ils n'en conviennent pas, il sera procédé, suivant la nature des objets, par un ou deux notaires, commissaires-priseurs ou experts, nommés d'office par le président du tribunal de première instance. Les experts prêteront serment devant le juge de paix. — Pr. 936.— T. 1er, art. 16 § 4, 6 s.—Supp. *Notaire*, L. 25 vent. an XI, art. 9; L. 21 juin 1843, art. 1, 3.

936. Le procès-verbal de levée contiendra, 1° la date; 2° les noms, profession, demeure et élection de domicile du requérant; 3° l'énonciation de l'ordonnance délivrée pour la levée; 4° l'énonciation de la sommation prescrite par l'article 931 ci-dessus; 5° les comparutions et dires des parties; 6° la nomination des notaires, commissaires-priseurs et experts qui doivent opérer; 7° la reconnaissance des scellés, s'ils sont sains et entiers; s'ils ne le sont pas, l'état des altérations, sauf à se pourvoir ainsi qu'il appartiendra pour raison desdites altérations; 8º les réquisitions à fin de perquisitions, le résultat desdites perquisitions, et toutes autres demandes sur lesquelles il y aura lieu de statuer.— Pr. 914, 917, 930 s., 937 s.—P. 249 s.

937. Les scellés seront levés successivement, et à fur et mesure de la confection de l'inventaire : ils seront réapposés à la fin de chaque vacation.— Pr. 941 s. — Co. 479 s.—T. 1er, art. 16 § 3, 6 s., art. 81 § 5, 8. — T. 6e, art. 1 1º, 2-4.

938. On pourra réunir les objets de même nature, pour être inventoriés successivement suivant leur ordre; ils seront, dans ce cas, replacés sous les scellés.

939. S'il est trouvé des objets et papiers étrangers à la succession et réclamés par des tiers, ils seront remis à qui il appartiendra; s'ils ne peuvent être remis à l'instant, et qu'il soit nécessaire d'en faire la description, elle sera faite sur le procès-verbal des scellés, et non sur l'inventaire.—Pr. 936.

940. Si la cause de l'apposition des scellés cesse avant qu'ils soient levés ou pendant le cours de leur levée, ils seront levés, sans description. — Pr. 930. — T 1er, art. 94 § 6 s.

TITRE QUATRIÈME.

DE L'INVENTAIRE.

941. L'inventaire peut être requis par ceux qui ont droit de requérir la levée du scellé. — Pr. 909 s., 930, 1000. — C. 126, 451, 461, 600, 626, 769, 794 s., 813, 1031, 1058, 1414, 1456, 1504.—Co. 479 s.—T. 1er, art. 168 § 6, 10.

942. Il doit être fait en présence, 1º du conjoint survivant, 2º des héritiers présomptifs, 3º de l'exécuteur testamentaire si le testament est connu, 4º des donataires, et légataires universels ou à titre universel, soit en propriété, soit en usufruit, ou eux dûment appelés, s'ils demeurent dans la distance de cinq myriamètres : s'ils demeurent au delà, il sera appelé, pour tous les absens, un seul notaire, nommé par le président du tribunal de première instance, pour représenter les parties appelées et défaillantes. — Pr. 931 3º. — C. 113 et la note, 451.

943. Outre les formalités communes à tous les actes devant notaires, l'inventaire contiendra, — 1º Les noms, professions et demeures des requérans, des comparans, des défaillans et des absens, s'ils sont connus, du notaire appelé pour les représenter, des commissaires-priseurs et experts; et la mention de l'ordonnance qui commet le notaire pour les absens et défaillans; — C. 113. — 2º L'indication des lieux où l'inventaire est fait; — 3º La description et estimation des effets, laquelle sera faite à juste valeur et sans crue; — C. 825 et la note. — T. 6e, art. 1 1º, 2-4. — 4º La désignation des qualité, poids et titre de l'argenterie; — 5º La désignation des espèces en numéraire; — 6º Les papiers seront cotés par première et dernière; ils seront paraphés de la main d'un des notaires; s'il y a des livres et registres de commerce, l'état en sera constaté, les feuillets en seront pareillement cotés et paraphés s'ils ne le sont; s'il y a des blancs dans les pages écrites, ils seront bâtonnés; — 7º La déclaration des titres actifs et passifs; — 8º La mention du serment prêté, lors de la clôture de l'inventaire, par ceux qui ont été en possession des objets avant l'inventaire ou qui ont habité la maison dans laquelle sont lesdits objets, qu'ils n'en ont détourné, vu détourner ni su qu'il en ait été détourné aucun; — 9º La remise des effets et papiers, s'il y a lieu, entre les mains de la personne dont on conviendra, ou qui à défaut sera nommée par le président du tribunal. — **Pr.** 588 ʍ., 914 *note*, 941 ʍ. — **C.** 451, 1915, 1927, 1932.

944. Si, lors de l'inventaire, il s'élève des difficultés, ou s'il est formé des réquisitions pour l'administration de la communauté ou de la succession, ou pour autres objets, et qu'il n'y soit déféré par les autres parties, les notaires délaisseront les parties à se pourvoir en référé devant le président du tribunal de première instance; ils pourront en référer eux-mêmes, s'ils résident dans le canton où siége le tribunal : dans ce cas, le président mettra son ordonnance sur la minute du procès-verbal. — **Pr.** 806 ʍ. — **T.** 1er, art. 168 § 7, 10. — **T.** 6e, art. 1 2º, 2-4.

TITRE CINQUIÈME.

DE LA VENTE DU MOBILIER.

945. Lorsque la vente des meubles dépendans d'une succession aura lieu en exécution de l'article 826 du Code civil, cette vente sera faite dans les formes prescrites au titre *des Saisies-exécutions.* — **Pr.** 617 s., 914 *note*, 946 s., 1000. — **C.** 796, 805.

946. Il y sera procédé sur la réquisition de l'une des parties intéressées, en vertu de l'ordonnance du président du tribunal de première instance, et par un officier public (1). — **Pr.** 945, 947 ʍ. — **T.** 1er, art. 77 § 11, 16. — **T.** 6e, art. 1 3º 4º, 2-4.

947. On appellera les parties ayant droit d'assister à l'inventaire, et qui demeureront ou auront élu domicile dans la distance de cinq myriamètres : l'acte sera signifié au domicile élu. — **Pr.** 931 3º, 942, 950. — **C.** 111. — **T.** 1er, art. 29 § 66, 72.

948. S'il s'élève des difficultés, il pourra être statué provisoirement en référé par le président du tribunal de première instance. — **Pr.** 806

---

(1) Les notaires, les huissiers et les greffiers ont concurrence pour ces sortes de ventes, d'après le décret du 21-26 juillet 1790, et celui du 17 septembre 1793. Mais il est à remarquer que cela n'a lieu qu'autant qu'il n'existe pas de commissaires-priseurs, qui ont un privilége général pour toutes les ventes volontaires ou judiciaires (**L.** 27 vent. an IX, et **Ord.** 26 juin 1816).

s. — T. 6e, art. 1 2o, 2-4.

949. La vente se fera dans le lieu où sont les effets, s'il n'en est autrement ordonné. — Pr. 617, 620 s., 945.

950. La vente sera faite tant en absence que présence, sans appeler personne pour les non-comparans. — Pr. 947, 951.

951. Le procès-verbal fera mention de la présence ou de l'absence du requérant. — Pr. 623, 950.

952. Si toutes les parties sont majeures, présentes et d'accord, et qu'il n'y ait aucun tiers intéressé, elles ne seront obligées à aucune des formalités ci-dessus. — Pr. 985 s.

TITRE SIXIÈME (a).

DE LA VENTE DES BIENS IMMEUBLES APPARTENANT À DES MINEURS.

(Loi du 2 juin 1841.)

953. La vente des immeubles appartenant à des mineurs ne pourra être ordonnée que d'après un avis de parens énonçant la nature des biens et leur valeur approximative. — Cet avis ne sera pas nécessaire si les biens appartiennent en même temps à des majeurs, et si la vente est poursuivie par eux. Il sera procédé alors conformément au titre *des Partages et Licitations.* — Pr. 882 s., 914 *note*, 966-985. — C. 405 s., 457-460, 465, 806, 827. — (A. Pr. 953, 954.)

954. Lorsque le tribunal homologuera cet avis, il déclarera, par le même jugement, que la vente aura lieu soit devant l'un des juges du tribunal à l'audience des criées, soit devant un notaire à cet effet commi. — Si les immeubles sont sit. dans plusieurs arrondissemens, le tribunal pourra commettre un notaire dans chacun de ces arrondissemens, et même donner commission rogatoire à chacun des tribunaux de la situation de ces biens. — Pr. 885, 953, 955 s., 1035. — C. 459. — T. 5e, art. 9 § 1, 3, art. 14.

955. Le jugement qui ordonnera la vente déterminera

---

la mise à prix de chacun des immeubles à vendre et les conditions de la vente. Cette mise à prix sera réglée, soit d'après l'avis des parens, soit d'après les titres de propriété, soit d'après les baux authentiques ou sous seing privé ayant date certaine, et, à défaut de baux, d'après le rôle de la contribution foncière. — Néanmoins le tribunal pourra, suivant les circonstances, faire procéder à l'estimation totale ou partielle des immeubles. — Cette estimation aura lieu, selon l'importance et la nature des biens, par un ou trois experts que le tribunal commettra à cet effet. — Pr. 302 s., 954, 956, 970, 997. — C. 457, 1317, 1322, 1328. — T. 5e, art. 15. — (A. Pr. 955.)

956. Si l'estimation a été ordonnée, l'expert ou les experts, après avoir prêté serment, soit devant le président du tribunal, soit devant un juge de paix commis par lui, rédigeront leur rapport, qui indiquera sommairement les bases de l'estimation, sans entrer dans le détail descriptif des biens à vendre. — La minute du rapport sera déposée au greffe du tribunal. Il n'en sera

pas délivré d'expédition. — **Pr.** 307, 315 s., 318 s., 955. — **C.** 824. — **T.** 5e, art. 9 § 2, art. 15. — (A. **Pr.** 956, 957.)

957. Les enchères seront ouvertes sur un cahier des charges déposé par l'avoué au greffe du tribunal, ou dressé par le notaire commis, et déposé dans son étude, si la vente doit avoir lieu devant notaire. — Ce cahier contiendra : — 1° L'énonciation du jugement qui a autorisé la vente; — **Pr.** 955. — 2° Celle des titres qui établissent la propriété; — 3° L'indication de la nature ainsi que de la situation des biens à vendre, celle des corps d'héritage, de leur contenance approximative, et de deux des tenans et aboutissans; — **Pr.** 675 3°. — 4° L'énonciation du prix auquel les enchères seront ouvertes, et les conditions de la vente. — **Pr.** 690 4°. — **C.** 459. — **T.** 5e, art. 1. — (A. **Pr.** 958.)

958. Après le dépôt du cahier des charges, il sera rédigé et imprimé des placards qui contiendront, — 1° L'énonciation du jugement qui aura autorisé la vente; — **Pr.** 955. — 2° Les noms, professions et domiciles du mineur,

homologuera les délibérations du conseil de famille relatives à l'aliénation des biens immeubles des mineurs, il nommera, par le même jugement, un ou trois experts, suivant que l'importance des biens paraîtra l'exiger, et ordonnera que, sur leur estimation, les enchères seront publiquement ouvertes devant un membre du tribunal ou devant un notaire à ce commis aussi par le même jugement.

956. Les experts, après avoir prêté serment, rédigeront leur rapport en un seul avis, à la pluralité des voix; il présentera les bases de l'estimation qu'ils auront faite.

957. Ils remettront la minute de leur rapport ou au greffe ou chez le notaire, suivant qu'un membre du tribunal ou un notaire aura été commis pour recevoir les enchères.

958. Les enchères seront ouvertes sur un cahier de charges, déposé au greffe ou chez le no-

de son tuteur et de son subrogé tuteur; — **Pr.** 962. —
C. 102, 108, 459. — 3° La désignation des biens, telle qu'elle
a été insérée dans le cahier
des charges; — **Pr.** 957 3°. —
4° Le prix auquel seront ouvertes les enchères sur chacun
des biens à vendre; — **Pr.** 957
4°. — 5° Les jour, lieu et
heure de l'adjudication, ainsi
que l'indication soit du notaire et de sa demeure, soit
du tribunal devant lequel l'adjudication aura lieu, et, dans
tous les cas, de l'avoué du
vendeur. — **Pr.** 699 n., 743,
959 n. — (**A. Pr.** 959, 960.)

959. Les placards seront
affichés quinze jours au moins,
trente jours au plus avant l'adjudication aux lieux désignés
dans l'article 699, et, en outre, à la porte du notaire qui
procédera à la vente; ce dont
il sera justifié conformément
au même article. — **Pr.** 743,
960. — **T.** 5e, art. 4 § 4. —
(**A. Pr.** 961, 963.)

960. Copie de ces placards
sera insérée, dans le même
délai, au journal indiqué par
l'article 696, et dans celui qui
aura été désigné pour l'arrondissement où se poursuit la
vente, si ce n'est pas l'arrondissement de la situation des
biens.—Il en sera justifié conformément à l'article 698.—**Pr.**
743, 958 n.—(**A. Pr.** 962, 963.)

961. Selon la nature et l'importance des biens, il pourra
être donné à la vente une plus
grande publicité, conformément aux articles 697 et 700.

962. Le subrogé tuteur du
mineur sera appelé à la vente,
ainsi que le prescrit l'article
459 du Code civil; à cet effet,
le jour, le lieu et l'heure de

---

taire commis, et contenant, —
1° L'énonciation du jugement
homologatif de l'avis des parens;
— 2° Celle du titre de propriété, — 3° La désignation sommaire des biens à vendre, et le
prix de leur estimation; — 4° Les
conditions de la vente.

959. Ce cahier sera lu à l'audience, si la vente se fait en justice. Lors de sa lecture, le jour
auquel il sera procédé à la première adjudication, ou adjudication préparatoire, sera annoncé.
Ce jour sera éloigné de six semaines au moins.

960. L'adjudication préparatoire, soit devant le tribunal,
soit devant le notaire, sera indiquée par des affiches. Ces affiches ou placards ne contiendront
que la désignation sommaire des
biens, les noms, professions et
domiciles du mineur, de son tuteur et   son subrogé tuteur, et
la demeure du notaire, si c'est
devant un notaire que la vente
doit être faite.

961. Ces placards seront apposés par trois dimanches consécutifs,—1° A la principale porte
de chacun des bâtimens dont la
vente sera poursuivie; — 2° A la
principale porte des communes de
la situation des biens; et à Paris,
à la principale porte seulement de
la municipalité dans l'arrondissement de laquelle les biens sont
situés; — 3° A la porte extérieure du tribunal qui aura permis la vente; et à celle du notaire, si c'est un notaire qui doit
y procéder. — Les maires des
communes où ces placards auront
été apposés, les viseront et certi-
fieront sans frais, sur un exemplaire qui restera joint au dos-
sier.

962. Copie desdits placards sera
insérée dans un journal, confor-

l'adjudication lui seront notifiés un mois d'avance, avec
avertissement qu'il y sera procédé tant en son absence qu'en
sa présence. — **Pr. 958 2°,**
1033 *et la note.* — T. 5e, art.
3 § 15, 18.

963. Si, au jour indiqué
pour l'adjudication, les enchères ne s'élèvent pas à la mise
à prix, le tribunal pourra ordonner, sur simple requête en
la chambre du conseil, que les
biens seront adjugés au-dessous de l'estimation; l'adjudication sera remise à un délai
fixé par le jugement, et qui ne
pourra être moindre de quinzaine. — Cette adjudication
sera encore indiquée par des
placards et des insertions dans
les journaux, comme il est dit
ci-dessus, huit jours au moins
avant l'adjudication. — **Pr.**
704, 959 s., 963. — P. 412. —
T. 5e, art. 9 § 4 — (A. **Pr.** 964.)

964. Sont déclarés communs
au présent titre les articles
704, 705, 706, 707, 711, 712,
713, 733, 734, 735, 736, 737,
738, 739, 740, 741 et 742. —
Néanmoins, si les enchères
sont reçues par un notaire,
elles pourront être faites par
toutes personnes sans ministère d'avoué. — Dans le cas de
vente devant notaire, s'il y a
lieu à folle enchère, la poursuite sera portée devant le tribunal. Le certificat constatant
que l'adjudicataire n'a pas justifié de l'acquit des conditions
sera délivré par le notaire. Le
procès-verbal d'adjudication
sera déposé au greffe, pour
servir d'enchère. — T. 5e, art.
12 § 3. — (A. **Pr.** 965.)

965. Dans les huit jours
qui suivront l'adjudication,
toute personne pourra faire
une surenchère du sixième,
en se conformant aux formalités et délais réglés par les
articles 708, 709 et 710 ci-dessus. — Lorsqu'une seconde
adjudication aura eu lieu après
la surenchère ci-dessus, aucune autre surenchère des
mêmes biens ne pourra être
reçue. — **Pr. 838.**

---

mément à l'article 683 ci-dessus.
Cette insertion sera constatée
ainsi qu'il est dit au titre *de la
Saisie immobilière* ; elle sera
faite huit jours au moins avant
le jour indiqué pour l'adjudication préparatoire.

963. L'apposition des placards
et l'insertion aux journaux seront réitérées huit jours au moins
avant l'adjudication définitive.

964. Au jour indiqué pour l'adjudication définitive, si les enchères ne s'élèvent pas au prix de
l'estimation, le tribunal pourra
ordonner, sur un nouvel avis de
parens, que l'immeuble sera adjugé au plus offrant, même au-
dessous de l'estimation; à l'effet
de quoi l'adjudication sera remise
à un délai fixé par le jugement,
et qui ne pourra être moindre de
quinzaine. — Cette adjudication
sera encore indiquée par des placards apposés dans les communes
et lieux, visés, certifiés et insérés
dans les journaux, comme il est
dit ci-dessus, huit jours au moins
avant l'adjudication.

965. Seront observées, au surplus, relativement à la réception
des enchères, à la forme de l'adjudication et à ses suites, les dispositions contenues dans les articles 707 et suivans du titre *de
la Saisie immobilière* : néanmoins, si les enchères sont reçues
par un notaire, elles pourront
être faites par toutes personnes,
sans ministère d'avoué.

TITRE SEPTIÈME.

DES PARTAGES ET LICITATIONS.

966. Dans les cas des articles 823 et 838 du Code civil, lorsque le partage doit être fait en justice, la partie la plus diligente se pourvoira. — Pr. 50 3°, 59, 61, 969. — C. 465, 815, 817, 822, 882, 1686 s., 1872, 2205.

967. Entre deux demandeurs, la poursuite appartiendra à celui qui aura fait viser le premier l'original de son exploit par le greffier du tribunal: ce visa sera daté du jour et de l'heure. — Pr. 721, 966. — T. 1er, art. 90 § 14 s.

968. Le tuteur spécial et particulier qui doit être donné à chaque mineur ayant des intérêts opposés sera nommé suivant les règles contenues au titre *des Avis de parens.* — Pr. 882 s. — C. 406 s., 838.

969 (a). (*Loi du 2 juin 1841.*) Le jugement qui prononcera sur la demande en partage commettra, s'il y a lieu, un juge, conformément à l'article 823 du Code civil, et en même temps un notaire. — Si, dans le cours des opérations, le juge ou le notaire est empêché, le président du tribunal pourvoira au remplacement par une ordonnance sur requête, laquelle ne sera susceptible ni d'opposition ni d'appel. — Pr. 809, 954, 970 s. — T. 5e, art. 3 § 16, 18, art. 10 § 1. — (A. Pr. 969.)

970. (*Loi du 2 juin 1841.*) En prononçant sur cette demande, le tribunal ordonnera par le même jugement le partage, s'il peut avoir lieu, ou la vente par licitation, qui sera faite devant un membre du tribunal ou devant un notaire, conformément à l'article 954. — Le tribunal pourra, soit qu'il ordonne le partage, soit qu'il ordonne la licitation, déclarer qu'il y sera immédiatement procédé sans expertise préalable, même lorsqu'il y aura des mineurs en cause; dans le cas de licitation, le tribunal déterminera la mise à prix, conformément à l'article 955. — Pr. 969, 971 s. — C. 824, 1686. — (A. Pr. 969, 970.)

971. (*Loi du 2 juin 1841.*) Lorsque le tribunal ordonnera l'expertise, il pourra commettre un ou trois experts, qui prêteront serment comme il est dit en l'article 956. — Les nominations et rapports d'ex-

---

(a) ANCIEN TEXTE.

ART. 969. Le même jugement qui prononcera sur la demande en partage, commettra, s'il y a lieu, un juge, conformément à l'article 823 du Code civil, et ordonnera que les immeubles, s'il y en a, seront estimés par experts, de la manière prescrite en l'article 824 du même Code.

970. En prononçant sur cette demande, le tribunal ordonnera par le même jugement le partage, s'il peut avoir lieu, ou la vente par licitation, qui sera faite soit devant un membre du tribunal, soit devant un notaire.

971. Il sera procédé aux nominations, prestations de serment et rapports d'experts, suivant les

perts seront faits suivant les formalités prescrites au titre *des Rapports d'experts.* — Les rapports d'experts présent·ront sommairement les bases de l'estimation, sans entrer dans le détail descriptif des biens à partager ou à liciter. — Le poursuivant demandera l'entérinement du rapport par un simple acte de conclusions d'avoué à avoué. — **Pr.** 318 s., 956 s. — **C.** 824. — **T.** 5e, art. 1, 10 § 2. — (A. **Pr.** 971, 972.)

972. (*Loi du 2 juin 1841.*) On se conformera, pour la vente, aux formalités prescrites dans le titre *de la Vente des biens immeubles apparte- nant à des mineurs,* en ajou- tant dans le cahier des charges, — Les noms, demeure et pro- fession du poursuivant, les noms et demeure de son avoué; — Les noms, demeures et pro- fessions des colicitans et de leurs avoués. — **Pr.** 953 s., 957 s., 973. — **T.** 5e, art. 4 § 4. — (A. **Pr.** 972.)

973. (*Loi du 2 juin 1841.*) Dans la huitaine du dépôt du cahier des charges au greffe ou chez le notaire, sommation sera faite, par un simple acte, aux colicitans, en l'étude de leurs avoués, d'en prendre communication. — S'il s'élève des difficultés sur le cahier des charges, elles seront vidées à l'audience, sans aucune re- quête, et sur un simple acte d'avoué à avoué. — Le juge- ment qui interviendra ne pourra être attaqué que par la voie de l'appel, dans les for- mes et délais prescrits par les articles 731 et 732 du présent Code. — Tout autre jugement sur les difficultés relatives aux formalités postérieures à la sommation de prendre com- munication du cahier des char- ges ne pourra être attaqué ni par opposition, ni par appel. — Si, au jour indiqué pour l'adjudication, les enchères ne couvrent pas la mise à prix, il sera procédé comme il est dit en l'article 963. — Dans les huit jours de l'adjudication, toute personne pourra suren- chérir d'un sixième du prix principal, en se conformant aux conditions et aux forma- lités prescrites par les arti- cles 708, 709 et 710. Cette surenchère produira le même effet que dans les ventes de biens de mineurs. — **Pr.** 82, 763, 965, 972, 977. — **C.** 812 s. — **T.** 5e, art. 10 § 3, art. 11 § 7. — (A. **Pr.** 972, 973.)

---

formalités prescrites au titre *des Rapports d'experts :* néanmoins, lorsque toutes les parties seront majeures, il pourra n'être nom- mé qu'un expert, si elles y con- sentent.

972 Le poursuivant deman- dera l'entérinement du rapport, par requête de simples conclu- sions d'avoué à avoué. On se con- formera pour la vente aux forma- lités prescrites dans le titre *de la Vente des biens immeubles,* en ajoutant dans le cahier des char- ges, — Les noms, demeure et pro- fession du poursuivant, les noms et demeure de son avoué; — Les noms, demeures et professions des colicitans. — Copie du cahier des charges sera signifiée aux avoués des colicitans par un sim- ple acte, dans la huitaine du dé- pôt au greffe ou chez le notaire.

973. S'il s'élève des difficultés sur le cahier des charges, elles seront vidées à l'audience, sans aucune requête, et sur un simple acte d'avoué à avoué.

974. Lorsque la situation des immeubles aura exigé plusieurs expertises distinctes, et que chaque immeuble aura été déclaré impartageable, il n'y aura cependant pas lieu à licitation, s'il résulte du rapprochement des rapports que la totalité des immeubles peut se partager commodément. — C. 826, 832, 833, 835, 862.

975. (*Loi du 2 juin 1841.*) Si la demande en partage n'a pour objet que la division d'un ou plusieurs immeubles sur lesquels les droits des intéressés soient déjà liquidés, les experts, en procédant à l'estimation, composeront les lots ainsi qu'il est prescrit par l'article 466 du Code civil; et, après que leur rapport aura été entériné, les lots seront tirés au sort, soit devant le juge-commissaire, soit devant le notaire déjà commis par le tribunal, aux termes de l'article 969. — **Pr.** 976 s. — C. 828 s., 834 s. — (A. **Pr.** 975.)

976. (*Loi du 2 juin 1841.*) Dans les autres cas, et notamment lorsque le tribunal aura ordonné le partage sans faire procéder à un rapport d'experts, le poursuivant fera sommer les copartageans de comparaître, au jour indiqué, devant le notaire commis, à l'effet de procéder aux compte, rapport, formation de masse, prélèvemens, composition de lots et fournissemens, ainsi qu'il est ordonné par le Code civil, article 828. — Il en sera de même après qu'il aura été procédé à la licitation, si le prix de l'adjudication doit être confondu avec d'autres objets dans une masse commune de partage pour former la balance entre les divers lots. — **Pr.** 969 s., 975, 977 s. — (A. **Pr.** 976.)

977. Le notaire commis procédera seul et sans l'assistance d'un second notaire ou de témoins : si les parties se font assister auprès de lui d'un conseil, les honoraires de ce conseil n'entreront point dans les frais de partage, et seront à leur charge. — Au cas de l'article 837 du Code civil, le notaire rédigera en un procès-verbal séparé les difficultés et dires des parties : ce pro-

---

975. Si la demande en partage n'a pour objet que la division d'un ou de plusieurs immeubles sur lesquels les droits des intéressés soient déjà liquidés, les experts, en procédant à l'estimation, composeront les lots ainsi qu'il est prescrit par l'article 466 du Code civil; et après que leur rapport aura été entériné, les lots seront tirés au sort, soit devant le juge-commissaire, soit devant un notaire commis par le tribunal

976. Dans les autres cas, le poursuivant fera sommer les copartageans de comparoître, au jour indiqué, devant le juge-commissaire, qui renverra les parties devant un notaire dont elles conviendront, si elles peuvent et veulent en convenir, ou qui, à défaut, sera nommé d'office par le tribunal, à l'effet de procéder aux comptes, rapports, formation de masses, prélèvemens, composition de lots, et fournissemens, ainsi qu'il est ordonné par le Code civil, article 828. — Il en sera de même après qu'il aura été procédé à la licitation, si le prix de l'adjudication doit être confondu avec d'autres objets dans une masse commune de partage pour former la balance entre les divers lots.

cès-verbal sera, par lui, remis au greffe, et y sera retenu. — Si le juge-commissaire renvoie les parties à l'audience, l'indication du jour où elles devront comparaître leur tiendra lieu d'ajournement. — Il ne sera fait aucune sommation pour comparaître soit devant le juge, soit à l'audience. — Pr. 973, 976, 980 s. — T. 1er. art. 92 § 32 s., art. 168 § 8 s.

978. Lorsque la masse du partage, les rapports et prélèvemens à faire par chacune des parties intéressées, auront été établis par le notaire, suivant les articles 829, 830 et 831 du Code civil, les lots seront faits par l'un des cohéritiers, s'ils sont tous majeurs, s'ils s'accordent sur le choix, et si celui qu'ils auront choisi accepte la commission : dans le cas contraire, le notaire, sans qu'il soit besoin d'aucune autre procédure, renverra les parties devant le juge-commissaire, et celui-ci nommera un expert. — Pr. 975 s., 979 s. — C. 834. — T. 1er, art. 168 § 8, 10.

979. Le cohéritier choisi par les parties, ou l'expert nommé pour la formation des lots, en établira la composition par un rapport qui sera reçu et rédigé par le notaire à la suite des opérations précédentes. — Pr. 978, 980 s.

980. Lorsque les lots auront été fixés, et que les contestations sur leur formation, s'il y en a eu, auront été jugées, le poursuivant fera sommer les copartageans à l'effet de se trouver, à jour indiqué, en l'étude du notaire, pour assister à la clôture de son procès-verbal, en entendre lecture, et le signer avec lui, s'ils le peuvent et le veulent.

— Pr. 979, 981 s. — C. 835. — T, 1er, art. 29 § 68, 72.

981. Le notaire remettra l'expédition du procès-verbal de partage à la partie la plus diligente pour en poursuivre l'homologation par le tribunal : sur le rapport du juge-commissaire, le tribunal homologuera le partage, s'il y a lieu, les parties présentes, ou appelées si toutes n'ont pas comparu à la clôture du procès-verbal, et sur les conclusions du procureur du Roi, dans le cas où la qualité des parties requerra son ministère. — Pr. 83, 982.

982. Le jugement d'homologation ordonnera le tirage des lots, soit devant le juge-commissaire, soit devant le notaire, lequel en fera la délivrance aussitôt après le tirage. — Pr. 981. — C. 834, 842. — T. 1er, art. 92 § 33, 34.

983. Soit le greffier, soit le notaire, seront tenus de délivrer tels extraits, en tout ou en partie, du procès-verbal de partage, que les parties intéressées requerront. — Pr. 839 s.

984. Les formalités ci-dessus seront suivies dans les licitations et partages tendant à faire cesser l'indivision, lorsque des mineurs ou autres personnes non jouissant de leurs droits civils y auront intérêt. — Pr. 966 s., 985. — C. 388, 509, 815 s., 1687 s.

985. Au surplus, lorsque tous les copropriétaires ou cohéritiers seront majeurs, jouissant de leurs droits civils, présens ou dûment représentés, ils pourront s'abstenir des voies judiciaires, ou les abandonner en tout état de cause, et s'accorder pour procéder de telle manière qu'ils aviseront. — Pr. 952 s. — C. 819, 1687 s.

TITRE HUITIÈME.

DU BÉNÉFICE D'INVENTAIRE.

986. Si l'héritier veut, avant de prendre qualité, et conformément au Code civil, se faire autoriser à procéder à la vente d'effets mobiliers dépendans de la succession, il présentera, à cet effet, requête au président du tribunal de première instance dans le ressort duquel la succession est ouverte. — La vente en sera faite par un officier public, après les affiches et publications ci-dessus prescrites pour la vente du mobilier. — **Pr.** 174, 617 s., 945 s., 987 s., 1000 s. — **C.** 110, 461, 793 s., 805. — **T.** 1er, art. 77 § 12, 16.

987 (a). (*Loi du 2 juin 1841.*) S'il y a lieu à vendre des immeubles dépendans de la succession, l'héritier bénéficiaire présentera au président du tribunal de première instance du lieu de l'ouverture de la succession une requête dans laquelle ces immeubles seront désignés sommairement. Cette requête sera communiquée au ministère public; sur ses conclusions et le rapport du juge nommé à cet ef-fet, il sera rendu jugement qui autorisera la vente et fixera la mise à prix, ou qui ordonnera préalablement que les immeubles seront vus et estimés par un expert nommé d'office. — Dans ce dernier cas, le rapport de l'expert sera entériné sur requête par le tribunal, et sur les conclusions du ministère public le tribunal ordonnera la vente. — **Pr.** 83, 83 s., 302 s., 988. — **C.** 793, 806. — **T.** 5e, art. 9 § 5. — (*A. Pr.* 987, 988.)

988. (*Loi du 2 juin 1841.*) Il sera procédé à la vente, dans chacun des cas ci-dessus prévus, suivant les formalités prescrites au titre *de la Vente des biens immeubles apparte-nant à des mineurs.* — Sont déclarés communs au présent titre, les articles 701, 702, 705, 706, 707, 711, 712, 713, 733, 734, 735, 736, 737, 738, 739, 740, 741, 742, les deux der-niers paragraphes de l'arti-cle 964 et l'article 965 du pré-sent Code. — L'héritier béné-ficiaire sera réputé héritier pur et simple, s'il a vendu des

---

(a) ANCIEN TEXTE.

ART. 987. S'il y a lieu à ven-dre des immeubles dépendans de la succession, l'héritier bénéfi-ciaire présentera au président du tribunal de première instance une requête où ils seront dési-gnés : cette requête sera commu-niquée au ministère public; sur ses conclusions et le rapport d'un juge nommé à cet effet, il sera rendu jugement qui ordonnera préalablement que les immeubles seront vus et estimés par un ex-pert nommé d'office.

988. Si le rapport est régu-lier, il sera entériné sur requête par le même tribunal; et, sur les conclusions du ministère public, le jugement ordonnera la vente. — Il sera procédé à ladite vente suivant les formalités prescrites au titre *des Partages et Licita-tions.* — L'héritier bénéficiaire

immeubles sans se conformer aux règles prescrites par le présent titre. — **Pr.** 933-966, 980 s., 989. — **C.** 778, 800 s., 806. — **T.** 5e, art. 4 § 4. — (A. **Pr.** 988.)

989. S'il y a lieu à faire procéder à la vente du mobilier et des rentes dépendans de la succession, la vente sera faite suivant les formes prescrites pour la vente de ces sortes de biens, à peine contre l'héritier bénéficiaire d'être réputé héritier pur et simple (*a*). — **Pr.** 643 s., 945 s., 986 — **C.** 778 s., 796, 805 *et la note.*

990. Le prix de la vente du mobilier sera distribué par contribution entre les créanciers opposans, suivant les formalités indiquées au titre *de la Distribution par contribution.* — **Pr.** 656 s., 991. — **C.** 808, 809.

991. Le prix de la vente des immeubles sera distribué suivant l'ordre des priviléges et hypothèques. — **Pr.** 749 s., 773, 990. — **C.** 806, 808 s., 2095, 2166.

992. Le créancier ou autre partie intéressée qui voudra obliger l'héritier bénéficiaire à donner caution, lui fera faire sommation, à cet effet, par acte extrajudiciaire signifié à personne ou domicile. — **Pr.** 68, 517 s., 993 s.

— **C.** 807, 2011, 2040 s. — **T.** 1er, art. 29 § 69, 72.

993. Dans les trois jours de cette sommation, outre un jour par trois myriamètres de distance entre le domicile de l'héritier et la commune où siége le tribunal, il sera tenu de présenter caution au greffe du tribunal de l'ouverture de la succession, dans la forme prescrite pour les réceptions de caution. — **Pr.** 518 s., 992, 1033. — **C.** 102, 110, 807.

994. S'il s'élève des difficultés relativement à la réception de la caution, les créanciers provoquans seront représentés par l'avoué le plus ancien. — **Pr.** 520 s., 667, 719.

995. Seront observées, pour la reddition du compte du bénéfice d'inventaire, les formes prescrites au titre *des Redditions de comptes.* — **Pr.** 527 s. — **C.** 803 s.

996. Les actions à intenter par l'héritier bénéficiaire contre la succession seront intentées contre les autres héritiers; et s'il n'y en a pas, ou qu'elles soient intentées par tous, elles le seront contre un curateur au bénéfice d'inventaire, nommé en la même forme que le curateur à la succession vacante. — **Pr.** 998, 999. — **C.** 802, 812, 2258. — **T.** 1er, art. 77 § 13, 16.

---

sera réputé héritier pur et simple, s'il a vendu des immeubles sans se conformer aux règles prescrites dans le présent titre.

(*a*) Coutume de Paris.

Art. 344. L'héritier par bénéfice d'inventaire, ou curateur aux biens vacans d'un défunt, ne peut vendre les biens meubles de la succession ou curatelle, sinon en faisant publier la vente devant la principale porte de l'église de la paroisse où le défunt demeuroit, à issue de messe parrochiale, et délaissant une affiche contre la porte de la maison du défunt.

TITRE NEUVIÈME.

DE LA RENONCIATION A LA COMMUNAUTÉ, DE LA VENTE DES IMMEUBLES DOTAUX ET DE LA RENONCIATION A LA SUCCESSION.

(Loi du 2 Juin 1811.)

997. Les renonciations à communauté ou à succession seront faites au greffe du tribunal dans l'arrondissement duquel la dissolution de la communauté ou l'ouverture de la succession se sera opérée, sur le registre prescrit par l'article 784 du Code civil, et en conformité de l'article 1457 du même Code, sans qu'il soit besoin d'autre formalité. — Lorsqu'il y aura lieu de vendre des immeubles dotaux dans les cas prévus par l'article 1558 du Code civil, la vente sera préalablement autorisée sur requête, par jugement rendu en audience publique. — Seront, au surplus, applicables les articles 955, 956 et suivans du titre *de la Vente des biens immeubles appartenant à des mineurs* (a). — C. 110, 785 s., 845, 1455, 1461, 1465 s. — T. 5e, art. 4 § 4, art. 9 § 5.

TITRE DIXIÈME.

DU CURATEUR A UNE SUCCESSION VACANTE.

998. Lorsqu'après l'expiration des délais pour faire inventaire et pour délibérer, il ne se présente personne qui réclame une succession, qu'il n'y a pas d'héritier connu, ou que les héritiers connus y ont renoncé, cette succession est réputée vacante; elle est pourvue d'un curateur, conformément à l'article 812 du Code civil. — Pr. 49 1o, 999 s. — C. 795, 811 s. — T. 1er, art. 77 § 15, 16.

999. En cas de concurrence entre deux ou plusieurs curateurs, le premier nommé sera préféré sans qu'il soit besoin de jugement.

1000. Le curateur est tenu, avant tout, de faire constater l'état de la succession par un inventaire, si fait n'a été, et de faire vendre les meubles suivant les formalités prescrites aux titres *de l'Inventaire* et *de la Vente du mobilier.* — Pr. 941 s., 945 s., 989 *note.* — C. 813, 814.

(a) ANCIEN TEXTE.

TITRE NEUVIÈME.

DE LA RENONCIATION A LA COMMUNAUTÉ OU A LA SUCCESSION.

ART. 997. Les renonciations à communauté ou à succession seront faites au greffe du tribunal dans l'arrondissement duquel la dissolution de la communauté ou l'ouverture de la succession se sera opérée, sur le registre prescrit par l'article 784 du Code civil, et en conformité de l'article 1457 du même Code, sans qu'il soit besoin d'autre formalité.

1001. Il ne pourra être procédé à la vente des immeubles et rentes que suivant les formes qui ont été prescrites au titre *du Bénéfice d'inventaire.* — Pr. 966-983, 978 s. — C. 805 *et la note,* 813. — T. 1er, art. 128 5°.

1002. Les formalités prescrites pour l'héritier bénéficiaire s'appliqueront également au mode d'administration et au compte à rendre par le curateur à la succession vacante. — Pr. 527 s., 980 s., 995. — C. 813 s.

LIVRE TROISIÈME.

(Décret du 29 avril 1806, promulgué le 9 mai suivant.)

TITRE UNIQUE.

DES ARBITRAGES.

1003. Toutes personnes peuvent compromettre sur les droits dont elles ont la libre disposition (*a*). — Pr. 1005 s. — C. 128, 217 s., 499, 502, 513, 1124, 1127, 1989. — Co. 51 *et la note,* 61.

1004. On ne peut com-

(*a*) DÉCR. 16-24 *août* 1790, *tit.* 1er.

ART. 1er. L'arbitrage étant le moyen le plus raisonnable de terminer les contestations entre les citoyens, les législatures ne pourront faire aucune disposition qui tendrait à diminuer, soit la faveur, soit l'efficacité des compromis.

2. Toutes personnes, ayant le libre exercice de leurs droits et de leurs actions, pourront nommer un ou plusieurs arbitres pour prononcer sur leurs intérêts privés, dans tous les cas et en toutes matières, sans exception.

TIT. X, art. 12. S'il s'élève quelque contestation entre mari et femme, père et fils, grand-père et petit-fils, frères et sœurs, neveux et oncles, ou entre alliés aux degrés ci-dessus, comme aussi entre pupilles et leurs tuteurs pour choses relatives à la tutelle,

les parties seront tenues de nommer des parens, ou, à leur défaut, des amis ou voisins pour arbitres, devant lesquels elles éclairciront leur différend, et qui, après les avoir entendues et avoir pris les connaissances nécessaires, rendront une décision motivée.

13. Chacune des parties nommera deux arbitres : et si l'une s'y refuse, l'autre pourra s'adresser au juge, qui, après avoir constaté le refus, nommera des arbitres d'office pour la partie refusante. Lorsque les quatre arbitres se trouveront divisés d'opinions, ils choisiront un sur-arbitre pour lever le partage.

Note. Un édit du mois d'août 1560 porte que tous différends entre marchands pour fait de leur commerce, les demandes de partage et les comptes de tutelle et administration seront renvoyés à des arbitres.

promettre sur les dons et legs d'alimens, logement et vêtemens; sur les séparations d'entre mari et femme, *divorces* (1), questions d'état, ni sur aucune des contestations qui seraient sujettes à communication au ministère public. — **Pr.** 83, 581 N., 1003 *note* (art. 2), 1010.

1005. Le compromis pourra être fait par procès-verbal devant les arbitres choisis, ou par acte devant notaires, ou sous signature privée. — **Pr.** 1003 s. — **Co.** 53.

1006. Le compromis désignera les objets en litige et les noms des arbitres à peine de nullité. — **Pr** 1005, 1007, 1027 2°, 1028 2° 5°, 1029.

1007. Le compromis sera valable, encore qu'il ne fixe pas de délai; et, en ce cas, la mission des arbitres ne durera que trois mois, du jour du compromis (*a*). — **Pr.** 1005, 1008, 1012 s., 1018, 1028 2°, 1029. — **Co.** 54.

1008. Pendant le délai de l'arbitrage, les arbitres ne pourront être révoqués que du consentement unanime des parties. — **Pr.** 1014. — **C.** 1134.

1009. Les parties et les arbitres suivront, dans la procédure, les délais et les formes établis pour les tribunaux, si les parties n'en sont autre-

ment convenues. — **Pr.** 1011, 1019, 1027, 1033. — **C.** 1134.

1010. Les parties, pourront, lors et depuis le compromis, renoncer à l'appel. — Lorsque l'arbitrage sera sur appel ou sur requête civile, le jugement arbitral sera définitif et sans appel (*b*). — **Pr.** 1009, 1019, 1023, 1026, 1028. — **Co.** 52, 63.

1011. Les actes de l'instruction, et les procès-verbaux du ministère des arbitres, seront faits par tous les arbitres, si le compromis ne les autorise à commettre l'un d'eux. — **Pr.** 1009.

1012. Le compromis finit, 1° par le décès, refus, déport ou empêchement d'un des arbitres, s'il n'y a clause qu'il sera passé outre, ou que le remplacement sera au choix des parties ou au choix de l'arbitre ou des arbitres restans; 2° par l'expiration du délai stipulé, ou de celui de trois mois s'il n'en a pas été réglé; 3° par le partage, si les arbitres n'ont pas le pouvoir de prendre un tiers arbitre.— **Pr.** 118, 1007, 1013, 1014, 1017. — **Co.** 51, 54, 60.

1013. Le décès, lorsque tous les héritiers sont majeurs, ne mettra pas fin au compromis: le délai pour instruire et juger sera suspendu pendant celui pour faire inventaire et

---

(1) L. 8 mai 1816, art. 1er. « Le divorce est aboli. »

(*a*) L. 16-24 *août* 1790, *tit.* 1er. ART. 3. Les compromis qui ne fixeront aucun délai dans lequel les arbitres devront prononcer, et ceux dont le délai sera expiré, seront néanmoins valables et auront leur exécution, jusqu'à ce qu'une des parties ait fait signi-

fier aux arbitres qu'elle ne veut plus tenir à l'arbitrage.

(*b*) L. 16-24 *août* 1790, *tit.* 1er. ART. 4. Il ne sera point permis d'appeler des sentences arbitrales, à moins que les parties ne se soient expressément réservé, par le compromis, la faculté de l'appel.

TIT. X, art. 14. La partie qui

délibérer. — **Pr.** 174, 1007. — **C.** 795 s., 1122. 1456 s.

1014. Les arbitres ne pourront se déporter si leurs opérations sont commencées : ils ne pourront être récusés si ce n'est pour cause survenue depuis le compromis. — **Pr.** 45 s., 308 s., 378 s., 1012.

1015. S'il est formé inscription de faux, même purement civile, ou s'il s'élève quelque incident criminel, les arbitres délaisseront les parties à se pourvoir, et les délais de l'arbitrage continueront à courir du jour du jugement de l'incident. — **Pr.** 14, 214 s., 427, 1007. — **I. Cr.** 3, 448 s.

1016. Chacune des parties sera tenue de produire ses défenses et pièces, quinzaine au moins avant l'expiration du délai du compromis; et seront tenus les arbitres de juger sur ce qui aura été produit. — Le jugement sera signé par chacun des arbitres; et dans le cas où il y aurait plus de deux arbitres, si la minorité refusait de le signer, les autres arbitres en feraient mention, et le jugement aura le même effet que s'il avait été signé par chacun des arbitres. — Un jugement arbitral ne sera, dans aucun cas, sujet à l'opposition. — **Pr.** 1007, 1009, 1020 s., 1028. — **Co.** 56 s.

1017. En cas de partage, les arbitres autorisés à nommer un tiers seront tenus de le faire par la décision qui prononce le partage : s'ils ne peuvent en convenir, ils le déclareront sur le procès-ver-bal, et le tiers sera nommé par le président du tribunal qui doit ordonner l'exécution de la décision arbitrale. — Il sera, à cet effet, présenté requête par la partie la plus diligente. — Dans les deux cas, les arbitres divisés seront tenus de rédiger leur avis distinct et motivé, soit dans le même procès-verbal, soit dans des procès-verbaux séparés. — **Pr.** 116 s., 1012 3°, 1018 s., 1020. — **Co.** 60. — **T.** 1er, art. 77 § 15 s.

1018. Le tiers arbitre sera tenu de juger dans le mois du jour de son acceptation, à moins que ce délai n'ait été prolongé par l'acte de la nomination : il ne pourra prononcer qu'après avoir conféré avec les arbitres divisés, qui seront sommés de se réunir à cet effet. — Si tous les arbitres ne se réunissent pas, le tiers arbitre prononcera seul; et néanmoins il sera tenu de se conformer à l'un des avis des autres arbitres. — **Pr.** 1007, 1017, 1018 2° 4°, 1029. — **T.** 1er, art. 29 § 70, 72.

1019. Les arbitres et tiers arbitre décideront d'après les règles du droit à moins que le compromis ne leur donne pouvoir de prononcer comme amiables compositeurs. — **Pr.** 1009.

1020. Le jugement arbitral sera rendu exécutoire par une ordonnance du président du tribunal de première instance dans le ressort duquel il a été rendu : à cet effet, la minute du jugement sera déposée dans les trois jours, par

---

se croira lésée par la décision arbitrale pourra se pourvoir par appel devant le tribunal du dis-trict, qui prononcera en dernier ressort (*Voyez tit.* X, art. 12, 13, **Pr.** 1003 *note*).

l'un des arbitres, au greffe du tribunal. — S'il avait été compromis sur l'appel d'un jugement, la décision arbitrale sera déposée au greffe du tribunal d'appel, et l'ordonnance rendue par le président de ce tribunal. — *Voyez page* 438, *note* 1. — Les poursuites pour les frais du dépôt et les droits d'enregistrement ne pourront être faites que contre les parties. — **Pr.** 130 s., 545 *et la note*, 551, 1021 s., 1025. — **C.** 2123. — **Co.** 61. — **T.** 1er, art. 91 § 19 s.

1021. Les jugemens arbitraux, même ceux préparatoires, ne pourront être exécutés qu'après l'ordonnance qui sera accordée, à cet effet, par le président du tribunal, au bas ou en marge de la minute, sans qu'il soit besoin d'en communiquer au ministère public; et sera ladite ordonnance expédiée ensuite de l'expédition de la décision. — La connaissance de l'exécution du jugement appartient au tribunal qui a rendu l'ordonnance (*a*). — **Pr.** 442, 452, 472, 528, 545 *et la note*, 1020. — **C.** 2123.

1022. Les jugemens arbitraux ne pourront, en aucun cas, être opposés à des tiers. — **C.** 1165, 1351, 2123.

1023. L'appel des jugemens arbitraux sera porté, savoir: devant les tribunaux de première instance, pour les matières qui, s'il n'y eût point eu d'arbitrage, eussent été, soit en premier, soit en dernier ressort, de la compétence des juges de paix; et devant les cours royales, pour les matières qui eussent été, soit en premier, soit en dernier ressort, de la compétence des tribunaux de première instance (*b*). — **Pr.** 135, 449, 456, 457, 471, 1010, 1026, 1028.

1024. Les règles sur l'exécution provisoire des jugemens des tribunaux sont applicables aux jugemens arbitraux. — **Pr.** 135 s., 155, 457 s., 551, 806, 1009.

1025. Si l'appel est rejeté, l'appelant sera condamné à la même amende que s'il s'agissait d'un jugement des tribunaux ordinaires. — **Pr.** 471, 1010, 1023.

1026. La requête civile pourra être prise contre les jugemens arbitraux, dans les délais, formes et cas ci-devant désignés pour les jugemens des tribunaux ordinaires. — Elle sera portée devant le tribunal qui eût été compétent pour connaître de l'appel. — **Pr.** 480 s., 1010, 1027 s.

1027. Ne pourront cependant être proposés pour ouvertures, — 1° L'inobservation des formes ordinaires, si les parties n'en étaient autrement convenues, ainsi qu'il est dit en l'article 1009; — 2° Le

---

(*a*) L. 16-24 *août* 1790, *tit.* 1er.
Art. 6. Les sentences arbitrales dont il n'y aura pas d'appel, seront rendues exécutoires par une simple ordonnance du président du tribunal de district, qui sera tenu de la donner au bas ou en marge de l'expédition qui lui sera présentée.

(*b*) L. 16-24 *août* 1790, *tit.* 1er.
Art. 5. Les parties qui conviendront de se réserver l'appel, seront tenues de convenir également, par le compromis, d'un tribunal entre tous ceux du Royaume auquel l'appel sera déféré; faute de quoi l'appel ne sera pas reçu.

moyen résultant de ce qu'il aura été prononcé sur choses non demandées, sauf à se pourvoir en nullité, suivant l'article ci-après. — **Pr.** 480 2° 3°.

1028. Il ne sera besoin de se pourvoir par appel ni requête civile dans les cas suivans : — 1° Si le jugement a été rendu sans compromis, ou hors des termes du compromis; — **Pr.** 1006. — 2° S'il l'a été sur compromis nul ou expiré; — **Pr.** 1004, 1007, 1012. — 3° S'il n'a été rendu que par quelques arbitres non autorisés à juger en l'absence des autres; — 4° S'il l'a été par un tiers sans en avoir conféré avec les arbitres partagés; — **Pr.** 1018. — 5° Enfin s'il n'a été prononcé sur choses non demandées. — **Pr.** 480 8°, 1027 2°. — Dans tous ces cas, les parties se pourvoiront par opposition à l'ordonnance d'exécution, devant le tribunal qui l'aura rendue, et demanderont la nullité de l'acte qualifié *jugement arbitral*. — **Pr.** 1020. — Il ne pourra y avoir recours en cassation que contre les jugemens des tribunaux, rendus soit sur requête civile, soit sur appel d'un jugement arbitral. — **Co.** 52.

DISPOSITIONS GÉNÉRALES.

1029. Aucune des nullités, amendes et déchéances prononcées dans le présent Code, n'est comminatoire. — **Pr.** 61, 66, 70, 173, 213, 246 n., 260 n., 263 n., 272 n., 278 n., 292 n., 374, 390, 445, 456, 471 n., 500, 512 n., 516, 635, 869, 1039.

1030. Aucun exploit ou acte de procédure ne pourra être déclaré nul, si la nullité n'en est pas formellement prononcée par la loi. — Dans les cas où la loi n'aurait pas prononcé la nullité, l'officier ministériel pourra, soit pour omission, soit pour contravention, être condamné à une amende, qui ne sera pas moindre de cinq francs et n'excédera pas cent francs.

1031. Les procédures et les actes nuls ou frustratoires, et les actes qui auront donné lieu à une condamnation d'amende, seront à la charge des officiers ministériels qui les auront faits, lesquels, suivant l'exigence des cas, seront en outre passibles des dommages et intérêts de la partie, et pourront même être suspendus de leurs fonctions. — **Pr.** 71, 128, 152, 292, 360 n., 523 n. — **C.** 1149 n., 1382 n. — **I. Cr.** 415.

1032. Les communes et les établissemens publics seront tenus, pour former une demande en justice, de se conformer aux lois administratives. — **Pr.** 49 *et la note* 1, 69, 336. — **C.** 537 *et la note*, 910, 937.

1033. Le jour de la signification ni celui de l'échéance ne sont jamais comptés pour le délai général fixé pour les ajournemens, les citations, sommations et autres actes faits à personne ou domicile : ce délai sera augmenté d'un jour à raison de trois myriamètres de distance; et quand il y aura lieu à voyage ou envoi et retour, l'augmentation sera du double. — **C.** 151 n., 411, 430.

—*Secus* C. 206, 2185 1º.—Co. 165, 201, 492 (1).

1034. Les sommations pour être présent aux rapports d'experts, ainsi que les assignations données en vertu de jugement de jonction, indiqueront seulement le lieu, le jour et l'heure de la première vacation ou de la première audience; elles n'auront pas besoin d'être réitérées, quoique la vacation ou l'audience ait été continuée à un autre jour. — Pr. 153, 315.

1035. Quand il s'agira de recevoir un serment, une caution, de procéder à une enquête, à un interrogatoire sur faits et articles, de nommer des experts, et généralement de faire une opération quelconque en vertu d'un jugement, et que les parties, ou les lieux contentieux, seront trop éloignés, les juges pourront commettre un tribunal voisin, un juge, ou même un juge de paix, suivant l'exigence des cas; ils pourront même autoriser un tribunal à nommer, soit un de ses membres, soit un juge de paix, pour procéder aux opérations ordonnées. — Pr. 120 s., 255, 298, 305, 326, 517 s. — Co. 16. — I. Cr. 90.

1036. Les tribunaux, suivant la gravité des circonstances, pourront, dans les causes dont ils seront saisis, prononcer, même d'office, des injonctions, supprimer des écrits, les déclarer calomnieux, et ordonner l'impression et l'affiche de leurs jugemens. — Pr. 88, 512. — I. Cr. 504 s.

1037. Aucune signification ni exécution ne pourra être faite, depuis le 1er octobre jusqu'au 31 mars, avant six heures du matin et après six heures du soir; et depuis le 1er avril jusqu'au 30 septembre, avant quatre heures du matin et après neuf heures du soir (2); non plus que les jours de fête légale (3), si ce n'est

---

(1) L. 2 *juin* 1841.

Art. 7. Lorsqu'il y aura lieu, dans l'un des cas prévus par les dispositions relatives aux différentes ventes judiciaires de biens immeubles, d'augmenter un délai à raison des distances, l'augmentation sera d'un jour par cinq myriamètres de distance.

(2) Ord. 29 *oct.*–29 *nov.* 1820.

Art. 184. La maison de chaque citoyen est un asile où la gendarmerie ne peut pénétrer sans se rendre coupable d'abus de pouvoir, sauf les cas déterminés ci-après : — 1º Pendant le jour, elle peut y entrer pour un objet formellement exprimé par une loi, ou en vertu d'un mandat spécial de perquisition, décerné par l'autorité compétente; — 2º Pendant la nuit, elle ne peut y pénétrer que dans les cas d'incendie, d'inondation, ou de réclamation venant de l'intérieur de la maison. Dans tous les autres cas, elle doit prendre seulement, jusqu'à ce que le jour ait paru, les mesures indiquées à l'article 185. — Le temps de nuit est ainsi réglé : — Du 1er octobre au 31 mars, depuis six heures du soir jusqu'à six heures du matin; — Du 1er avril au 30 septembre, depuis neuf heures du soir, jusqu'à quatre heures du matin.

Nota. (Le décret du 4 août 1806 avait déjà réglé, conformément à l'article 1037 du Code de procédure civile, le temps de nuit pendant lequel la gendarmerie ne peut entrer dans la maison d'un citoyen.)

(3) Les fêtes légales sont, les

en vertu de permission du juge, dans le cas où il y aurait péril en la demeure. — **Pr.** 8, 63, 781, 808, 828. — **P.** 184.

1038. Les avoués qui ont occupé dans les causes où il est intervenu des jugemens définitifs seront tenus d'occuper sur l'exécution de ces jugemens, sans nouveaux pouvoirs, pourvu qu'elle ait lieu dans l'année de la prononciation des jugemens. — **Pr.** 75, 148, 162, 342 s., 496.

1039. Toutes significations faites à des personnes publiques préposées pour les recevoir seront visées par elles sans frais sur l'original. — En cas de refus, l'original sera visé par le procureur du Roi près le tribunal de première instance de leur domicile. Les refusans pourront être condamnés, sur les conclusions du ministère public, à une amende, qui ne pourra être moindre de cinq francs. — **Pr.** 4, 45, 68, 69 5o 7o, 561, 601, 628, 673, 676 s., 698 s., 967, 1029. — **T.** 1er, art. 19.

1040. Tous actes et procès-verbaux du ministère du juge seront faits au lieu où siège le tribunal : le juge y sera toujours assisté du greffier, qui gardera les minutes et délivrera les expéditions : en cas d'urgence, le juge pourra répondre en sa demeure les requêtes qui lui seront présentées ; le tout, sauf l'exécution des dispositions portées au titre *des Référés.* — **Pr.** 8, 806 s.

1041. Le présent Code sera exécuté à dater du 1er janvier 1807 : en conséquence, tous procès qui seront intentés depuis cette époque, seront instruits conformément à ses dispositions. Toutes lois, coutumes, usages et réglemens relatifs à la procédure civile, seront abrogés (1).

1042. Avant cette époque, il sera fait, tant pour la taxe des frais que pour la police et discipline des tribunaux, des réglemens d'administration publique. — Dans trois ans au plus tard, les dispositions de ces réglemens qui contiendraient des mesures législatives seront présentées au Corps législatif en forme de loi.

---

dimanches et les fêtes religieuses conservées par les articles organiques de la convention du 20 mess. an IX, tit. III, et qui sont : l'Ascension, l'Assomption, la Toussaint et Noël. Un avis du conseil d'État du 13 mars 1810, approuvé le 20 du même mois, décide que le 1er janvier est une fête légale. (*Voy.* Co. 162 *note*.)

(1) Av. C. D'ÉT. 12 *mai* 1807, *approuvé le* 1er *juin*.

Le conseil d'État est d'avis que l'abrogation prononcée par l'article 1041 du Code de procédure civile ne s'applique point aux lois et réglemens concernant la forme de procéder relativement à la régie des domaines et de l'enregistrement.....

FIN DU CODE DE PROCÉDURE CIVILE.

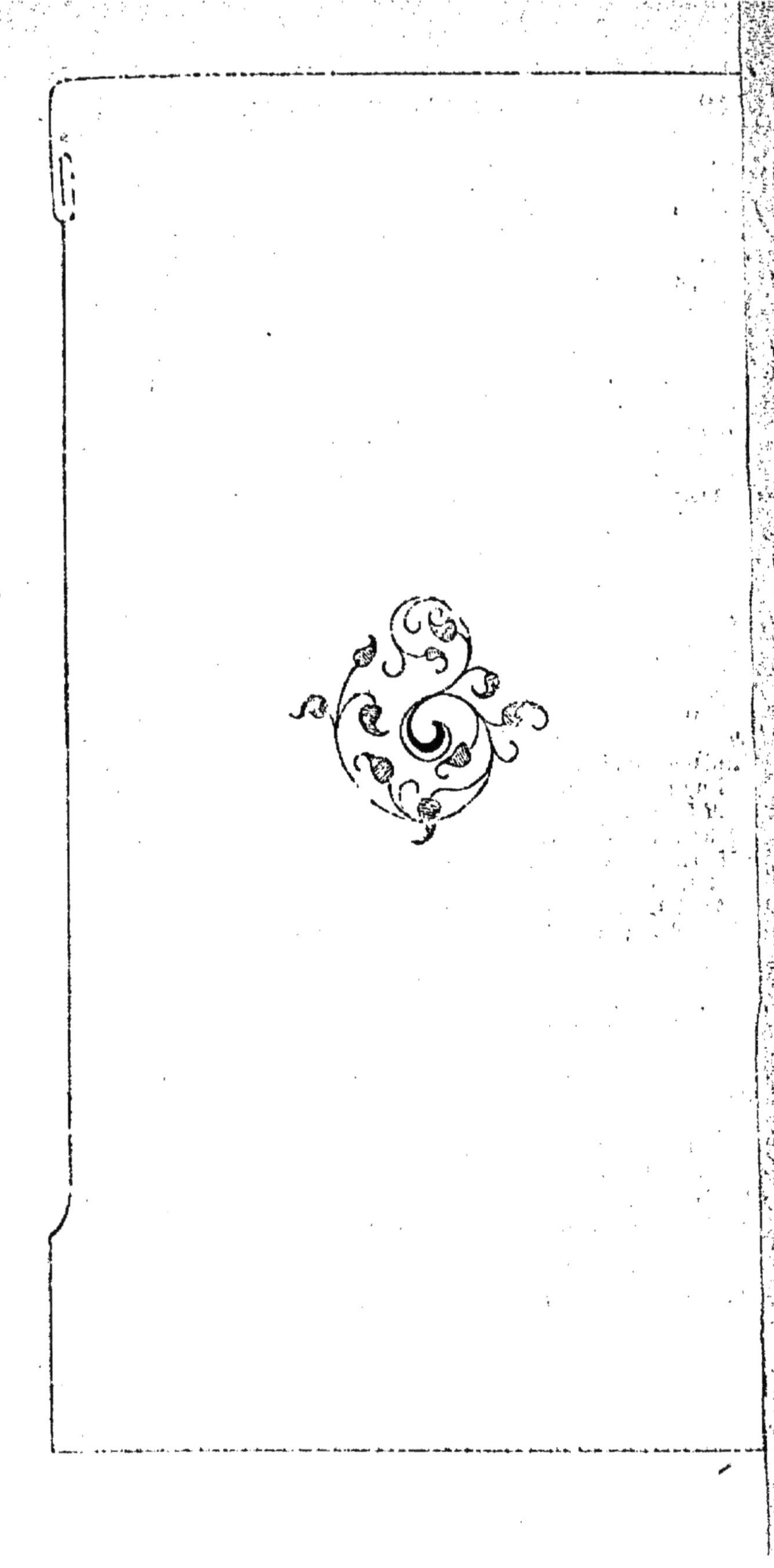

TABLE

DES

MATIÈRES DU CODE DE PROCÉDURE.

PREMIÈRE PARTIE.
PROCÉDURE DEVANT LES TRIBUNAUX.

LIVRE PREMIER.

LIVRE DEUXIÈME.

LIVRE TROISIÈME.

DES TRIBUNAUX D'APPEL.   443 — 473

LIVRE QUATRIÈME.

DES VOIES EXTRAORDINAIRES POUR ATTAQUER
LES JUGEMENS.   474 — 516

LIVRE CINQUIÈME.

DE L'EXÉCUTION DES JUGEMENS. 517 — 811

DEUXIÈME PARTIE.

PROCÉDURES DIVERSES.

LIVRE PREMIER. 812—906

LIVRE DEUXIÈME.

PROCÉDURES RELATIVES À L'OUVERTURE D'UNE SUCCESSION. 907—1002

LIVRE TROISIÈME. 1003—1042

FIN DE LA TABLE.

LOI

SUR LES TRIBUNAUX CIVILS DE PREMIÈRE INSTANCE

(11 avril 1834.)

Art. 1er. Les tribunaux civils de première instance connaîtront, en dernier ressort, des actions personnelles et mobilières, jusqu'à la valeur de quinze cents francs de principal, et des actions immobilières jusqu'à soixante francs de revenu, déterminé, soit en rentes, soit par prix de bail. — Ces actions seront instruites et jugées comme matières sommaires.

2. Lorsqu'une demande reconventionnelle ou en compensation aura été formée dans les limites de la compétence des tribunaux civils de première instance en dernier ressort, il sera statué sur le tout sans qu'il y ait lieu à appel. — Si l'une des demandes s'élève au-dessus des limites ci-dessus indiquées, le tribunal ne prononcera, sur toutes les demandes, qu'en premier ressort. — Néanmoins, il sera statué en dernier ressort sur les demandes en dommages-intérêts, lorsqu'elles seront fondées exclusivement sur la demande principale elle-même.

12. Les dispositions des articles 1er et 2 de la présente loi ne s'appliqueront pas aux demandes introduites avant sa promulgation.

13. L'article 5, titre IV de la loi du 16-24 août 1790, sur la compétence des tribunaux civils de première instance, est abrogé.

LOI SUR LES JUSTICES DE PAIX.

(25 mai 1838.)

Art. 1er. Les juges de paix connaissent de toutes actions purement personnelles ou mobilières, en dernier ressort, jusqu'à la valeur de cent francs, et, à charge d'appel, jusqu'à la valeur de deux cents francs.

2. Les juges de paix prononcent, sans appel, jusqu'à la valeur de cent francs, et, à charge d'appel, jusqu'au taux de la compétence en dernier ressort des tribunaux de première instance : — Sur les contestations entre les hôteliers, aubergistes ou logeurs, et les voyageurs ou locataires en garni, pour dépense d'hôtellerie et perte ou avarie d'effets déposés dans l'auberge ou dans l'hôtel ; — Entre les voyageurs et les voituriers ou bateliers, pour retards, frais de route et perte ou avarie d'effets accompagnant les voyageurs ; — Entre les voyageurs et les carrossiers ou autres ouvriers, pour fournitures, salaires et réparations faites aux voitures de voyage.

3. Les juges de paix connaissent, sans appel, jusqu'à la valeur de cent francs, et, à charge d'appel, à quelque valeur que la demande puisse s'élever, — Des actions en payement de loyers ou fermages, des congés, des demandes en résiliation de baux, fondées sur le seul défaut de payement de loyers ou fermages; des expulsions de lieux et des demandes en validité de saisie-gagerie; le tout lorsque les locations verbales ou par écrit n'excèdent pas annuellement, à Paris, quatre cents francs, et deux cents francs partout ailleurs. — Si le prix principal du bail consiste en denrées ou prestations en nature, appréciables d'après les mercuriales, l'évaluation sera faite sur celles du jour de l'échéance, lorsqu'il s'agira du payement des fermages; dans tous les autres cas, elle aura lieu suivant les mercuriales du mois qui aura précédé la demande. Si le prix principal du bail consiste en prestations non appréciables d'après les mercuriales, ou s'il s'agit de baux à colons partiaires, le juge de paix déterminera la compétence, en prenant pour base du revenu de la propriété le principal de la contribution foncière de l'année courante, multiplié par cinq.

4. Les juges de paix connaissent, sans appel, jusqu'à la valeur de cent francs, et, à charge d'appel, jusqu'au taux de la compétence en dernier ressort des tribunaux de première instance: — 1º Des indemnités réclamées par le locataire ou fermier pour non-jouissance provenant du fait du propriétaire, lorsque le droit à une indemnité n'est pas contesté;—2º Des dégradations et pertes, dans les cas prévus par les articles 1732 et 1735 du Code

civil. — Néanmoins, le juge de paix ne connaît des pertes causées par incendie ou inondation que dans les limites posées par l'article 1er de la présente loi.

5. Les juges de paix connaissent également, sans appel, jusqu'à la valeur de cent francs, et, à charge d'appel, à quelque valeur que la demande puisse s'élever : — 1º Des actions pour dommages faits aux champs, fruits et récoltes, soit par l'homme, soit par les animaux, et de celles relatives à l'élagage des arbres ou haies, et au curage, soit des fossés, soit des canaux servant à l'irrigation des propriétés ou au mouvement des usines, lorsque les droits de propriété ou de servitude ne sont pas contestés; — 2º Des réparations locatives des maisons ou fermes, mises par la loi à la charge du locataire; — 3º Des contestations relatives aux engagemens respectifs des gens de travail au jour, au mois et à l'année, et de ceux qui les emploient; des maîtres et des domestiques ou gens de service à gages; des maîtres et de leurs ouvriers ou apprentis, sans néanmoins qu'il soit dérogé aux lois et réglemens relatifs à la juridiction des prud'hommes; — 4º Des contestations relatives au payement des nourrices, sauf ce qui est prescrit par les lois et réglemens d'administration publique à l'égard des bureaux de nourrices de la ville de Paris et de toutes les autres villes; — 5º Des actions civiles pour diffamation verbale et pour injures publiques ou non publiques, verbales ou par écrit, autrement que par la voie de la presse; des mêmes actions pour rixes ou voies de fait; le tout lorsque les parties ne se

sont pas pourvues par la voie criminelle.

6. Les juges de paix connaissent, en outre, à charge d'appel : — 1º Des entreprises commises, dans l'année, sur les cours d'eau servant à l'irrigation des propriétés et au mouvement des usines et moulins, sans préjudice des attributions de l'autorité administrative dans les cas déterminés par les lois et par les réglemens; des dénonciations de nouvel œuvre, complaintes, actions en réintégrande et autres actions possessoires fondées sur des faits également commis dans l'année; — 2º Des actions en bornage et de celles relatives à la distance prescrite par la loi, les réglemens particuliers et l'usage des lieux, pour les plantations d'arbres ou de haies, lorsque la propriété ou les titres qui l'établissent ne sont pas contestés; — 3º Des actions relatives aux constructions et travaux énoncés dans l'article 674 du Code civil, lorsque la propriété ou la mitoyenneté du mur ne sont pas contestées; — 4º Des demandes en pension alimentaire n'excédant pas cent cinquante francs par an, et seulement lorsqu'elles seront formées en vertu des articles 205, 206 et 207 du Code civil.

7. Les juges de paix connaissent de toutes les demandes reconventionnelles ou en compensation qui, par leur nature ou leur valeur, sont dans les limites de leur compétence, alors même que, dans les cas prévus par l'article 1er, ces demandes, réunies à la demande principale, s'élèveraient au-dessus de deux cents francs. Ils connaissent, en outre, à quelques sommes qu'elles puissent monter, des demandes reconventionnelles en dommages-intérêts fondées exclusivement sur la demande principale elle-même.

8. Lorsque chacune des demandes principales, reconventionnelles ou en compensation, sera dans les limites de la compétence du juge de paix en dernier ressort, il prononcera sans qu'il y ait lieu à appel. — Si l'une de ces demandes n'est susceptible d'être jugée qu'à charge d'appel, le juge de paix ne prononcera sur toutes qu'en premier ressort. — Si la demande reconventionnelle ou en compensation excède les limites de sa compétence, il pourra, soit retenir le jugement de la demande principale, soit renvoyer, sur le tout, les parties à se pourvoir devant le tribunal de première instance, sans préliminaire de conciliation.

9. Lorsque plusieurs demandes formées par la même partie seront réunies dans une même instance, le juge de paix ne prononcera qu'en premier ressort, si leur valeur totale s'élève au-dessus de cent francs, lors même que quelqu'une de ces demandes serait inférieure à cette somme. Il sera incompétent sur le tout, si ces demandes excèdent, par leur réunion, les limites de sa juridiction.

10. Dans le cas où la saisie-gagerie ne peut avoir lieu qu'en vertu de permission de justice, cette permission sera accordée par le juge de paix du lieu où la saisie devra être faite, toutes les fois que les causes rentreront dans sa compétence. — S'il y a opposition de la part des tiers, pour des causes et pour des sommes qui, réunies, excéderaient cette compétence, le jugement en sera déféré aux tribunaux de première instance.

11. L'exécution provisoire des jugemens sera ordonnée dans tous les cas où il y a titre authentique, promesse reconnue, ou condamnation précédente dont il n'y a point eu appel. — Dans tous les autres cas, le juge pourra ordonner l'exécution provisoire, nonobstant appel, sans caution, lorsqu'il s'agira de pension alimentaire, ou lorsque la somme n'excédera pas trois cents francs, et avec caution, au-dessus de cette somme. — La caution sera reçue par le juge de paix.

12. S'il y a péril en la demeure, l'exécution provisoire pourra être ordonnée sur la minute du jugement avec ou sans caution, conformément aux dispositions de l'article précédent.

13. L'appel des jugemens des juges de paix ne sera recevable ni avant les trois jours qui suivront celui de la prononciation des jugemens, à moins qu'il n'y ait lieu à exécution provisoire, ni après les trente jours qui suivront la signification à l'égard des personnes domiciliées dans le canton. — Les personnes domiciliées hors du canton auront, pour interjeter appel, outre le délai de trente jours, le délai réglé par les articles 73 et 1033 du Code de procédure civile.

14. Ne sera pas recevable l'appel des jugemens mal à propos qualifiés en premier ressort, ou qui, étant en dernier ressort, n'auraient point été qualifiés. — Seront sujets à l'appel les jugemens qualifiés en dernier ressort, s'ils ont statué, soit sur des questions de compétence, soit sur des matières dont le juge de paix ne pouvait connaître qu'en premier ressort. — Néanmoins, si le juge de paix s'est déclaré compétent, l'appel ne pourra être interjeté qu'après le jugement définitif.

15. Les jugemens rendus par les juges de paix ne pourront être attaqués par la voie du recours en cassation que pour excès de pouvoir.

16. Tous les huissiers d'un même canton auront le droit de donner toutes les citations et de faire tous les actes devant la justice de paix. Dans les villes où il y a plusieurs justices de paix, les huissiers exploitent concurremment dans le ressort de la juridiction assignée à leur résidence. Tous les huissiers du même canton seront tenus de faire le service des audiences, et d'assister le juge de paix toutes les fois qu'ils en seront requis; les juges de paix choisiront leurs huissiers audienciers.

17. Dans toutes les causes, excepté celles où il y aurait péril en la demeure et celles dans lesquelles le défendeur serait domicilié hors du canton ou des cantons de la même ville, le juge de paix pourra interdire aux huissiers de sa résidence de donner aucune citation en justice, sans qu'au préalable il n'ait appelé, sans frais, les parties devant lui.

18. Dans les causes portées devant la justice de paix, aucun huissier ne pourra ni assister comme conseil ni représenter les parties en qualité de procureur fondé, à peine d'une amende de vingt-cinq à cinquante francs, qui sera prononcée sans appel par le juge de paix. — Ces dispositions ne seront pas applicables aux huissiers qui se trouveront dans l'un des cas prévus par l'article 86 du Code de procédure civile.

19. En cas d'infraction aux dispositions des articles 16, 17 et 18, le juge de paix pourra défendre aux huissiers du canton de citer devant lui, pendant un délai de quinze jours à trois mois, sans appel et sans préjudice de l'action disciplinaire des tribunaux et des dommages-intérêts des parties, s'il y a lieu.

20. Les actions concernant les brevets d'invention seront portées, s'il s'agit de nullité ou de déchéance des brevets, devant les tribunaux civils de première instance ; s'il s'agit de contrefaçon, devant les tribunaux correctionnels.

21. Toutes les dispositions des lois antérieures contraires à la présente loi sont abrogées.

22. Les dispositions de la présente loi ne s'appliqueront pas aux demandes introduites avant sa promulgation.